LES
HUGUENOTS

EN BIGORRE

DOCUMENTS INÉDITS

PUBLIÉS POUR LA SOCIÉTÉ HISTORIQUE DE GASCOGNE

TEXTE PRÉPARÉ PAR

CH. DURIER
ARCHIVISTE DES HAUTES-PYRÉNÉES

ET ANNOTÉ PAR

J. DE CARSALADE DU PONT

PARIS	AUCH
HONORÉ CHAMPION	COCHARAUX FRÈRES
ÉDITEUR	IMPRIMEURS
15, quai Malaquais, 15	11, rue de Lorraine, 11

M DCCC LXXXIV

ARCHIVES HISTORIQUES
DE LA GASCOGNE

FASCICULE QUATRIÈME
LES HUGUENOTS EN BIGORRE

PAR

C. DURIER ET J. DE CARSALADE DU PONT

A LA MÉMOIRE

DE

MARIE-LAURENT-CHARLES-ANTOINE

ARMAND DE GONTAUT-BIRON

COMTE DE GONTAUT

PRÉSIDENT DE LA COMMISSION DES ARCHIVES HISTORIQUES

DE LA GASCOGNE

CE LIVRE EST CONSACRÉ COMME UN PIEUX HOMMAGE

INTRODUCTION

Les documents que nous publions sous le titre *Les Huguenots en Bigorre* appartiennent à la troisième période des guerres de religion. La paix de Longjumeau, conclue le 20 mars 1568, avait duré à peine six mois. Les protestants, commandés par les princes de la maison de Bourbon, ayant à leur tête la reine de Navarre, recommencèrent les hostilités. Charles IX, mécontent de Jeanne d'Albret dont les sourdes menées troublaient la paix du royaume, certain d'ailleurs que la faveur ouverte qu'elle accordait aux protestants dans ses États était une cause perpétuelle de troubles pour ses provinces de Guyenne, se résolut à mettre sous son autorité la Navarre, le Béarn et l'Albret. Le vicomte de Terride fut chargé de cette entreprise. A la tête des forces catholiques de la Guyenne, il envahit le Béarn, prit Pau, Oloron, Orthez, Nay, Lescar, etc., et mit le siège devant Navarreins, la première place forte du pays, le 27 avril 1569. C'est à ce moment que s'ouvre la série des documents que nous publions.

Jeanne d'Albret avait rejoint l'armée protestante vers la fin de l'année précédente. Dès qu'elle apprit les événements qui se passaient en Béarn et les succès de Terride, elle songea à envoyer du secours à ses sujets. L'armée protestante venait d'être défaite à Jarnac, le 23 mars 1569 ; les débris ralliés par l'amiral de Coligny s'étaient repliés vers le Poitou, poursuivis par le duc d'Anjou ; la Reine ne pouvait attendre aucun secours de ce côté. Le danger cependant devenait plus pressant ; la garnison de Navarreins était à bout de forces ; il fallait un prompt secours pour éviter la perte de cette place. Le comte de Mongonmery fut chargé d'y pourvoir.

Ce personnage est assez célèbre dans l'histoire pour qu'il soit inutile de tracer ici son portrait ; d'ailleurs les faits que ces documents vont nous révéler le peindront assez. Mongonmery se rendit en toute hâte dans le Languedoc, fit des levées de troupes, prit le commandement de la petite armée si célèbre dite des *vicomtes*, et, sans perdre un moment, trompant la vigilance de Monluc et du maréchal de Damville, en dépit de mille obstacles, traversa subitement le comté de Foix, passa la Garonne à Saint-Gaudens, tomba comme un ouragan sur la Bigorre et entra en Béarn quand on le croyait encore en Languedoc.

Il ne nous appartient pas de dire quels épouvantables désastres furent la suite de l'arrivée en Gascogne du terrible chef des religionnaires : les documents parleront pour nous et avec une éloquence que nous ne saurions traduire. Ils diront comment le comté de Bigorre fut ravagé de fond en comble; comment les églises et les abbayes furent pillées et incendiées, et les prêtres et les religieux massacrés; comment la ville de Tarbes fut prise, saccagée et brûlée jusques à trois reprises, à ce point qu'elle demeura déserte pendant plusieurs années; ils diront surtout si cette expédition de Mongonmery, remarquable, il est vrai, au point de vue de la tactique militaire, fut faite avec sagesse et modération et aux applaudissements des catholiques comme des protestants, ainsi que l'ont prétendu certains écrivains.

Les documents qui composent la première partie (*Actes consulaires de Bagnères-de-Bigorre*, etc.) sont, à l'exception de trois (1), extraits des Archives municipales de la ville de Bagnères-de-Bigorre. Ces documents ont été recueillis au siècle dernier par le savant père Laspales, religieux capucin, archiviste de Bagnères, rangés par ordre chronologique et reliés en un volume *in-quarto*, que l'on a désigné sous le nom de *Recueil du Père Laspales*. Tous les documents renfermés dans ce recueil sont des pièces originales. Ceux que nous publions dans la seconde partie *(Documents divers)* appartiennent à différents dépôts publics et particuliers; nous indiquerons exactement la provenance de chacun. La forme originale du

---

(1) Les documents placés sous les numéros XXII, XXIII et LXII nous ont été communiqués par M. Vaussenat, directeur de l'Observatoire du Pic du Midi. Ces trois pièces ne sont pas les seuls joyaux que renferme le riche chartrier du savant directeur.; il a accumulé, avec une patience bénédictine, de véritables trésors historiques. Nous espérons qu'il en fera part un jour aux amis de notre histoire provinciale, et ce jour (puisse-t-il luire bientôt) la *Société des Archives Historiques de la Gascogne* sera heureuse de lui offrir son concours.

texte a été scrupuleusement conservée, et si parfois il a été jugé nécessaire, pour plus de clarté, d'ajouter certains mots omis ou de rectifier ceux dont l'orthographe paraissait trop bizarre, ces additions et corrections ont toujours été placées entre deux crochets. D'ailleurs le texte de ces documents a été préparé par un savant paléographe qui n'en est plus à faire ses preuves, M. Charles Durier, ancien élève de l'École des Chartes, archiviste du département des Hautes-Pyrénées.

J. DE C. DU P.

LES HUGUENOTS

EN BIGORRE

PREMIÈRE PARTIE

ACTES CONSULAIRES DE BAGNÈRES-DE-BIGORRE

PENDANT L'ANNÉE 1569

I.

15 JANVIER 1569.

ARREST DE CONSEIL

POUR ENVOYER A M^r LE SENESCHAL L'ARGENT DE LA DONATION
ET VENDRE LES BIENS DE CEULX DE LA RELIGION.

(Archives communales de Bagnères-de-Bigorre. Recueil du P. Laspales.)

Ramond Jean Besques, Jean Begole et Jacques Payssan, [consulz], Guillem Ramond Usé, conseil, noble Pierre de Mont, s^r d'Uzé (1), Jean Berné, Guirauld Agut, Guillem Ramond Arqué, Pey de Crexensan, Guillet Solé, Pey Lana, Arnauld Ysac, Sansané Bosc, Mathieu Arqué, Arnauld du Poutz, Menyolet de La Vigne, Bernard de Poutz, Bernard Sobile, Jean Sobiron, Jean Tusima,

---

(1) *Uzer*, près Bagnères. La terre d'Uzer fut donnée en 1426 par Jean de Grailli, comte de Bigorre, à Jean de Mont, en récompense de ses bons et loyaux services. Elle fut érigée en vicomté par lettres patentes de Louis XIII, de l'an 1614. Pierre de Mont, seigneur d'Uzer, avait épousé, le 29 mars 1553, Gabrielle d'Antin, fille de Bernard, seigneur de Bartères.

Pey Abat, Jean Puyo, estans du conseil privé de la ville de Baigneres, assemblés aux cloustres de couvent des freres Jacopins d'icelle ville (1); par les d. consulz a esté comnicqué aus d. du conseil une lettre envoyée par mess^rs le seneschal de Bigorre et baron de Bazilhac, gouverneurs au d. comté (2), sur ce que les d. sieurs mandent que les d. consulz envoyent l'argent de la donation octroyée à la royne de Navarre et emprompt du Roy.

Lesquelz mess^rs du conseil, en ayant conferé ensemble, ont arresté que quant au comendement faict de vendre les biens meubles et inmeubles de ceulx de la Religion, ilz y sont consens, [et] soit executé suyvant le teneur d'icelle. Pour le regard des d. deniers, ont arresté que Guirauld Agut et le d. Payssan se transporteront devers le d. s^r seneschal pour luy remonstrer qu'iceulx deniers sont necessaires pour la reparation de la ville de Baigneres. Ainsy arresté les d. an et jour.

De Capdeville, greffier.

II.

11 février 1569.

ARREST DU CONSEIL.

(Arch. com. de Bagnères-de-Bigorre. Rec. du P. Laspales.)

Ce jourd'huy 11 fevrier mil cinq cens soixante neuf, en la ville de Baigneres, dans la maison comune d'icelle, presens Guillaume

---

(1) La fondation du couvent des Jacobins de Bagnères-de-Bigorre remonte à l'année 1344. Les bourgeois de Bagnères donnèrent, le 5 août 1344, un local hors la ville pour bâtir le couvent, dont la fondation eut lieu en vertu d'une bulle du pape Clément VI, fulminée par l'official du Puy-en-Velay, à la réquisition du chapitre général de l'Ordre, tenu à la Pentecôte. Le frère Raymond de Durfort, provincial de la province de Toulouse, député par le chapitre provincial assemblé à Morlaas, se transporta à Bagnères pour accepter le couvent (5 août 1344). Il y établit le frère Barrau, pour premier prieur, avec deux autres religieux. En 1370, le couvent fut transporté dans les murs de la ville et bâti avec une grande magnificence. Il n'en reste aujourd'hui que quelques débris, dont un magnifique bas-relief, savamment décrit par M. l'abbé Canéto dans la *Revue de Gascogne* (*Histoire religieuse de la Bigorre*, par M. Bascle de Lagreze).

(2) Arnaud, baron d'Antin, sénéchal de Bigorre, et Jean, baron de Bazillac,

de Rebia, Vincens Carrere, Bernard Sobile, Menyolet Tranessac, Bastian Damaré, Guilet Solé, noble Pierre de Mont, Jean Forgue, Bernard du Poutz, Pierre Crexensan, Jean de Berot dit Carde, Mᵉ Ramond Pegalane, Arnaud Guillamet Diudat, Mionolo Escola, Bernard Lucia, Pey Damaré, Jean Dupont, Pey de Lyas, Pey Domec, Jeanot Melle, Domenge de Cloz, Arnauld Escola, Bernad Lane, scindic, Arnauld du Poutz, Arnauld d'Escola dict Barroquere, Bernard de La Faille dict Guino; a esté faicte remonstration par Ramond Jean Besques, Pierre de Mont, Jean Begole et Guillaume Ramond Uzer, consulz, qu'ilz auroient retiré une coppie de commission de monseigneur de Montluc pourtant commandement aus d. messʳˢ de consulz de fere publier la d. commission que les habitans du d. Baigneres et autres n'ayent à trafficquer avec les Biarnois sur peyne de la vie et confiscation de biens. Et aussy de pouvoir prendre et constituer prisoniers les Biarnois treuvés au d. comté de Bigorre. Laquelle commission leur auroit esté baillée par Mʳ le seneschal de Bigorre aux fins que dessus. Les d. messʳˢ de conseil, eu lecture de la d. commission, ont esté d'adviz qu'il seroit sursoyé jusques à lundy pour fere la d. publication, pendent lequel temps sera envoyé ung messagier capable et souffizant à Tarbe pour s'informer comment messʳˢ les consulz d'icelle y ont procedé, et en appourter coppie si plait à eux la luy expedier.

Sur la remonstration faicte de la valeur du scel, ont arresté que ceulx qui en ont ne pourront vendre la cartere à plus hault pris que ung teston; et où aucun se treuvera la vendant à plus, le d. scel sera confisqué. Et à ces fins, proclamation en sera faicte par les carrefours de la d. ville. En foy de quoy requerent les susd. le notaire soubzsigné en retenir acte.

DE CAPDEVILLE, greffier.

---

avaient été nommés gouverneurs du comté de Bigorre par les États du comté, réunis en séance extraordinaire, le 1ᵉʳ septembre 1568, sous la présidence de Raymond de Cardaillac, seigneur de Sarlabous, pour pourvoir à la sûreté du pays menacé par les huguenots (voir les documents de la 2ᵐᵉ partie).

III.

AVRIL 1569.

ROLLE DES VIVRES

POURTÉS A MONTGAILLARD POUR LA COMPAGNIE DE Mr MONSERIÉ, A PAU POUR Mr TERRIDE, A TARBE POUR Mr VILLEMBITZ.

(Arch. com. de Bagnères-de-Bigorre. Rec. du P. Laspales.)

S'ensuict le rolle des vivres pourtés à Montgaillard pour la compaignie de Mr Monserié (1), par commandement de M^r le seneschal et Mr de Bazilhac, au moys d'avril 1569 :

Premierement, y ont esté pourtés pains de Peyrone Ysac, 6 escutz ;

La Ardonera, 3 escutz 4 soulz ;

Jeanne de Guirauld, 3 escutz 14 soulz ;

La Balestrera, 3 escutz ;

Pey (2) Asta, 6 escutz 7 soulz ;

La femme de G[uilhe]m Ramond Lucia, 1 escut ;

La Sartesse de Peyron, 1 escut 15 sous ;

La Beguera, 2 escutz 8 soulz ;

La femme de Pocquet Ysac, 2 escutz 16 soulz ;

La femme de Ardilho, 27 soulz 2 ardits ;

La femme de Bichere, 2 escutz 5 sous ;

La femme de Arnaud Disac, 1 escut 1 sol 3 ardits ;

---

(1) Ce capitaine « Monserié » se nommait Géraud, seigneur de Montsérié, dans la vallée de Nestes. Il avait épousé, avant 1567, Jeanne d'Yvern (*Glanage de Larcher*, Bibliothèque de Tarbes). Il fut le père de ces deux Montsérié enrôlés par le duc d'Épernon parmi ces *quarante-cinq* diables gascons que le meurtre du duc de Guise, aux États de Blois, en 1589, a rendus à jamais célèbres. Montsérié l'aîné (Jean-François) souleva la tapisserie pour donner passage au duc de Guise, et au moment où celui-ci se baissait pour s'engager dans la porte il lui plongea son poignard entre les deux épaules. Le cadet, Bernard, était dans la chambre d'Henri III lorsque Jacques Clément lui donna de son couteau dans le ventre. Montsérié, entendant le Roi crier, tira son épée et d'un seul coup tua le moine (*Archives curieuses*, t. XII, p. 366). Dans la déposition qu'il fit au sujet de la mort d'Henri III, il se dit âgé de 30 ans.

(2) « Notez qu'il a receu sus Arnaud de Lane deux sacz froment et sus Ber- « nad Berot six, valent seze escutz » *(note du temps)*.

Se es perdut au pac qui fo portat lo permé viatge per lo camin, 13 soulz;

Somme le precedent, 36 escutz 3 soulz 5 ardits.

Sivada (1):

Jean de Bederé a baillat per porta au d. Montgaillard sivada 7 sacz, vallent à troys soulz [la] quartere, 4 escutz 12 soulz.

Abem pres de moton de Minseta, per porta au d. Montgaillard, ainsin qu'appert par son rolle montant par 11 livres.

Plus fo feyt present d'ung pau (2) saubatge, 5 soulz.

Une pippe vin claret que Jean Abat a forny, vault 18 escutz.

Vin en flascons, 47 pichés ung quarton à 6 ardits [lo] piché, monte 2 escutz 11 soulz bons.

Somme, 61 escutz 9 soulz bons 2 ardits.

A Pau, par commendement de Mr Tarride (3) a esté pourté ce que s'ensuyct, 1569 :

Los consulz de Gerde an fornyt ung boeu estimat à nau escuz et mey, 9 escutz 9 soulz;

Les consulz d'Asté, une baca, 10 escutz;

Baudean, une baca, 7 escutz;

Campan, troys bacas, 28 escutz;

Baigneres, Ramond de Vignau, une baca, 10 escutz; lo Pages, ung boeu, 13 escutz 9 soulz; Lherté, de Chelle, une baca, 7 escutz 9 soulz; Carria, une baca, 6 escutz.

Lard :

Marie de Me Ramond, 49 livres primas, 5 escutz 8 soulz;

Arnauld Dulac, 23 livres primas, 2 escutz 19 soulz;

Me Domenge de Berot, 32 livres primas, 3 escutz 14 soulz.

---

(1) Avoine.
(2) Paon sauvage des Pyrénées, nom vulgaire du coq de bruyères.
(3) Antoine de Lomagne, seigneur de Terride, venait de recevoir une commission du Roi pour s'emparer du Béarn. Il était en ce moment campé à Bizanos, aux portes de Pau, et se préparait à faire le siège d'Oloron (POEYDAVANT, *Hist. des troubles survenus en Béarn pendant le XVIe siècle*, t. I, p. 320).

Vin pourté à Tarbe par commendement de Mr de Villembitz (1) :

Lo recto de Vielle, troys pippes vin rouge ;
Marie de Casanave, vin rouge, una pippa ;
Jean de Bedere, vin claret, une pippa.

Plus a pres Guillem Ramond Arqué, per commendement dez consulz, demy quintal de pouldre ou plus au Barbut de Campan, et la divida aux villages, et faut qu'en rende comte.

IV.
15 AVRIL 1569.

CONSEL POUR AVOIR VIVRES
POUR LE CAMP DE M^r DE TERRIDE.

(Arch. com. de Bagnères-de-Bigorre. Rec. du P. Laspales.)

Du 15e avril 1569, en la maison comune de la ville de Baigneres,

Par messieurs Besques, Begole, de Mont et Uzé, consulz, assistans noble Pierre de Mont, Bernard Sobile, Guilet Solé, Jean Tasma, Pé Bernard Ysac, Me Pierre Fregnac, Pey Dossun, Pierre Crechensan, Bernard du Poutz, Monolo Escola, Pey Abat, Jean de Berot Carde, Arnauton Lana, et Bertrand Bernard.

---

(1) Arnaud de Soréac, dit le chevalier de Villembits, gouverneur de Tarbes en 1569 (Duco, *Hist. manuscrite de la Bigorre*), ou son frère aîné, Paul de Soréac, seigneur de Villembits (canton de Trie, Hautes-Pyrénées). Ils étaient trois frères, tous trois également braves, également résolus ; deux furent enrôlés plus tard dans la troupe fameuse des *Quarante-cinq* Gascons d'Henri III. Mais l'aîné, Paul, mourut à Paris avant le meurtre du duc de Guise ; il fut enseveli dans l'église de Saint-Eustache, ainsi que nous le révèle un document très curieux, extrait des archives du château d'Ozon (près Tournay, Hautes-Pyrénées), ayant pour titre : « Parties de Gaspar Mellon, crieur juré à Paris, « pour les obceqques et funerallies de feu Mr de Villambi, en son vivant l'un « des quarante cinq gentilzhommes ordinaires de chez le Roy, qui fut inhumé « le xviij^e fevrier 1588 ». Il avait débuté dans la carrière militaire, en Piémont, sous les ordres de son oncle le brave d'Ossun, dans ces guerres si renommées. Boyvin du Villars le cite souvent avec éloges dans ses *Mémoires* ; il l'appelle : « Vilambit, neveu de M. d'Ossun, capitaine de vertu et de mérite ». Il était fils de Jean de Soréac, seigneur de Villembits, Sère, Visquer, Maussan, Arcizac,

A esté communicquée une lettre envoyée par Mr Lacroix, commissaire, pour avoir vivres pour le camp de Mr de Tarride, contenant que l'on envoye de ceste ville vingt cars de bled, quinze d'avoine, trente beufz, deux cens moutons, foin vingt cars, ung quintal lard, deux quintalz fromage, chandeles deux quintalz.

Ont esté d'adviz qu'il fault envoyer à mons^r le seneschal pour luy en communicquer si l'on en pourra rien rebatre; et cependant escrire aux consulz des vilages du carteron (1) qu'ilz se tiennent promptement icy pour de leur part les y faire contribuer et constraindre à ce, suyvant le teneur de la commission.

Ainsin fust arresté.

De Capdeville, greffier.

V.

16 juillet 1569.

CRIE POUR FAIRE MONSTRE.

(Arch. com. de Bagnères-de-Bigorre. Rec. du P. Laspales.)

L'an mil cinq cens soixante neuf et le setzieme jour du moys de juillet estant jour de marché en la ville de Baigneres, je Jean d'Abbaye, crye et trompete publicque en la d. ville, en ensuyvant le commendement à moy faict par monseigneur de Beaudean, cap-

---

marié le 20 novembre 1521 avec Catherine d'Ossun. Le chevalier de Villembits fut tué l'année suivante dans une rencontre avec les huguenots, devant l'abbaye de l'Escale-Dieu (Duco, *Hist. de la Bigorre*). C'est d'après le manuscrit Duco que nous avons donné à ce capitaine le titre de *chevalier*, titre qui suppose un cadet. Nous ferons remarquer que tous les documents le désignent sous le nom de *seigneur de Villembits*. Ce *seigneur*, tué en 1570 à l'affaire de l'Escale-Dieu, pourrait être alors Jean, père des trois Villembits, Paul, Arnaud et Jean-Marie.

(1) On désignait sous le nom de *Quarteron de Bagnères* les douze villages dont les noms suivent : Campan, Asté, Gerde, Pouzac, Ordizan, Argelès, Mérilheu, Bonnemaison, Escots, Trébons, Labassère, Baudéan. L'ordre dans lequel nous avons reproduit ces noms est généralement gardé dans les registres des délibérations de la commune de Bagnères. Nous ne saurions dire par quel lien les communes du *Quarteron* se rattachaient à Bagnères; les archives de cette ville ne nous ont rien appris là-dessus. Chacune de ces communes nommait un député qui venait traiter à Bagnères des affaires intéressant la généralité.

pitaine et gouverneur en la d. ville de Baigneres (1) et carteron d'icelle, pour le Roy nostre sire, certifie, en compaignie d'André de Capdeville, greffier de messieurs les consulz du d. Baigneres, avoir proclamé à voix de trompe et cry public par tous les carrefours et lieux acoustumés en la d. ville, que tous habitans de la d. ville de Baigneres et carteron d'icelle estans habiles et aptes à pourter armes se treuvent lundy prochain que sera le dix-huictieme du d. moys en la present ville avec leurs armes et en bon equipage pour fere monstre generale et s'employer au service du Roy à peyne de la vie. Presens Claude de Prat, de Montreal; Me Dominicque Cistac, de Ciutat; Me Laurens Carassus, d'Ordon; Domenge de Nogué, d'Ossun aux Angles; Guillem de Galoye, de Montgaillard; Guillem de Peborde, de Pousac; Bernard Abat, de Marsas; Jean de Laspales, d'Escotz; Laurens de Burrete, d'Astugue; Pey du Frexo, de Nulh; Nyçolau Daube, d'Ordisan; Guillem Dancla, d'Orignac, et autres, et moy soubzsigné.

A sa relation,
De Capdeville.

VI.

3 AOUT 1569.

[DÉFENSE

AUX HABITANTS DE BAGNÈRES, APTES A PORTER LES ARMES, DE SORTIR DE LA VILLE.]

(Arch. com. de Bagnères-de-Bigorre. Rec. du P. Laspales.)

De part le Roy et mons^r de Beudean, cappitaine et gouverneur de la ville de Baigneres, est faict inhibition et deffence à tous les

---

(1) Antoine de Baudéan, seigneur et baron de Baudéan, près Bagnères, Aux et Lannefrancon en Pardiac, fils d'Arnaud, baron de Baudéan, et d'Andrive de Rivière-Labatut. Il fut assassiné aux environs de Bagnères, le 23 avril 1574, par un aventurier huguenot nommé Lysier, qui jetait l'effroi dans le pays. Le gouverneur était sorti de la ville pour aller au-devant d'un ami; Lysier le surprit sans défenses et l'étendit raide mort d'un coup de pistolet. Les gentilshommes voisins vengèrent la mort de Baudéan; ils prirent Lysier dans une embuscade et l'exécutèrent sur le champ. L'enquête de 1575 que l'on trouvera plus loin fait mention de l'assassinat du gouverneur de Bagnères. Voir dans les *Mémoires de Jean d'Antras*, édités par M. Tamizey de Larroque et M. de

habitans de la d. ville, du ressort et quarteron d'icelle, qui sont aptes à pourter armes et faire service à Sa Magesté, bouger de la d. ville et quarteron jusques autrement en soict ordonné, ains soy tenir prestz et en armes en la d. ville demain quatriesme du moys d'aoust, à peine de la vie (1).

DE BEUDEA.

Le troisiesme jour du moys d'aoust an mil cinq cens soixante neuf, je soubzsigné Jean d'Abbaye, crye et trompete publicque en la ville de Baigneres, en ensuyvant le commendement à moy faict par le d. seigneur de Beaudean, gouverneur en ceste ville, a esté proclamée la crye cy-dessus escrite, à voix de trompe et cry public par les carrefours acoustumés au d. Baigneres. Presens Joseph de Mathié, de Montgaillard; Pey de Lyas, Arnauton Lana, Arnaud Deveze, Guilet Solé, Bernard Abat, Jean Puyo, de Baigneres; Menjo de Belon, de Campan; Guillamolo, de Garaison ; Pey d'Estameac, de Pousac, et plusieurs autres.

A sa relation,
DE CAPDEVILLE.

VII.

5 AOUT 1569.

ARREST DE CONSEIL

POUR FRAYER LES CAPPITAINES AUX DESPENS DE LA VILLE.

(Arch. com. de Bagnères-de-Bigorre. Rec. du P. Laspales.)

L'an mil cinq cens soixante neuf, et le cinquiesme jour du moys d'aoust, dans la maison comune de Baigneres, presens et assistans Ramond Jean Besques, Jean Begola, Pierre de Mont et Guillem Ramond Uzer, consulz, M⁰ Anthoine Boerie, juge ordinaire,

---

Carsalade du Pont, d'abondants détails sur Antoine de Baudéan. Il eut pour successeur au gouvernement de Bagnères Jérôme de Laval, sieur de La Brousse, remplacé lui-même par Germain d'Asson, seigneur d'Argelès, Asson, Chelles, etc., gentilhomme de la chambre du Roi, capitaine de cent hommes d'armes, qui en fut pourvu par lettres royaux du 22 septembre 1574 (Chartrier du Séminaire d'Auch).

(1) Ces précautions étaient prises contre Mongonmery, qui arrivait à grandes journées par le comté de Foix, le Comminges et le Nébouzan.

Arnauld Dulac, Bernard Sobile, Guilet Solé, Guillem de Rebia, Guillem Ramond Arqué, Bernard de La Forgue, Jean de Crexensan, M° Pierre Fregnac, Jacmet Papa, M° Pierre Bibet, Pedarnauld... (1), Sanset Ysac, Bernard Broca, Pey Lana,... Begaria (2), Domenge Ciutat, Bernard Solé, Arnauton Lana, Pey Amaré, Guirauld Agut, Domenge de Jeanblanc, Bastian Amaré, Pey d'Ossun, Jean Tusma, Sanson de Durbiele, Pey de Berot, Jean Cariton, Pebernard Lana, Pocquet Ysac, Pey de Boerie, Arnauton Lana, Domenge Asson, Domenge de Chan, Bernard du Poutz et Pierre Nabau, les tous manans et habitans de la ville de Baigneres; lesquelz, ayans comunicqué des aferes d'icelle, ont arresté que mons^r d'Arsizac (3), mons^r d'Ozon (4) et Tilhoze (5), cappitaines, qui à present sont en la ville à commander les gens pour la deffence d'icelle et service du Roy, soyent nourris aux despens de la d. ville, et baillé logis pendent ses troubles, et que les enemys sont bien près; aussy, que l'on escrive à ceulx de l'Estreme de Castetlobon (6) qu'il leur plaist envoyer les forces que

(1) Le nom patronymique est en blanc dans l'original.
(2) Le nom de baptême est en blanc.
(3) Bertrand d'Antist de Mansan, seigneur d'Arcizac-Adour, dit le capitaine Arcizac, frère cadet du capitaine Mansan, cité plus bas (Généal. Antist dans le *Nobil. universel.* Glanage Larcher).
(4) Jean de Cardaillac, seigneur d'Ozon. Duco (*Hist. de la Bigorre*) dit que le capitaine Ozon remplaça Baudéan au gouvernement de Bagnères-de-Bigorre. Cette affirmation nous semble être erronée, car il est sûr que Jérôme de Laval, sieur de La Brousse, et après lui Germain d'Asson furent pourvus de ce gouvernement (voir plus haut la note sur Baudéan). Peut-être Ozon prit-il le gouvernement provisoire de la ville après le meurtre de Baudéan. Voir dans une note de l'enquête de 1575 une intéressante lettre écrite par le capitaine Ozon « A mon cousin M. de Campels a Maseres, en Astarac ».
(5) Odet de Barèges, dit le capitaine Tilhouse dans le testament de Bertrand de Barèges, seigneur de Tilhouse, son père, du 23 décembre 1569, dans lequel il déclare avoir été marié avec Marguerite de Soréac, fille de Bernard de Soréac et d'Anne de Villembits, de laquelle il a eu quatre fils, feu Jean, l'aîné, marié le 15 mars 1544 avec Marguerite de Cardaillac-Lomné, Odet, dit le *capitaine Tilhouse*, Arnaud et Gaston. Odet n'eut pas d'enfants de Catherine de Corret et mourut vers 1580. Sa veuve se remaria avec Christophe d'Angos, seigneur de Boucarrès (Jugem. de maint. de noblesse. Nobil. de Montauban. Glanage Larcher).
(6) C'est le nom de l'une des sept vallées du Lavedan. Elle comprenait les communes de Geou, Berberust, Lias, Ger, Saint-Créac, Lugagnan, Juncalas, Cheust, Gazost, Ordon et Castetloubon, renfermant en tout 46 feux 3/4 (voir le *Souvenir de la Bigorre*, janvier 1883).

pourront pour la tuition de ce pays. De quoy requerans les d. consulz, je notaire soubzigné en ay retenu acte. Presens et assistans que dessus.

De Capdeville, notaire.

VIII.
7 août 1569.

[LETTRE DES HABITANTS DE LA VALLÉE D'AURE] A MESSIEURS LES CONSULS ET GARDES DE BAIGNERES.

(Arch. com. de Bagnères-de-Bigorre. Rec. du P. Laspales.)

Messieurs, occasion du mauvais temps, ensemble la distance du pays, que n'avons peu estre ensemble tous, ne nous sommes voulu mettre à chemin, mesmement aussi que avons gens de Campan que nous ont asseuré les ennemis estre presque passez (1), par quoy avons advizé vous escripre et sçavoyr plus amplement ce que passe, offrant si besoing est, ce que vous aurés escript, et attendeu vostre responce, serons Dieu aydant tous ensemble pretz avec noz armes que ne fauldront incontinent marcher en diligence avec l'ayde de Dieu, auquel prions, Messieurs, vous maintenir en sa saincte grace, nous recommendans aux vostres.

De Ancizan, ce .viie. aoust 1569.

Vos entiers amys,
Les habitans de la vallée d'Aure.

IX.
7 août 1569.

[LETTRE DES CONSULS DE SARRANCOLIN] A MESSIEURS DE CONSULZ DE BAIGNERES.

(Arch. com. de Bagnères-de-Bigorre. Rec. du P. Laspales.)

Messieurs, ayant receue la lettre qu'il vous a pleu nous mander et suyvant icelles, n'avons vouleu failhir vous faire responce que

---

(1) Les troupes de Mongonmery traversèrent la plaine de Tarbes les 5 et 6 août.

incontinent ayant receue icelle nous sommes transportés en Aure pour la communicquer au capitaine d'Estensan (1) et autres, et suyvant sa deliberation ne faulrons vous secourir de tout nostre pouvoir de la pouldre que vous nous mandés ; aussy ne nous est possible en recouvrer, causant que pour le presant ne s'en faict en ce pays, et que pys est que n'en avons treuvé pour nous et pour la garde et deffence de la ville de Sarrancolin. Que ferons fin, nous recomandant humblement a vostre bonne grace, priant Dieu, Messieurs, que en saincté vous donc sa grace.

De Sarrancolin, ce .VIIe. aoust 1569.

Vous parfaictz et obeyssans amis et voysins,
Les consulz de Sarrancolin.

X.

7 aout 1569.

[DÉFENSE FAITE AUX HABITANTS DE BAGNÈRES, APTES A PORTER LES ARMES, DE SORTIR DE LA VILLE.]

(Arch. com. de Bagnères-de-Bigorre. Rec. du P. Laspales.)

De part le Roy et mons^r de Beudean, gouverneur pour Sa Majesté en ceste ville de Baigneres, est faict inhibition et deffence à tout souldat et aultres habitans de la d. ville, de quelque estat et condition que ce soit, qui sont aptes aux armes et faire service au dict seigneur, bouger d'icelle sans licence du d. s^r gouverneur; et aus d. soldatz presenz soi retirer et tenir au corps de garde à eulx respectivement ordonés, à peine de la vie; et à mesme peine est deffendu aux houstes les recepvoir de nuyt.

A. DE BEUDEA.

(1) Jean d'Arcizas, seigneur d'Estansan dans la vallée d'Aure, épousa, le 27 janvier 1550, Rose de Martres (La Chenaye Desbois, *Généalogie Arcizas*).

L'an mil .v^c. LXIX. et le septiesme jour du moys d'aoust, par moy Jean d'Abbadie, crye et trompete publicque habitant à Baigneres, ont esté faictes les inhibitions et deffences sus escriptes et aux persones y contenues, à voix de trompe et cry public, par les carrefours et lieux acoustumés de la d. ville. Presens Matheau Daugays, de Cadiac en Auré; Borthomiu d'Estarac, Mes Pierre Aube, Arnaud Lavigne, presbtres, d'Ordisan; Jean Sobies, de Trebons; Jeanet de Bonecarrere, de Godon; Domenge Pinac, de Pousac; Domenge d'Abbadie, de Vielle, et autres, et moy.

A sa relation,
DE CAPDEVILLE.

XI.
7 AOUT 1569.

[LETTRE DES CONSULS DE SARRANCOLIN] A MESSIEURS DE CONSULZ DE LA VILLE DE VAIGNERES.

(Arch. com. de Bagnères-de-Bigorre. Rec. du P. Laspales.)

Messieurs de consulz,

Nous sommes en doubte pour veoir les enemis quel chemin ilz tienent (1). Pour ce, vous supplions nous en voloir advertir pour le seur; et si cependent avez rien vesoing de nous pour le service du Roy et vostre, ne fauldrons vous obeyr. Que ferons fin après nous estre recommandés à vous bonnes graces, prierons Dieu à touys jours vous tenir en la sienne.

De Sarrancolin ce .VIIme. aoust 1569.

Vostres bons amis et serviteurs,
LES CONSULZ DE SARRANCOLIN.

(1) « Les enemis » étaient les troupes de Mongonmery qui, sous la conduite de leur terrible capitaine, venaient de traverser le comté de Foix, avaient passé l'Ariège à Mazères et la Garonne à Saint-Gaudens pour voler au secours de Navarreins, assiégée par l'armée de Terride. Voir dans le Monluc de M. de Ruble (t. V, p. 202) une lettre écrite, le 2 août 1569, par Monluc au maréchal de Damville. Cette chevauchée de Mongonmery aux environs de leurs murailles avait dû donner à penser aux consuls de Sarrancolin.

XII.

8 AOUT 1569.

ACTE DE PROTESTATION
CONTRE LES HABITANS D'ASTÉ A FAUTE DE VOULOIR VENIR
EN CESTE VILLE POUR LE SERVICE DU ROY.

(Arch. com. de Bagnères-de-Bigorre. Rec. du P. Laspales.)

L'an mil cinq cens soixante neuf et le huictiesme jour du moys d'aoust, regnant tres chrestien prince Charles par la grace de Dieu roy de France, au lieu d'Asté, pays et seneschaucé[e] de Bigorre, par devant moy notaire royal soubzsigné et tesmoingz bas escriptz, s'est presenté Ramond Jean Besques, consul de la ville de Baigneres, lequel, parlant à Pey de Casaubon, Arnauld Sobiele, Jean de Castilho et Jean Pena, consulz et officiers du d. lieu d'Asté, leur a remonstré comment mons^r de Villembitz, lieutenant du Roy nostre sire, auroit mandé letre missive aux habitans du d. Baigneres, contenant qu'ilz envoyent les forces d'icelle ville et du carteron en la ville de Tarbe pour estre conduitz à la part que par le d. seigneur sera ordoné, à peyne d'estre dictz et declairés seditieux, rebelles et desobeyssans au Roy, auquel commendement les d. habitans de Baigneres veulent obeyr. Et de tant que les d. habitans d'Asté sont du carteron, a requiz aus d. consulz et officiers promptement assembler ceulx qui sont aptes aux armes, les admener avec les aultres au d. Baigneres, aultrement en a protesté contre eulx, et d'en fere rapport au d. seigneur lieutenant. De laquelle missive faicte au long lecture, iceulx consulz et officiers d'Asté, avec la plus grand partie des habitans, ont dict vouloir obeyr aux commendementz qui leur sont faictz de part le Roy, et à ces fins fere venir tous ceulx qui sont aptes aux armes demain matin au d. Baigneres, car cejourd'hui ne seroit possible les assembler touz, de tant y a villages de longue distance qui sont du conseil du d. Asté. De quoy requerant le d. Besques, consul, je notaire soubzsigné en ay retenu acte. Presens Pascau du Gay, de Trebons; Jean de Nogué, de Labassere; Jean

Ferrer, de Graus (?) en Espaigne; et Domenge Esquierde, de Valentia, et moy,

De Capdeville, notaire.

Le d. jour, au lieu de Gerde, par le d. Besques, consul, a esté faicte pareille remonstration et protestation à Pey de Parade, Domenge Berrut et Ramond Gachessin, consulz du d. Gerde, qui ont respondu vouloir obeyr de leur part. Presens les sus d.

De Capdeville.

XIII.

8 août 1569.

CONSEIL GENERAL POUR ENVOYER GENS A TARBE.

(Arch. com. de Bagnères-de-Bigorre. Rec. du P. Laspales.)

Cejourd'huy huictiesme aoust 1569, à Bagueres, place de Salies, par messieurs Ramond Jean Besques, Pierre de Mont, Jean Begole, Guillem Ramond Uzer et Bernard Vivé, consulz, a esté remonstré comment Mr de Villembitz, lieutenant du Roy, auroit mandé letre en ceste ville pour luy envoyer les forces d'icelle à peyne d'estre ditz rebelles et desobeyssans au Roy, et qu'à ces fins on y deliberast. De laquelle letre lecture faicte au long, les d. habitans se sont retirés chascune rue à part, et en ayant conferé ensembles ont arresté comme s'ensuict :

Premierement, les manans et habitans de la rue de Bourgvielh, par l'organe de Me Pierre Fregnac, ont arresté que mess^{rs} le gouverneur et aultres cappitaines qui sont en ceste ville doibvent choisir un nombre de gens à leur arbitration pour obeyr au d. commendement, et sans fere exception de personnes, et iceux envoyer devers le d. s^r lieutenant du Roy; et que l'on se transporte sur les villages qui ne veulent venir et obeyr aux commendemens, et fere procès-verbal de leur reffuz pour le pourter devant le d. s^r lieutenant; et que l'on baille collation aux soldats de Campan et Aure, si viennent, aux despens de la ville.

Consecutivement, la rue de Bourg-nau, par [l'organe de] M⁰ Pierre Lanson, notaire, ont esté du d. adviz.

La rue de Lafont, parlant par l'organe de M⁰ Anthoine Boerie, comme le Bourg-vieulx.

Finalement, la rue des Cautarès, par l'organe de Arnauld Dulac, merchant, [a esté] de mesmes adviz, et que les laboreurs soient touz devant et enquiz de ce qu'ilz s'en sont allés incongediez pour ce que la ville ne demeure desprovue.

De quoy à leur requeste je notaire soubzsigné en ay retenu acte. Presens Jean d'Abbadie, Jacmot Papa et aultres.

De Capdeville, notaire.

XIV.
11 aout 1569.

ROLLE DE MUNITION POUR LE CAMP DE TARBE (1).
(Arch. com. de Bagnères-de-Bigorre. Rec. du P. Laspales.)

Cotisation des vivres que fault envoyer au camp du Roy à Tarbe, suyvant le commendement envoyé par monsʳ le seneschal de Bigorre et gouverneur au d. pays, faicte par nous Ramond Jean Besques, Pierre de Mont, Jean Begole, Guillem Ramond Uzer, et Bernard Vivé, consulz de Baigneres, le .xi. aoust mil .v⁰ .lxix.

Baigneres :	bled	iiii. chars ;
—	avoine	iiii. chars ;
—	vin	x. pippes ;
—	motons	viii.
Beaudean :	bled	ii. chars, x. sacs ;
—	baches	iiii ;
—	motons	iiii.

(1) Les troupes campées à Tarbes, au nombre de 2,000 hommes, sous les ordres de M. de Villembits, lieutenant du Roi.

Asté : bled . . . . IIII. chars ;
— baches . . . . II ;
— motons . . . . VI ;
— vin . . . . II. pippes.
Gerde et Lyas : bled . . . . III. chars ;
— baches . . . . II ;
— motons . . . . VI ;
— vin . . . . II. pippes.
Escotz : froment . . . . I. char, VI. sacs ;
— avoine . . . . II. chars, VI. sacs.
Bonemazon : avoine . . . . XVIIII. sacz ;
— motons . . . . III.
Esconetz : avoine . . . . IIII. chars ;
— motons . . . . IIII.
Argelès : avoine . . . . II. chars ;
— motons . . . . IIII ;
— baches . . . . II.
Merlheu : avoine . . . . II. chars ;
— motons . . . . IIII.
Hauba : avoine . . . . XVIII. sacz.
Ordisan : bled . . . . II. chars ;
— avoine . . . . II. chars, XII. sacz.
Trebons : bled . . . . II. chars ;
— vin . . . . II. chars, I. pippe ;
— baches . . . . II.
Posac : bled . . . . IIII. chars ;
— vin . . . . II. pippes.
Labassere : bled . . . . II. chars, X. sacz ;
— baches . . . . II ;
— motons . . . . IIII.

XV.

13 AOUT 1569.

CONSEIL POUR PAYER LES DESPENS

QUE PEY D'ABBADIE A FAICT EN ASSEMBLANT LES SOLDATZ DE M^r DE SARNIGUET ; — DE PAYER A CLARIANE LES DESPENS DE M^r D'ARSIZAC ; — D'ENVOYER VIVRES AU CAMP.

(Arch. com. de Bagnères-de-Bigorre. Rec. du P. Laspales.)

L'an mil .v^c.LXIX, et le .XIIIe. jour du moys d'aoust, en la ville de Baigneres et dans la maison comune d'icelle, estans illec assemblés messieurs Ramond Jean Besques, Pierre de Mont, Jean Begole, Guillem Ramond Uzer et Bernard Vivé, consulz, Pierre de Socaze, Pierre Nabau, Bertrand Besques, Bernard Abat, Jean Casaux, Jean Arqué, Bertrand Casaux, Bernard d'Estors dict Borbon, Guillem de Rebia, Jacmot Papa, Domenge Ciutat, Bernard du Poutz, Sanset Ysac, Arnauld Guillamet Diudat, Jean Payssan, Bernard d'Estors, Pey Amaré, Bernard de Berot, Jean du Pont, Sanson de Durbielle, Pey Domec, Bertrand Berot, Pey Bernard Ysac, Bernard Forgue, Monolo Escola, Pé Bernard Lana ;

Des vivres que Mr de Lacroix mande querir pour la provision du camp de Mr de Terride, que l'on se gouverne comme ceulx de Tarbe.

Ont arresté que l'on paye les despens que Pey d'Abbadie a faict en assemblant les soldatz au nom de Mr de Sarniguet pour les mener au camp du Roy à Lezat (1) jusques icy.

Que Clariane d'Astugue baille rolle de la despence que M^r d'Arsizac a fait en sa maison pour après y ordoner si se treuve excessivement tauxée ; et si le d. seigneur a arresté les comptes, que l'on paye son arrest, et après, que l'on baille soldats à la d. Clariane comme aux aultres.

DE CAPDEVILLE, notaire.

(1) Lezat, dans le comté de Foix, où le maréchal de Bellegarde tenait tête aux protestants.

XVI.

24 AOUT 1569.

CRIE CONTRE LES HABITANS DU CARTERON
QU'ILZ SONGENT A [SE] RENDRE EN CESTE VILLE AVEC LEURS ARMES.

(Arch. com. de Bagnères-de-Bigorre. Rec. du P. Laspales.)

De par le Roy et mons^r de Baudean, gouvernur pour Sa Majesté, de la ville de Baigneres.

Est faict commendement à tous les habitans des lieux estans dens le quartenatge de la d. ville de Baigneres de se rendre en icelle en bon equipatge d'armes pour le service du Roy et deffence de la d. ville dans vingt-quatre hures après la publicquation de la presente, à peyne de confiscation de courps et de biens. Faict et ordonné en la d. ville le vingt quatriesme d'aoust mil cinq cens soixante neuf.

A. DE BEUDEA.

Le .xxiiie. aoust mil .v^c. lxix, par moy Jean d'Abbadie, cry et trompete publicque de la ville de Baigneres, accompaigné d'André de Capdeville, greffier de messieurs les consulz, a esté faict le commendement sus escrit et aux peynes y contenues, à son de trompe et voix intelligible, par les carrefours et lieux acoustumés fere telles proclamations. Presens Matheau du Gay, Bernard de Blantz, de Trebons; Peyrot Corrau, de Labassere; Arnaud Peré, de Pousac; Pey du Prat, d'Antist; Me André du Tilh, d'Astugue; Pey d'Artigala, de Montgallard, et plusieurs autres.

A sa relation,
De Capdeville.

XVII.
24 AOUT 1569.

CRIE CONTRE LES HABITANTS DE LA VILLE
QUI SE SONT ABSENTÉS QU'ILZ Y AYENT A RETOURNER, ENSEMBLE LES MUBLES Y REMETRE.

(Arch. com. de Bagnères-de-Bigorre. Rec. du P. Laspalcs.)

De par le Roy et mons^r de Beaudean, gouvernur pour Sa Majesté de la ville de Baigneres.

Est faict commandement aux habitans de la d. ville qui se sont absentés sans congé et permision dud. seigneur gouvernur de retorner dans icelle et de y remettre leurs biens qu'ilz en ont tirés dans vingt-quatre hures après la publiccation de ceste presente ordonance, sur peyne de confiscation de courps et de biens. Faict et ordonné en la d. ville le vingt-quatriesme d'aoust mil cinq cens soixante neuf.

A. DE BEUDEA.

Le .xxiiiie. jour du moys d'aoust an mil .v^c.lxix, par moy Jean d'Abbadie, crye et trompete publicque de la ville de Baigneres, accompaigné d'André de Capdeville, greffier de messieurs les consulz d'icelle, a esté faict le commendement sus escript, et aux peynes y contenues, à son de trompe et voix intelligible, par les carrefours et lieux acoustumés fere telles proclamations. Presens Matheau du Gay, Bernard de Blancz, de Trebons; Peyrot Coroau, de Labassere; Arnaud Péré, de Pousac; Pey du Pont, d'Antist; Me André du Tilh, d'Astugue; Pey Artigala, de Montgaillard, et plusieurs autres.

A sa relation,
DE CAPDEVILLE.

XVIII.
24 AOUT 1569.

PROTESTATION CONTRE LES CONSULZ
DE LABASSERE, ORDISAN, ESCOTZ, MERLHEU ET ESCONETZ, A FAUTE D'AVOIR PAYÉ LEUR PART DE LA COTISE.

(Arch. com. de Bagnères-de-Bigorre. Rec. du P. Laspales.)

L'an mil cinq cens soixante neuf et le vingt-quatriesme jour du moys d'aoust, en la ville de Baigneres, pays et seneschaulcé[e] de Bigorre, regnant tres chrestien prince Charles par la grace de Dieu roy de France, par-devant moy notaire soubzsigné et tesmoingz bas escriptz, constitués personelement Ramond Jean Besques et Guillem Ramond Uzer, consulz de la d. ville de Baigneres, lesquelz parlans à Guillem du Bau dict Cornet, consul de Labassere, Pey Daube, consul, et Manauld du Trey, officier, du lieu d'Ordisan, Domenge Ciutat, consul d'Esconetz, Rogier de Viau, consul d'Escotz, et Bertholot Abat, consul de Merlheu, leur ont remonstré comment mons^r le gouverneur de ce pays leur auroit envoyé commendement de mander au camp du Roy à Tarbe certains vivres illec expecifiés, et commission de les cottiser sur tout le cart[er]onage, excepté Campan, en quoy ilz se seroient employés; faicte la d. cotise et mandé letres en chascun des villages du d. carteron, singulierement ez lieux sus d. où estoient escriptz le nombre des d. vivres, lesquelz villages n'auroient encores satisfaict entierement à leur d. portion, comme appert par le rolle que en a esté faict; à cause de quoy ont protesté contre eulx de tous despens, domages et interestz qu'ilz en pourroient souffrir pour ne l'avoir faict. Lesquelz consulz dez villages sus d. ont dict et respondu vouloir obeyr aux commendemens que leur sont faictz de par le Roy, à ces fins envoyer les provisions restantes où besoing sera. De quoy requerans les d. de Besques et Uzer, consulz, je notaire soubzsigné en ay retenu acte. Presens Jean de Pedecondon, de Beaudean, et Jean Arqué, de Baigneres, habitans, et moy André de Capdeville, notaire royal soubzsigné.

DE CAPDEVILLE, notaire.

XIX.

25 AOUT 1569.

PROTESTATION

CONTRE LES CONSULZ D'ASTÉ ET GERDE, A FAUTE D'ENVOYER
LES VIVRES COTISÉS AU CAMP DU ROY A TARBE.

(Arch. com. de Bagnères-de-Bigorre. Rec. du P. Laspales.)

L'an mil cinq cens soixante neuf et le vingt-cinquiesme jour du moys d'aoust, en la ville de Baigneres, pays et seneschaulcé[e] de Bigorre, par devant moy notaire soubzsigné et tesmoingz basescripts, personelement constitués Ramond Jean Besques et Guillem Ramond Uzer, consulz de la d. ville, lesquelz parlans à Pey de Casaubon, consul, Jean Pena, jurat d'Asté, et Pey Mayret, consul du lieu de Gerde, leur ont remonstré comment mons^r le gouverneur de ce pays leur auroit envoyé commendement de mander au camp du Roy à Tarbe certains vivres illec expecifiés et commission de les cotiser sur tout le cart[er]onage excepté Campan, en quoy ilz se seroient employés, faicte la d. cotise et mandé letres en chascun village du d. carteron, singulierement ez lieux susd. où estoient escriptz le nombre desd. vivres, lesquelz villages n'auroient aucunement satisfaict à leur d. portion, comme appert par le rolle qu'en a esté faict. A cause de quoy ont protesté contre eulx de tous despens, domages et interestz qu'ilz en pourroient souffrir pour ne l'avoir faict. Lesquelz consulz ont dict et respondu vouloir obeyr aux commendemens que leur sont faictz de part le Roy, et de faict les provisions estre prestes qu'offrent envoyer où besoing sera. De quoy requerans les d. Besques et User, consulz, je notaire soubzsigné en ay retenu acte. Presens Jeanet Bacquerie, Pey Lana, de Trebons; Bernard Marca dict Brau, de Campan, et moy,

De Capdeville, notaire.

XX.

29 AOUT 1569.

CONSEIL POUR QUITTER LA VILLE

A CEULX DE LA RELIGION; — DE FERE CONDUIRE L'ARGENTERIE DES EGLISES AU PAYS D'AURE ET LES DENIERS DE LA VILLE AUSSY.

(Arch. com. de Bagnères-de-Bigorre. Rec. du P. Laspales.)

L'an mil cinq cens soixante neuf et le .XXIXe. jour du moys d'aoust, en la ville de Baigneres, place de Salies, assemblés les habitans d'icelle pour traiter dez comuns afferes à la maniere acoustumée, après s'estre retirés à part, ont arresté ce que s'ensuit :

Premierement, la rue du Bourg-vielh, par l'organe de Me Pierre Fregnac, notaire, que d'autant à Tarbe l'on n'a tenu bon, ains vuydé la d. ville, aussy que l'on se retire et que se sauve qui puysse (1).

Que l'on fasse pourter l'argenterie des eglises par quatre homes vers le pays d'Aure, jusques à ce que les troubles soient passés, et que l'on en y laisse une bone partie. Aussy que l'on laisse quatre calices en l'eglise St Vincens.

Les papiers et documens de la ville pourtés avec l'argenterie (2).

La rue de Bourg-nau, parlant par l'organe de Arnaud d'Isac, que l'on se tienne en la ville, que l'on face venir les pages (3), et [c]eulx qui seront deffaillans punys et penduz.

Au residu, idem.

(1) Aucun historien n'a fait mention de ce sauve-qui-peut dans la ville de Tarbes, au passage de Mongonmery, les 5 et 6 août.

(2) Cette résolution des consuls de Bagnères et les délibérations suivantes sont un écho de la terreur qu'inspiraient Mongonmery et les hordes de vandales qu'il traînait à sa suite. D'une seule chevauchée, il venait de piller et de ruiner toutes les églises entre Tarbes et Lannemezan. Voir à la suite de ce manuscrit l'*Information*, etc., de 1575. La vallée d'Aure, pays de montagnes, était un asile sûr pour les objets précieux que les consuls de Bagnères voulaient sauver.

(3) Les habitants de la campagne, *pagani*.

La rue de Lafont, pourveu que l'on puisse refourmer forces jusques à deux cens arquebousiers hors ceulx qui sont en ville, que l'on y laisse une bone partie de l'argenterie.

La pouldre divisée.

Les papiers pourtés avec l'argenterie.

La rue des Cautarès, par Bertrand Lana, que l'argenterie soit pourtée, partie laissée.

Au residu, de tenir bon; que l'on voye s'il y a munition, et si s'en y treuve, ensemble gens, que l'on tienne bon, et ce comme dessus.

Les papiers et documens pourtés avec l'argenterie.

De quoy je notaire et secretaire en ay retenu acte.

De Capdeville, notaire.

XXI.

30 août 1569.

CONSEIL POUR FERE LA DESPENCE
AUX SOLDATS DE M^r DE SARNIGUET, AUX DESPENS DE CEULX QUI SE SONT ABSENTÉS.

(Arch. com. de Bagnères-de-Bigorre. Rec. du P. Laspales.)

Ce jourd'huy trentiesme aoust mil .v^cLXIX, en la ville de Baigneres, place dicte de Salies, assemblés illec la plus grand part des d. habitans pour traiter dez comuns afferes, presens et assistans Jacques Payssan et Guillem Ramond Uzer, consulz, a esté arresté ce que s'ensuit:

Le Bourg-vielh, parlant par Bernard Sobile, que l'on demeure en ville et vivent ceulx qui y sont aux despens de ceulx qui se sont absentés.

Le Bourg-nau, parlant par Me Bernard Lucia, que les soldatz de Mr de Sarniguet soient nourris pour ceste nuict et demain si leur plaist, en vivant honestement et sans mal fere ny dire, ny persone, et où le feroeint qu'ilz vuydent promptement.

Carrere de Lafont, parlant par Guirauld Agut, qu'il est raisonable que les d. soldatz de Sarniguet soient nourris aux despens [de ceulx] qui se sont absentés, puysqu'il est ainsin qu'ilz y veulent demeurer et expouser leurs vies aux deffences de la ville.

Cautarès, par Jean Sobiron, idem.

De quoy ont requis à moy notaire soubzsigné leur en retenir acte.

De Capdeville, notaire.

XXII.

5 septembre 1569.

[PROCURATION

DES HABITANTS DE LA VILLE ET DU QUARTERON DE BAGNÈRES POUR ACHETER UN CHEVAL AU CAPITAINE BERNÉ ET EN FAIRE PRÉSENT AU SEIGNEUR DE LONS.]

(Archives de M. Vaussenat, à Bagnères.)

Sçaichent tous presens et advenir que ce jourd'huy cinquiesme du moys de septembre mil cinq cens soixante neuf, regnant treschrestien prince Charles par la grace de Dieu roy de France, en la ville de Bagneres, comté de Bigorre, et dans le couvent des freres Jacobins d'icelle, par-devant moy notaire royal soubzsigné, et en la presence des tesmoingz bas escriptz et nommez, establiz et constitués en leurs personnes propres honnorables hommes, Pey Domec, Jean Payssan, Sanxon d'Arbielle, Bernard Sobiron, Bertrand Deslameac, Jehan Dufaur, Arnauton Martin, Domenge Peré, Pey Bernard Lana, Pey de Lana, Bernard d'Estors, Bernard de La Falhe, Bernard de Berot, Bernard de Bearnes, Jehan de Cieutat, Jean d'Estortz, Jehan de Capderey, Jehan de Casaulx, Pey de Tarissan, Pey de Sobiron, Berthomeu de Sayoux, Pedarnauld de Lana, Arnauld de Devese, Jacques Agut, Arnauld d'Arqué, Domenge de Pauçon, Jehan de Fys, Gacinet de Coroau, Peyrot et Bernard de Sayoux, Jehan Puyo, Arnauld de Cautele, Bernard de Bonecarrere, autre Jehan Puyo, Domenge de Perès, Miqueu de Perès, Sanxon de Durbielle, Bortholet d'Abbaya, Jehan Forgne, Jehan Campet, Poquet d'Estortz, Bernard Fontan,

Jammes Cariton, Bernard Forgue, Jehan d'Estortz, Guilhemolo Cieutat, Jehan de Bagneres, Peyrothon d'Abbaya, Jehan de Peyrot, Pey d'Ossun, Jehan Sobiron, Bernard de Pepoy, Jehan User, Pey de Arroy, Jehan de La Falhe, Domenge Devese, Gaxiot de La Fosse, Bertrand Begué, Dominique....., scirurgien, Guilhemolo de Domec, Gillet Sollé, Domenge de Berot, Bernard Reschan, Monolo d'Escola, Bernard de Ponticq, Pey d'Amaré, Jehan Dupont dict Nogré, Arnauld d'Odoz, Guilhemolo Barthe et Domenge de Berot, les tous manans et habitans de la dicte ville de Bagneres illec assemblés à la maniere accoustumée pour tracter des afferes comuns de la d. ville, faisant la plus grande et sayne partie des habitans de la d. ville ; et Pey Borgela, consul, et Arnauld de Pedoux, du lieu de Campan, carteyron de la d. ville, illec, comme ont dict, envoyés par la comune du d. lieu, aux fins que aux presentes; lesquelz de leur bon gré, pure, franche et agreable volunté, pour eulx et les leurs, heri[tie]rs et successeurs à l'advenir, ont faictz et constitués leurs procureurs generaulx et speciaulx, affin que la generalité ne deroge à l'especialité ny au contraire, sçavoyr est discretes personnes Jacques Payssan, Guilhem Ramond Uzer, consulz, et Arnauld Disac dict Lanyo, de la mesme villa habitans, illec presens et la charge acceptans, pour et au nom des d. constituans achapter de noble Jehan Berné, cappitaine, de la mesme ville habitant, ung cheval poil argentat par aulcuns consulz estans de la mesme ville promis au s^r de Loms estant venu en la d. ville de Bagneres de par mons^r le comte Mongomery estant aux champs pour remettre la royne de Navarre en son obeyssance le pays de Bearn avec sa compagnie, pour ses peynes d'avoyr moyenné et obtenu du d. s^r comte pour la conservation de la d. ville et carteron d'icelle de ne y envoyer aultres compagnies et obvyer à la ruyne, bruslemens, destructions et saccagemens des eglizes et maisons de la d. ville et carteron d'icelle, comme l'on avoyt faict et font journellement par les aultres villes, lieux et villaiges circunvoysins où ilz sont entrés et passés, entrent et passent, mesmes de la ville de Tarbe (1),

---

(1) Mongonmery était entré à Tarbes le 1er septembre et avait mis la ville à feu et à sang. Voir l'enquête de 1575.

ville capitale de la d. comté, moyennant la somme de deux mil escuz sol (1), quinze charrettes avoyne et quinze pippes de vin ; à cause de quoy la d. ville et carteron demure deschargé de toutes compagnies conduictes par le d. comte Mongomery, et avec icelluy Berné accorder et convenir du pris d'icelluy cheval. Et où ne le pourroyent faire prendre, pour choysir deux ou plusieurs personnaiges, gentilzhommes ou aultres, pour le faire extimer (2), et à la somme que sera apretié, extimé, convenu et accordé avec le d. Berné se obliger envers icelluy à le luy payer à tel ou telz termes et temps qu'ilz adviseront, et à ce faire obliger et yppothecquer les biens comuns de la d. ville, les leurs et personnes propres, et aultrement faire en ce dessus et que depend tout ce que les d. constituans feroyent ou faire pourroyent si presens en personne y estoyent, ors que le cas requist mandement plus special; promettant avoyr pour agreable, ferme et stable tout ce que par eulx y sera faict, dict et negocié; et ne les revocquer, ains rellever indempne, soubz obligation et yppothecque de tous et chascuns leurs biens meubles et immeubles, presens et advenir et comuns de la d. ville, que à ce faire ont soubzmis et soubzmettent aux forces et rigueurs des courtz du present royaume de France, par lesquelles et une chascune d'icelles en droict soy la cognoyssence appartiendra, ont volen estre constrainctz et compellés par prinse et saysie des d. biens, vente et delivrance d'iceulx à l'inquant public au plus offrant et dernier encherisseur, et autres voyes de justice deues et raisonnables, renunçans à toutes renunciations tant de droict que de faict, uz, stil et coustume du pays dont se pourroyent ayder pour contrevenir au contraire des presentes, et au droict disant la generale renunciation ne valoyr sy l'especiale n'est precedent. Et ainsin l'ont promis et juré aux sainctz Evangilles Nostre S^r, ez presences de Me Jehan Forcade, notaire, Dominicque Junca, aussy notaire, et Gailhard Forcade,

---

(1) Mongonmery exigea en garantie du paiement de cette somme qu'on lui livrât des otages qui furent conduits à Pau. On verra dans la suite de ces documents quelles difficultés eurent les habitants de Bagnères à payer cette somme, tant leur misère était grande, et quels ennuis ils en éprouvèrent.

(2) L'arbitre choisi fut le comte de Gramont ; il estima le cheval 700 livres. Voir le document numéro LXII.

les tous de Bernac-debat habitans et tesmoingz à ce appelés. Et moy Jehan de La Salle, notaire royal habitant de la ville de Tarbe, qui requis de ce dessus ay retenu le present instrument en ceste forme auctentique escript par aultruy main à moy fidelle à cause que je estoies ocuppé en aultres affaires, mains signé de mon seing auctentique acoustumé en mes actes et instrumens en foy de ce dessus.

De La Salle (1).

XXIII.
6 septembre 1569.

[OBLIGATION DES HABITANTS DE LA VILLE ET DU QUARTERON DE BAGNÈRES EN FAVEUR DU CAPITAINE BERNÉ DU PRIX D'UN CHEVAL POIL BLANC OFFERT AU SEIGNEUR DE LONS.]

(Archives de M. Vaussenat, à Bagnères.)

Comme soict ainsy que mons^r le comte Mongomeri soict venu en ce pays de Bigorre avec son armée pour mettre le d. pays en l'obeyssance de la royne de Navarre, comtesse d'icelluy, et qu'il ayt envoyé en ceste ville de Bagneres mons^r de Loms aux fins susdictes avec sa compagnie; où estant certains consulz et habitans qui pour lors estoient dans la dicte ville, pour eviter la ruyne et destruction d'icelle, saccagemens et bruslemens d'eglizes et maisons, emsemble du carteron, ayent promiz au d. s^r de Lomps au nom que dessus ung cheval qui est en la puyssance de noble Jehan Berné, cappitaine (2), de la d. ville de Bagnères, sans comprendre en ce deux mil escuz sol, quinze charrettées avoyne, quinze pippes vin, suyvant lequel accord et promesse de payer, le d. s^r de Loms auroyt faict retirer sa d. compagnie; et les d. manans et habitans de Bagneres, pour satisfaire de leur cousté,

---

(1) La minute de cet acte existe dans les registres de La Salle, chez M. Duguet, notaire à Tarbes.
(2) Sur ce capitaine, sur ses auteurs et ses descendants, voir le *Dictionnaire de Larcher* aux Archives départementales des Hautes-Pyrénées.

aussy faict scindicat, et par icelluy constitués leurs scindicz Jacques Payssan, Guilhem Ramond User, consulz, et Arnauld Disac, marchant, de mesme ville ; et ce aux fins d'emprumpter le d. cheval seullement, comme du d. scindicat appert retenu par le d. de La Salle, notaire soubzsigné, datté du cinquiesme jour des moys et an bas escriptz ; lesquelz scindicz et consulz auroyent constrainct au d. Berné de luy delivrer le d. cheval en luy payant ce qui sera extimé ; à quoy le d. Berné auroyt respondeu ne l'avoyr en sa puyssance, ains aux montaignes, et qu'il l'auroyt vendu par cy-devant à mons^r Damville, mareschal de France, et qu'il n'attendoyt que de le luy mener mays que les passaiges feussent ouvertz. De rechef les d. consulz et scindicz ont faict commandement au d. Berné faire conduire et mener en ceste ville le d. cheval aux fins sus d. de le bailler au d. s^r comte en luy payant ce que sera extimé et accordé entre eulx ou par aultres ; et que où il ne le vouldroyt bailler, qu'ilz le prendroyent, attandeu l'urgente necessité. Lequel Berné, s'excusant comme dessus, eu esgard à ce que dict est, et pour eviter la destruction et que le pouvre peuple ne soict afolé, l'auroyt offert bailler, et du faict expedié le d. cheval, tant aus dictz User, Payssan, consulz, que à Pey de Borgela et Arnauld de Pedour, consulz et ayant charge des habitans de Campan ; mays n'auroyent peu arrester du pris et valleur du d. cheval. *Pour ce est-il* que aujourd'huy sixiesme septembre mil cinq cens soixante neuf, en la presence de nous noteres royalz soubzsignés, et des tesmoingz bas escriptz, constitués en leurs personnes les d. Payssan, User, Borgela et Pedouz, lesquelz, de leur bon gré, chascun en ce que luy touche, sçavoir Payssan et User au nom de la ville et comunaulté de Bagnères, Borgela et Pedouz au nom des habitans de Campan, ont recogneu et confessé avoyr prins et receu le d. cheval, poil blanc argentat, des mains du d. Berné, à ce present estipullant et acceptant, et promiz payer la valleur d'icelluy entrecy à caresme prenent (1), à l'extimation qu'en sera faicte dans quinze jours prochains par

---

(1) Le carême-prenant tombait, en 1570, le 7 février. C'était un délai de six mois que prenaient les consuls de Bagnères ; or, au 7 mai 1570, le prix du cheval n'avait pas encore été versé. Voir le document numéro LXII.

deux gentilzhommes quy l'ayent veu ou par aultres esleuz de consentement de parties, ensemble tous despens, donmages et interestz que à retardement de payement le d. Berné pourroyt souffrir. Et à ce faire ont obligé tous et chascuns leurs biens propres, comuns et de leurs constituans, emsemble leurs personnes, qu'ont soubzmis à toutes rigueurs des courtz temporelles de ce royaume de France, par lesquelles veullent estre constrainctz par prinse des d. biens, vente d'iceulx aux inquans et criées publiques, delivrance au plus offrant et dernier encherisseur, arrestation et emprisonnement de leurs personnes et de chacun d'eulx, detention d'icelles aux carces jusques à entiere satisfaction, et aultres voyes de justice deues et raisonnables, et comme les d. courtz et chascune d'icelles veullent, mandent et requierent, l'une non cessant pour l'aultre. Et renuncent en ce faisant à toutes renunciations de faict et de droict à ce requises et necessaires. Et juré aux sainctz Evangilles de Dieu n'y contrevenir. De quoy ont requis à nous notaires soubzsignés leur en retenir acte et expedier instrument, ce qu'avons faict les d. an et jour. Presens Mes Anthoine Carrere, notaire de Nulh, Bernard Sale, escolier de Lafite-aux-Angles, Arnault Archambault, peintre de Tarbe, tesmoingz à ce requis et appellés, et nous André de Capdevielle et Jehan de La Salle, noteres royaulx, l'ung habitant de la d. ville de Baigneres et l'aultre de la ville de Tarbe, qui requis de ce dessus avons retenu le present instrument en ceste forme auctentique, escript par aultruy main à nous fidelle, pour ce que estions occuppés en aultres affaires, mains signé de nostre seings acoustumé faire en nos actes et instrumens en foy de ce dessus.

DE CAPDEVILLE, notaire.
J. DE LA SALLE (1).

(1) La minute de cet acte existe dans les registres de La Salle, chez M. Duguet, notaire à Tarbes.

XXIV.

29 septembre 1569.

CRIE POUR REPRENDRE LES ARMES.

(Arch. com. de Bagnères-de-Bigorre. Rec. du P. Laspales.)

De par le Roy,

Par commendement de mons^r le mareschal Damville, faisons commendement à peyne de la vie à tous les habitans de la ville de Baigneres et du carteron d'icelle reprendre les armes pour la garde et deffence de la d. ville, et se tenir prestz quand seront mandés par le d. s^r mareschal de Damville; aussy à tous les gentilhomes reprendre les d. armes pour le service du Roy, à peyne d'estre dictz rebelles et vilains, suyvant l'edit du Roy. Faict à Baigneres, le .xxix. septembre 1569.

DE SARNIGUET (1).

XXV.

30 septembre 1569.

[LETTRE DE M. D'ARNÉ] A MESSIEURS LES CONSULZ DE BAIGNÈRES DE BIGORRE.

(Autographe. — Arch. com. de Bagnères-de-Bigorre. Rec. du P. Laspales.)

Messieurs des consulz, par ce que M^r le mareschal Dampville m'a commandé demeurer en ce pays pour la tuition et garde d'iceluy pour le service du Roy (2), je vous prie, veue la presente,

---

(1) Voir la première note du document XXVI, p. 41.

(2) Monluc, en racontant la défaite du capitaine Arné par Mongonmery et sa mort (voir plus bas les deux lettres de Mongonmery, du 13 octobre), a bien soin de faire remarquer que ce n'est pas lui qui l'avait placé là où il fut défait, qu'il l'avait même engagé à quitter ce pays; le brave gascon lui répondit qu'il était décidé « d'y mourir plustot que d'en bouger » (*Comm. de Monluc*, t. III, p. 343, édit. de Ruble). On sait comment le peu d'entente de Damville et de Monluc entraîna la ruine de la Gascogne.

me venir trouver incontinent à Villecontau ou à Sen-Sevé, là où je seray, et ce pour vous fere entendre des affaires que importent pour le service du Roy. Et esperant que ne ferés faulte de venir, ne feré plus longue lettre, me recommandant à voz bonnes graces, priant Dieu, Messieurs de consulz, vous mainctenir tousjours en sa garde et donner en santé longue vie.

De Villecontau, ce dernier de septembre 1569.

Vostre bon voysin et amy à vous fere plaisir,
ARNÉ (1).

XXVI.

2 OCTOBRE 1569.

COPPIE DE COMMISSION DE CAPPITAINE SARNIGUET

(Arch. com. de Bagnères-de-Bigorre. Rec. du P. Laspales.)

Henry de Montmorancy, seigneur de Dampville, mareschal de France, lieuctenant pour le Roy ez pays de Guyenne, Languedoc,

---

(1) François de Devèze, seigneur d'Arné en Magnoac, chevalier de l'ordre du Roi, « estoit ung des plus gentils cappitaines et des plus vaillans et de « qui nous avions autant d'estime que de cappitaine qui feust en Gascougne »; c'est Monluc qui parle, le Gascon se connaissait en bravoure. Arné était en 1560 guidon de la compagnie du roi de Navarre ; Charles IX l'envoya en Guyenne, près de Monluc ; il y servit en qualité de mestre de camp en 1562 et de capitaine d'une compagnie de gendarmes en 1566. Au mois de novembre 1567, il reçut commission du Roi de lever une compagnie de cinquante hommes d'armes de ses ordonnances et fit avec cette compagnie toute la campagne de France, de 1567 à 1569. Après la bataille de Jarnac (13 mars 1569), il rentra en Gascogne « pour se refreschir et remettre sa compaignie qui en « avoient bon besoing et qui estoient bien triste et harassée pour avoir perdu « forse gens et chevaux » *(Mém. de Jean d'Antras)*. Il alla tenir garnison à Rieux et à Montesquieu-Volvestre. Lorsqu'il apprit que Mongonmery passait la Garonne à Saint-Gaudens, il se lança à sa poursuite sans pouvoir l'atteindre ; le comte avait trop d'avance ; il avait déjà franchi la plaine de Tarbes lorsque Arné arriva dans la Bigorre. La présente lettre nous le montre à Villecomtal commandant les forces royales. Nous dirons dans une note suivante comment il y fut battu et fait prisonnier (voir dans les *Commentaires de Monluc* et les *Mém. de Jean d'Antras* de nombreux détails sur le capitaine Arné ; et plus loin, dans l'enquête de 1575, la déposition de Raymond de Pujo, homme d'armes de la compagnie d'Arné).

Provance et Daulphiné, au cappitaine Sarniguet (1), salut. Comme il soyt requis et necessaire pour le service du Roy, repos et conservation de ses bons et fidelles subjectz d'entretenir un bon et notable nombre de gens de guerre à pied dans les lieux, villes et passaiges de long de la riviere de Dor (2) et de l'Aros, où nous avons donné povoir en l'absence de Mr de Montluc, gouverneur du d. pays, au s^r d'Arnay de commender et en bailler la charge à personnes saiges et experimantés au faict des armes, pour par le moyen de la force pourveoir à la sureté des villes, deffences de chasteaux et fortaresses de Sa Majesté, et suyvant les commendemens qu'en avons d'icelle, remetre en son obeissance celles qui sont tenues et occupées par force par ceulx de la pretandue refformée Religion, rebelles et perturbaturs du repos public, qui se sont eslevez et prins les armes contre Sa Majesté; que aussi pour obvier et resister à leurs da[m]pnées et maleureuses entreprinses; à ceste cause, estant informé de vostre vaillance, entente et experiance au faict de la guerre, pour ces causes et autres à ce nous mouvans, vous avons comis et depputé, commetons et depputons par ces presantes signées de nostre main pour avoir la charge,

(1) Ce capitaine Sarniguet doit être fils de « feu Arnaud-Guillem de Comes, « seigneur de Sarniguet », nommé dans des lettres de rémission accordées par Henri II à Jean, baron de Bazillac, en mai 1555. Il est dit dans ces lettres que « Jehan de Bazillac, seigneur baron dudit lieu en Bigorre, âgé de 32 ans », étant parti de sa maison de Tostat, le 23 janvier 1555, avec deux de ses serviteurs ayant chacun leur épée, « laquelle le dit suppliant a accoustumé de porter « pour aller à la ville de Bigorre (Vic) pour ses affaires, distant dudict lieu « de Tostat d'une lieue environ », rencontra sur le chemin près de la ville « Jean de Comes, sieur d'Hugues, feu Arnaud Guillem de Comes, seigneur de « Sarniguet, son frère, et M. Dominique Dupont dict la Carretta, son neveu, « pretre, à pied. Lesquels sieurs de Comes et Dupont-Carretta voyant que les « serviteurs dudit suppliant l'avaient depassé se mirent tous trois de front « contre un, feignant lui vouloir mal. Ce que voyant le dit suppliant se mit en « garde, etc. » On s'injurie, on se bat, le baron de Bazillac est jeté à terre par l'abbé « qui se demenait comme un diable ». Mais il se relève, tombe à son tour sur l'abbé, l'assomme de coups de pied et de coups de poing et le met dans un état tel que « faute d'un appareil bien mis sur ses blessures il en mourut ». Le Roi fait grâce. Donné à Fontainebleau, au mois de mai 1555 (manuscrit de Madame la comtesse Marie de Raymond, à Agen. Dépouillement des archives du château de Saint-Léonard (Gers), fonds Bazillac). Ce baron de Bazillac est celui que nous avons vu plus haut nommé gouverneur de la Bigorre, et dont il sera souvent parlé dans la suite de ces documents.

(2) Adour.

commendement et conduicte d'une compaign[i]e de deux cens hommes de guerre à pied, pour icelle metre en garnison ou la fere marcher la part que par le d. s^r d'Arnay vous sera commendé, pour y estre exploictée pour le service du Roy et d'icelle compaign[i]e ; en ferés la levée et assemblée jusques au d. nombre des mieulx armés, aguerris et experimantés que vous pourrés eslire et choisir pour fere service au Roy, procurant et tenant la main à fere vivre voz soldatz doucement et gratieusement avec les habitans des lieux où ilz seront tenuz tenir garnison; le tout à la moindre folle du peuble que fere se pourra, en sorte qu'il n'en adviene aucune plainte. De ce faire vous avons donné et donons plain pouvoir, auctorité, commission et mandement par ces presantes ; mandons et commendons à tous justiciers, officiers et subjetz du Roy que à vous en ce faisant obeissent.

Donné au camp à Caseres (1), ce second jour d'octobre mil .v^c.LXIX.

MONTMORANCY.

Et au desoubz : Par mon d. s^r..... ainsin signés.

Extraict de son propre originel deuement collationé par moy notaire royal soubzsigné.

VAYRINHAC, notaire royal.

---

(1) *Cazères-sur-Garonne.* Le maréchal de Damville allait rejoindre le maréchal de Bellegarde qui se préparait à assiéger Mazères au comté de Foix. Les deux maréchaux réunis commencèrent le siège le 9 octobre (*Hist. du comté de Foix*, par CASTILLON-D'ASPET).

XXVII.

2 OCTOBRE 1569.

[LETTRE DE JEAN DE DURBAN] (1) A MESSURS DE JURATZ DE LA VILLE DE BANERERES ET QUARTERON DE CAMPAN, A BANERERES.

(Arch. com. de Bagnères-de-Bigorre. Rec. du P. Laspales.)

Messurs de judges de la ville de Banereras et totz autres deu quarteron, je vous advertexi, ensemble totz los qui son obligatz ap my vous advertem, que nous avem entendut que puixs que vous autres ne tietz palhore anxi que avetz prometut, vous declaram que monsᵣ le compte (2) s'en ba part de quera, vous doptan ce que aquelz qui vous an conselhatz ny destardatz ne vous releberan deus grans domadges intres qui enseguran. James no aguosse pe[n]sat que vous autres, Messiurs, aguosetz estimat [si peu] vostre honeur ne palhore, ne que vos ne salharés (3) sy lonc temps en la carssa, là ont nos em per vos autres (4). Vous asegury, sy no fosse peus emprotz que avetz feyt de jorn et de noeytz a vostres amicqs de far destardar que lo copan *(sic)* (5) ne marchassaa de part de quera; et despuixs après avetz tremetut

---

(1) Jean de Durban, seigneur et baron de Labassère, près Bagnères. Il n'eut d'Isabeau de Foix qu'une fille, Catherine, qui porta la terre de Labassère dans la maison de Médrano, par son mariage avec Pierre de Médrano, seigneur de Maumusson, fils de Julien de Médrano, gentilhomme navarrais, et de Serène de Montauban, contracté le 3 août 1588.

(2) Le comte de Mongonmery.

(3) *Salharés* nous semble être une métathèse par *lapsus calami*, pour *lasharés* ou *laissarés*.

(4) Le seigneur de Labassère était du nombre des otages que le comte de Mongonmery retenait prisonniers « en la carssa » à Pau, sous la garde du seigneur de Lons, jusques à complet paiement de la somme à laquelle il avait taxé la ville de Bagnères. On lira plus loin trois lettres pleines de reproches, comme celle-ci, qu'il adresse aux consuls de Bagnères, et dans lesquelles il réclame le paiement de sa rançon.

(5) Ce mot est sans doute une abréviation. Il faudrait peut-être lire *companie*, c'est-à-dire la compagnie du comte de Mongonmery prête à marcher sur les habitants de Bagnères qui n'ont pas tenu leur parole. Cette lettre est très difficile à lire ; les mots, à peine formés, indiquent qu'elle a été écrite sous le coup d'une vive contrariété ; la plume de l'écrivain volait sur le papier. Cette

Bernard Sobille per nom de vous autres, Messiurs, portan lettre au senhor de Loos que l'argent erre prest et demandan (1) au dit senhor lo passeport per portar lo dit argent; et lo autregua et signa (2) de sa propre man, et despuxs nos vous avem tremetut dus mesadgès esprès per saver vostre voler, vous pregen nos far declarasion de vostre bon boler, deu quoau no ens (3) avetz tan estimatz de nos far response per dus mesadgès qui nos vous avem tremetz. Tot en suban vous playra per lo present nos rendre response et declarasion de vostre boler per lo present portador. Jo no se sy vous autres pensatz que no[s] fasan com los loups de vivre de bent, o sy pensatz que mingem las muralhes (4), o de que vous voletz que nos bisquam; car l'argent que nos avetz tremetut nos defalhit. Et vous repregui, no bolhatz sentz plus me parlar de vos declarar (5) de vostre boller o bon o maubes que ne damoretz plus, abisatz (6) per donab vous de guoarde : qui de palhe ague cober guarde que lo foeyt no sy day de près. Que fem fin.

De Pau le .11e. de octobre.1569.

Per los qui sems vostres bons amicqs
pret a bos obeyar a james.

Jehan DE DURBAN.

phrase s'explique, malgré son désordre, en supposant une idée restée au bout de la plume : Je vous assure que si ce n'eût été les importunités (emprotz) que vous avez faites, etc., vous auriez déjà reçu la visite de Mongonmery.

(1) Le texte porte *demandanda*, mais les deux dernières lettres sont sans doute à effacer.

(2) La finale *a* dans *autregua* et *signa* est dialectale pour *et* ou *ec*.

(3) *Deu quoau no ens..*, à propos de quoi ne nous avez tant estimés.

(4) On reconnaît le Gascon à ce trait. Les consuls de Bagnères étaient obligés de défrayer les otages à Pau. Voir plus bas la délibération du 29 novembre, dans laquelle les consuls font observer « que les prisonniers ne font que des- « pendre à Pau, » et qu'il est urgent de trouver la somme nécessaire à payer leur rançon. On retrouvera dans les autres lettres de Jean de Durban le même reproche, traduit avec la même verve.

(5) *De vos declarar*, c'est-à-dire ne veuillez sans plus me parler de faire déclaration de votre vouloir bon ou mauvais que ne tardiez plus.

(6) *Abisatz*, étant avisés pour vous donner de garde.

XXVIII.
5 octobre 1569.

[LETTRE DE M. DE BEGOLLE] A MADAMME D'OSSUN (1).

(Arch. com. de Bagnères-de-Bigorre. Rec. du P. Laspales.)

Madamme, j'ay parlé à monsieur de Lons touchant le fet de messieurs de Baigneres, et m'a monstré une lettre que monsieur le conte (2) lui escrit, toute pleinne de menasses contre les susdits de Baigneres (3), et panse qu'il tienne à monsieur de Lons qu'il n'a eu l'arjant, et lui mande qu'il ressere bien estroitemant les prisoniers ; toutesfoys, j'ay tant fet avec le dit sieur de Lons qu'il resseuvra les mille escuts et tiendra les prisoniers an mesme libberté qu'ils ont esté jusqu'à issi ; pourveu qu'ils ne faillent dans sis ou set jours de porter le reste. Quant à ma part, je lur conseille qu'ils tiennent le plus brievemant que fere se porra se qu'ils ont promis ; car monsieur le conte a avisé de fere ancore un passage, à se que j'antans, an Bigorre, et ils se porrent mal truver de fere tant les longs. Pourtant, Madamme, vous porrés s'il vous plet les an avertir. Qui est tout se que vous pris pour le presant escrit, me recomandant bien humblamant à vostre bonne grace, priant Dieu, Madamme, qu'an perfete sçaincté vous doeint se que plus sohetés.

De Pau se sinquiesme de octobre.

Vostre très humble et fidelle servitur,
BEGOLLE (4).

(1) Jeanne de Roquefeuil, veuve de Pierre, baron d'Ossun, mort après la bataille de Dreux, en 1562. C'est de lui qu'on disait : sage comme Termes, vaillant comme Ossun. La fortune le trahit à la bataille de Dreux ; il lâcha pied et en mourut de chagrin. Voir son histoire dans les *Capitaines illustres* de Brantôme.

(2) Le comte de Mongonmery.

(3) Voir cette lettre ci-dessous.

(4) Sans doute l'un de ces « deux Bégolles, neveux de Monsieur d'Aussun », que Monluc aurait fait pendre à Terraube, en 1562, « sans le respect, dit-il, « que je pourtois a la memoire de feu monsieur d'Aussun ». Quiterie d'Ossun, sœur du vaillant Ossun, avait épousé, le 1er août 1536, Jean, seigneur de

XXIX.

5 OCTOBRE 1569.

[LETTRE DU COMTE DE MONGONMERY] A MONS^r DE LONS, GOUVERNEUR DE PAU ET LESCA (1).

(Arch. com. de Bagnères-de-Bigorre. Rec. du P. Laspales.)

Monsr de Lons, je vous ay bien voullu faire ce petit mot par ce gentilhomme qui s'en va à Pau pour se faire purger à cause de quelque malladie que a, affin que vous advertissiez ceulx de Baigneres que je m'achemine par delà, et que si vous n'avez leur argent, que je les feray brusler et demolir leur ville au ras de terre, et qu'ilz auront beau faire si je les reçoy plus à compo-

---

Bégolle (canton de Tournay, Hautes-Pyrénées). Les deux fils nés de cette union se nommaient Antoine et Roger. Ce dernier ne vivait plus en 1581, date du mariage de son frère Antoine, seigneur de Bégolle, avec Jeanne de Bourbon-Lavedan. Sa fille et son héritière Catherine épousa Gilles de La Roche-Fontenilles, seigneur de Gensac (COURCELLES, t. I, *Généalogie La Roche*).

La teneur de cette lettre, les liens qui rattachaient la baronne d'Ossun au signataire et une lettre que l'on lira plus loin, adressée par la baronne aux consuls de Bagnères, donneraient à penser que les habitants de Bagnères avaient prié la noble dame de réclamer en leur faveur la protection de son neveu. Le capitaine Bégolle était, d'ailleurs, cousin-germain de « Monsieur de Lons », gouverneur de Pau et lieutenant de Mongonmery. Voir la note suivante, et plus bas une lettre du 11 octobre adressée par M. de Lons à M. de Bégolle.

(1) Jean, seigneur et baron de Lons en Béarn, fils de Jean de Lons, baron de Lons, et de Catherine de Bégolle, venait d'être nommé gouverneur de Pau par Mongonmery, à la place d'Henri de Navailles, seigneur de Peyre, capitaine catholique qui, privé de tout secours et hors d'état de se défendre, avait évacué la place après quelques jours de siège (POEYDAVANT, *Hist. des troubles du Béarn au XVIe siècle*). Après le départ de Mongonmery, Peyre reprit possession de son gouvernement, et le baron de Lons fut nommé gouverneur du comté de Pardiac et château de Monlezun, 16 juin 1570. Il fut successivement premier écuyer d'écurie du roi de Navarre, 28 septembre 1576; commandant de la ville et château de Mont-de-Marsan et pays de Marsan, 25 mai 1577; conseiller et chambellan du Roi en 1589; colonel général de l'infanterie et grand-maître de l'artillerie du royaume de Navarre, 22 mars 1591; conseiller d'État, 8 août 1603. Il mourut en 1611. Il avait épousé, le 14 juin 1565, Aymée de Rivière, fille de Jean de Rivière, vicomte de Labatut, et de Paule d'Espagne (*Armorial des Landes*, par le baron de CAUNA, t. III). Voir dans les *Mémoires de Jean d'Antras* comment le baron de Lons et son cousin Bégolle s'emparèrent de Marciac, le 22 février 1579.

sition, quelque hostaige que vous en ayez (1). Au reste, si tost que je seray par delà, je donneray ordre au paiement de vos soldatz; et ce touchant, je vous prie de faire vuider le procez du lieutenant du cappitaine Casavant, car je ne desire que telz traistres demeurent impugnis (2); aussi d'aller à Baigneres pour cest argent. Vous y pouvez aller seurement. Je vous rappel le d. gentilhomme et ses chevaliers et quel homme (3)! Je vous prie aussi de me faire apporter du beurre de Bagneres. Je me rappelleray de bon cœur à vous, et prieray Dieu, Monsr de Lons, vous avoir en sa guarde.

De Sallies (4), le .v^e. d'octobre 1569.

Vostre antieremant bon amy,
G[abrie]l MONGONMERY.

XXX.
5 OCTOBRE 1569.

[LETTRE DE MADAME D'OSSUN] A MESIEURS LES CONSULS DE LA VILLE DE BANIERES, A BANIERES.

(Autographe. Arch. com. de Baghères-de-Bigorre. Rec. du P. Laspales.)

Mesieurs, je vous envoie la responce que j'ay heu de Pau. Je ne l'ay resceue qu'à ce soir bien tart (5), par quoy ne la vous

---

(1) Voir les documents XXII et XXIII. On devine, aux termes menaçants de cette lettre, les sanguinaires pensées qui agitaient l'esprit du terrible comte. Tout ce qui avait eu lieu jusqu'à cette heure n'était rien à côté des épouvantables désastres qui allaient fondre sur la Bigorre et sur toute la Gascogne.

(2) Il s'agit du capitaine Lestrem, qui venait de rendre le château de Lourdes au seigneur de Bonasse. Après la prise de Tarbes (1er septembre), le seigneur de Bénac fut désigné pour aller prendre Lourdes; il y entra sans résistance et en confia le gouvernement au capitaine Cazabant. Mais, peu de temps après, François de Béarn, seigneur de Bonasse, aidé des capitaines Poudens et Esguarrebaque, reprit la ville, et Bordenave nous apprend que « le chasteau fut rendu « fort laschement par Lestrem, lieutenant de Casaban, qui pour ceste lascheté « fut pendu à Pau » (BORDENAVE, *Hist. du Béarn*, p. 286 et 288).

(3) Cette phrase ironique est évidemment à l'adresse du capitaine Lestrem et de ses soldats.

(4) Salies-de-Béarn.

(5) Voir plus haut les lettres de M. de Bégolle à Madame d'Ossun, et du comte de Mongonmery à M. de Lons.

ay peu envoier plus tost ; et vous prie de crere qu'en tous les lieus que j'auray moyen de vous faire plaisir je m'y emploieré d'aussy affectionné volonté que je vous presante mes recomandations à vostre bonne grace, et prie Dieu, Mesieurs, qu'il vous tienne en sa garde.

D'Ossun, ce 5ᵉ d'octobre 1569.

Vostre bonne voisine
Jeanne DE ROQUEFUEIL.

XXXI.
6 octobre 1569.

CONSEIL

POUR REMONSTRER AUX ESTATZ QUE L'ON NE METTE GARNISON EN CESTE VILLE ; — ITEM POUR FERE CRYE QUE L'ON N'ACHAPTE COLOMS (1) SINON POUR LA PROVISION, NY TIRER VIN DE LA VILLE A PEYNE DE CONFISCATION.

(Arch. com. de Bagnères-de-Bigorre. Rec. du P. Laspales.)

L'an mil cinq cens soixante neuf et le sixiesme jour du moys d'octobre, en la ville de Baigneres et dans le couvent des freres Jacopins, assemblés illec Ramond Jean Besques, Pierre de Mont, Jean Begole, Jacques Payssan, Guillem Ramond Uzer, consulz, Mᵉ Anthoine Boerie, juge ordinaire, Arnauld du Lac, Guillem Ramond Arqué, Pey d'Ossun, Jean Forgue, Jean du Pont, Jean Puyo, Bernard Lana, Guilet Solé, Domenge de Casaux, Bernard

---

(1) Palombe, nom vulgaire du pigeon ramier *(columbus palumbus)*. La chasse aux palombes formait un des principaux revenus des habitants de Bagnères. Les Archives de la ville renferment une curieuse ordonnance du 20 octobre 1418, rédigée en vieux gascon, qui réglait les conditions de cette chasse. Il y est dit, entre autres choses, que les propriétaires des palomières formeront une société pour l'exploitation de cette chasse ; que tous les habitants « fils natifs « et domiciliés à Bagnères » auront le droit de prendre chaque année une palombe de chacuns des « tails » ; le chasseur qui refusera de payer cet impôt sera soumis à une amende de cinq sols morlas pour le bayle, et cinq sols moins un denier pour les consuls ; défense expresse est faite aux chasseurs de vendre leurs palombes à des étrangers, sous peine de payer les amendes ci-dessus, etc. On chasse les palombes de septembre en novembre.

Forgue, Pey Amaré, M° Pierre Bibet, Jean Tusma, Pey Abat et Bertrand Besques, habitans de la d. ville, pour tracter des comuns afferes d'icelle et d'iceulx, ayant comunicqué singulierement d'une commission de Mr de Sarniguet et letre envoyée par M^r d'Arné pour fere bone garde et avoir garnison en ceste ville, ont arresté que ceulx qui sont esleuz pour aller aux Estatz remonstrent la pouvreté de la ville, que elle n'est en passage et la derniere de Bigorre ; par ainsin que l'on se passe d'y mettre garnison; mais qu'il suffit seulement avoir ung commendement adressant aux consulz pour commander ceulx de la ville et du carteron quand besoing sera.

Aussy, que crye soit faicte que aucun n'achapte coloms sinon pour sa provision ny vende vin pour le pourter hors la ville en barriques, pippes, barrilz ou bouteil, à peyne de confiscation des d. marchandises, applicables la troisiesme partie aux pouvres, l'autre à la reparation de la ville et l'autre au denonciateur. De quoy requerans les susd. en ay retenu acte. Presens qui dessus.

De Capdeville, notaire.

XXXII.
9 OCTOBRE 1569.

[DÉLIBÉRATION

AUTORISANT LE LOGEMENT EN VILLE DE LA COMPAGNIE DU CAPITAINE SARNIGUET ; — REFUS DE RECEVOIR CELLE DU CAPITAINE MANSAN.]

(Arch. com. de Bagnères-de-Bigorre. Réc. du P. Laspales.)

Dimanche neufesme jour du moys d'octobre mil cinq cens soixante neuf, estans assemblés les gens de conseil de la ville de Baigneres, au portal de Salies, à son de trompete, par comendement de Messieurs les consulz d'icelle, sçavoir Ramond Jehan Besques, Pierre de Mont, Jehan Begolle et Ramond Jehan d'User, consulz ; par l'organe du d. Besques a esté remonstré au d. conseil comme ce jourd'huy le cappitaine Sarniguet leur auroyt presanté une commission qu'il a obtenue de monsieur Dampville, lieutenant

general du Roy, pour assembler en cete ville compaign[i]e de
deux cens hommes à pied, pour iceulx tenir en garnison, les ayant
desjà requis de luy voloir bailler vivres tant pour soy que pour
ses soldatz; et aussi le s^r de Tillouse leur auroyt semblablement
dict qu'il, comme lieutenant du capitaine Mansan (1), et du
comendement de monsieur d'Arné, aussi lieutenant, il auroyt
conduit sa compaign[i]e en cete ville, et qu'il les avoyt desjà
requis de les louger; à tous lesquelz ilz leur auroient remonstré
qu'ilz en voloient comunicquer au conseil, pour suyvant l'advis
d'icelluy leur fere responce; au moyen de quoy requeroient le
conseil d'adviser la dessus. Neanmoingz, par le d. d'User a esté
aussi remonstré comme estant allé par devers mons^r d'Arné,
icelluy s^r d'Arné à son despart luy avoyt dict qu'il ayant entendu
que les ennemys et rebelles du Roy s'aprochoient de la ville de
Baigneres, qu'il en toute diligence envoyoit vers la d. ville les
capitaines Sarniguet et Mansan avec leurs troupes pour le secours
d'icelle, et que l'on les receust, et que à presant estant le conseil
assemblé, pour sa descharge de luy et de ses compaignons consulz,
il les en advertissoyt. Et peu après ayant les d. habitans comunicqué ensemble, et par cartiers des rues et consulatz d'icelle, dict
et raporté les advis et opinion par l'organe des habitans de chascune rue, sçavoir Me Pierre Freignac pour ceulx de Bourc-vieulx,
après avoir eu comunication de la commission du capitaine
Sarniguet, que quant à eulz n'entendoient empescher icelle; et
pour le regard de recepvoir les soldatz du capitaine Mansan,
attendu ne faisoyt aparoir d'aucune commission, et que ses soldatz
avoient ce jourd'huy vollé les marchans trafficquans en cete ville
qui portoient profict en icelle, n'entendent qu'ilz soient receuz
en la d. ville.

Arnauld d'Ysac, raportant l'advis des habitans de la rue de

(1) Jean d'Antist, seigneur de Mansan, dit le capitaine Mansan, mourut
en 1575. Ses enfants furent placés sous la tutelle de Bertrand d'Antist, seigneur
d'Arcizac, son frère, par acte du 29 février 1576 (minutes de Lucia, notaire à
Tarbes). Le capitaine Mansan fut nommé gouverneur de Tarbes après que le
comte de Gramont en eut chassé les soldats de Lysier, le 9 mai 1574 (voir l'enquête de 1575). Il mourut à Tarbes, au mois d'août 1575, et fut remplacé par
son frère Bertrand, seigneur d'Arcizac (DAVEZAC-MACAYA, *Essais historiques sur
la Bigorre*, t. II, p. 214-215).

Bour-nau, declarent n'entendre empescher la commission du capitaine Sarniguet; et pour le regard du capitaine Mansan, que l'on ne le doibt poinct recepvoir jusques à ce que l'on aura entendu ce que aura esté arresté aux Estatz par les deputés qui y ont esté envoyés de ceste ville; et cependant qu'en diligence l'on doibt advertir monsʳ d'Arné de la vollerie que ce jourd'huy a esté faicte par les soldatz du capitaine Mansan aux marchans qui portoient du profict en ceste ville.

Mᵉ Bernard Lana, raportant l'advis et opinion des habitans de la rue de Lafont, dict iceulx n'entendre empescher la commission du capitaine Sarniguet; mais quant à la compaign[i]e du capitaine Mansan, qu'elle ne doibt estre receue, ayant esgard à la vollerie qu'elle a desjà commencé de fere, que aultant en pourroient fere en cete ville.

Arnauld du Lac, pour les habitans de la rue des Cauterès, raportant leur opinion, a dict que quant au capitaine Sarniguet il doibt estre receu, attendu qu'il faict aparoir de commission; mais quant à celle du capitaine Mansan, d'aultant ne faict aparoir d'aucune commission, et ayant esgard aussi à la vollerie qu'elle a desjà faicte, qu'elle ne doibt estre receue, ains que l'on doibt advertir en toute diligence le d. sʳ d'Arné de la vollerie que la d. compaign[i]e a faict.

XXXIII.

10 octobre 1569.

MEMOYRE

DE SE QUE ABONS DESPENDU A LA MESSON DE MARYE HONTE LES SOLDAX DE LA COMPANYE DU CAPPITAINE MANSAN.

(Arch. com. de Bagnères-de-Bigorre. Rec. du P. Laspales.)

Premyerement, le matyn que aribames, nous despendons de dyné, xviii. s.;

Plus au soupé abons depandu, que estyons .xii. soldax, tout conté, xxv. s.;

Plus abons despandu au dynné, xvi. s.;

Plus sys chebalz que ont depandu pour le moyens cinq quyntalz de fen ;

Plus sybasse que abons achaté pour les chebalz tres messures, que en abons payé .xviii. s.;

Some tout le susdyt conte la somme de .iii. l. xvii. s.

Rolle receu per Mengyne de Ras, ayant depandu .xii. soldax et sys chebalz, estant de la companye du cappitene Mansan, feyt le .x^e. de octobre 1569 pour moy.

S. LAMOTTE.

XXXIV.
10 octobre 1569.

CONSEIL

POUR BAILLÉ CONGÉ AUX CAPPITAINES RIBES (1), MANSA[N], MAUVESIN (2), ET AUTRES, ET PAYER LA DESPENCE QU'ILZ ONT FAICTE.

(Arch. com. de Bagnères-de-Bigorre. Rec. du P. Laspales.)

En la ville de Baigneres, place appellée Limaca, ce jourd'huy dixiesme octobre mil cinq cens soixante neuf, assemblés la pluspart des habitans de Baigneres pour tracter des comuns afferes, presens et assistans Ramond Jean Besques, Pierre de Mont, Jean Begole et Guillem Ramond Uzer, consulz, a esté remonstré comment le cappitaine Ribes se seroit presenté avec une commission en blanc, disant qu'en vertu d'icelle il se veult tenir en ceste ville, y assembler le nombre de deux cens soldatz aux despens des d.

---

(1) Serait-ce Bernard de Ribes, seigneur de Labeyrie-Saint-Aubin, en Chalosse, dont la fille aînée Suzanne épousa Arnaud d'Armagnac, seigneur baron de Termes ; la seconde, Marthe, fut mariée le 19 février 1606 à Sever de Castaignol, conseiller au siège de Saint-Sever, et la troisième, Jeanne, à Pierre de Larquier, habitant de Malausane (Archives Poyanne, fonds Talauresse)? Il est à remarquer que la majeure partie des troupes qui défendaient la Bigorre arrivaient du siège de Mont-de-Marsan. Elles avaient été amenées en toute hâte par le baron de Larboust et par d'Arné (voir Monluc et Dupleix). Ce fait expliquerait la présence en Bigorre de ce capitaine Ribes et du capitaine Mauvesin qui suit.

(2) Michel de Castillon, seigneur de Mauvesin dans le Condomois, arrivait également du siège de Mont-de-Marsan (voir Monluc et Dupleix).

habitans et que l'on luy face responce si l'on le peult recevoir. Ce qu'estant miz en deliberation, et chascune rue retirés à part, après en avoir conferé ensemble, ont arresté, savoir la rue du Bourg-vielh, par l'organe de Bernard Diudat, qu'au d. cappitaine Ribes, ses soldatz et autres estrangiers s'il y en a, et remonstré qu'il n'y a lieu de fere demeure, car la ville et carteron sont assez fortz pour la garder, mesmement que la d. commission n'est expressement limitée ny faict mention de Baigneres ny y est apposé aucun nom de cappitaine; neantmoins que l'on fraye et paye la despence faicte par le d. cappitaine, ses soldatz, du cappitaine Mansa, ses soldatz et des autres jusques icy, ensemble le disner s'ilz y veulent arrester fere tel repas.

M° Bernard Lana, pour les habitans du Bourg-nau, a esté de mesmes adviz.

Noble Pierre de Mont, seigneur d'Uzer, pour la rue de Lafont, du semblable, et d'abondant que l'on ayt une coppie de la sus d. commission pour en fere apparoir à l'advenir, et que l'on envoye deux ou troys homes pour savoir si l'enemy est près.

Les habitans de la rue dez Cautarès parlant par la bouche d'Arnauld du Lac ont esté du d. adviz. Ainsin a esté arresté. De quoy je notaire en ay retenu acte pour les sus d.

De Capdeville, notaire.

XXXV.

11 octobre 1569.

[LETTRE DE M. DE LONS] A MONSIEUR MON COUSIN MONSIEUR DE BEGOLLE.

(Autographe. — Arch. com. de Bagnères-de-Bigorre. Rec. du P. Laspales.)

Monsieur mon cousin, je n'ay volu falhir à satisfere à vostre letre pour l'affere que me mandés de vouz renvoyer ceulx de Banheres comvien qu'ill me fut comandé de lez retenir (1), mais

(1) Les otages, dont il a été déjà parlé.

pour le respect de là où ils se sont retirés (1), je les renvoye par devers vouz (2) avecq telle protestation que si manquent à satisfere dans six jours, que monsieur le comte ne leur tiendra rien de ce qu'ill leur a promis; et d'aultant que vous leur estes bon amy, les pourrés s'il vouz plait fere entendre de comvien leur sera perjudicable, et indiquer la fureur d'un chief d'armée. Esperant vouz voir bien tost, ne vouz feré plus loncq discors; je donré fin par mez humbles recommandations, en priant Dieu, Monsieur mon cousin, qu'ill vous doint ce que desirés.

A Nay, ce .XIIe. de octobre.

Vostre bon cousin prest à vous fere service,
LONS.

XXXVI.

[11 OCTOBRE 1569.]

[LETTRE DE M. DE LONS] A MADAMOYSELLE MA SEUR MADAMOYSELLE DE LABATUT, A OSSUN (3).

(Autographe. — Arch. com. de Bagnères-de-Bigorre. Rec. du P. Laspales.)

Ma damoyselle ma seur, j'é veu ce [que] me mandez en faveur de ceulx de Banheres, à celle fin que je ne les retienhe; et combien que j'eusse deliveré ce faire, pour l'amor de vouz je lez vouz

---

(1) Le baron de Lons fait sans doute allusion aux démarches faites auprès de lui par sa belle-sœur Henriette d'Ossun (voir la lettre suivante) et par la dame d'Ossun. Ces deux dames avaient pris en mains les intérêts des habitants de Bagnères. On a vu plus haut que Bégolle avait été prié par la dame d'Ossun d'intercéder en leur faveur auprès de M. de Lons.

(2) Les otages ne furent pas renvoyés. En présence des difficultés que faisaient les habitants de Bagnères de livrer la rançon, de Lons garda les prisonniers. Ils étaient encore retenus à Pau au 29 novembre. Voir la délibération des consuls de Bagnères. On lira plus loin les lettres pleines de reproches que l'un des otages, le seigneur de Labassère, écrivit aux consuls.

(3) Henriette d'Ossun, fille du vaillant Ossun et de Jeanne de Roquefeuil, avait épousé Antoine de Rivière, vicomte de Labatut, frère d'Aymée de Rivière, femme du baron de Lons. «*Madamoiselle* de Labatut» était donc belle-sœur de Jean de Lons. On sait qu'autrefois le cérémonial n'accordait le titre de *Madame* qu'aux seules femmes titrées, et bien que Henriette d'Ossun eût épousé un gentilhomme titré, elle n'avait droit, au moment où Lons lui écrivait, qu'au titre de

renvoye; combien qu'ill me fut esté comandé et requis par leurs companhons pour les fere recentir de combien il se fault garder de se joer à tromper ceulx qui leur font tout le plaisir que l'ont peult ; et vous asçure que m'ont mis en peine avecq monsieur le comte; d'aultant qu'ill panse qu'il tienhe à moy, d'aultant qu'ils ont dilayé à tenir leur promesse. Je desire grandement que croyés que ne me sçauriés comander chose que ne vous obeisse ; et ce sera d'ausi bon cueur que voz presente mez humbles recomandations ; et donnant fin à ma letre, prieré Dieu, Madamoyselle ma seur, qu'ill vouz doint tot contentement que desirés.

De Nay, [11 octobre 1569] (1).

Vostre obeyssant frere prest à vous fere service,
LONS.

XXXVII.

12 OCTOBRE 1569.

CONSEIL

POUR FERE RESPONCE A M^r DE MANSA QU'IL FACE ARRESTER SA COMPAIGNIE DE N'ENTRER DANS LA VILLE JUSQUES A TANT QUE SOIT VENU UNG MESSAGIER QUI EST A M^r D'ARNAY ; — D'ENVOYER AUX LIEUX DE TREBONS ET ORDISAN ENQUERIR DES PILLERIES FAICTES PAR LES SOLDATZ DE LA D. COMPAGN[I]E.

(Arch. com. de Bagnères-de-Bigorre. Rec. du P. Laspales.)

En Baigneres, dans la maison comune d'icelle, le .XII. octobre 1569, estans assemblés une partie des habitans de la d. ville

---

Mademoiselle, son beau-père, Jean de Rivière, vivant encore et portant le titre de vicomte de Labatut. Henriette d'Ossun n'eut pas d'enfants; son mari fut tué en duel par le seigneur de Saint-Lanc (voir *Mém. de Jean d'Antras*, p. 140). Elle se remaria avec Roger de Montesquiou, vicomte de Sadirac. Sa sœur cadette, Marthe, épousa, en 1581, Annet de Rivière-Labatut, frère cadet d'Antoine, lequel mourut aussi d'une façon tragique, ayant été égorgé par les huguenots au mois de février 1588, dans un repas de noces, avec l'époux, l'épouse et tous les invités, au nombre de trente-cinq, au château de la Salle, près Aignan, Gers (*ibid.* p. 142 et 157).

(1) La lettre précédente étant aussi écrite de Nay et pour le même objet nous avons cru que l'on pouvait donner à celle-ci la même date.

pour traiter des comuns affer, a esté remonstré par Ramond Jean Besques et Pierre de Mont, consulz, comment mons^r le cappitaine Mansan a apporté lettre de mons^r d'Arnay, contenant que l'on reçoive en ceste ville le d. cappitaine et ses soldatz et luy administrer vivres et logis par rolle pour leur estre comptés sur la monstre et alloué à la ville sur la part et portion au departement general que sera faict, comme il a esté arresté aux Estatz; à quoy estans presens et assistans Me Anthoine Boerie, juge ordinaire, noble Pierre de Mont, s^r d'Uzer, Jean Forga, Bernard de Muneuses, Bernard Abat, Guillem Ramond Arqué, Arnaud du Lac, Bernard Forga, Jean de Crexensan, Me Pierre Fregnac, Jacmot Papa, Jean Sobiron, Arnaud Guillamet Diudat, Peyron Bernard Sobiron, Pey Abat, Pey Amaré, Arnauton Payssan, Pey Douat, Bernard Sobile, Bastian Amaré, Bernard Lana, Me Pierre Lanson, Jean de Barranès, Jean de Pujo, ayant entendu la teneur de la d. lettre, ont arresté que l'on face responce au d. cappitaine ou son lieutenant que l'on a envoyé expressement au d. seigneur d'Arnay ung, que l'on attend sa responce, et jusques à ce, qu'il ne se fasche. Cependent que l'on envoye aux villages du carteron que chascun suyvant sa pourtée apportent une somme de deniers pour garder qu'il n'y ayt garnison, et bailler les d. deniers ou autre present raisonable au d. s^r d'Arnay. Neantmoins, de ce qu'il y a de complaignans des lieux de Trebons et Ordisan que la d. compaignie de Mansa les ont pillés et saccagés, que ung ou deux consulz avec le greffier [devront se rendre] sur les lieux et ouyr secretement troys ou quatre homes de chascun village, pour l'information faicte en estre faict rapport au d. seigneur d'Arné et par luy y estre ordoné comme bon luy semblera. De quoy requerans les sus d., je notaire soubzsigné en ay retenu acte. Presens que dessus.

DE CAPDEVILLE, notaire.

XXXVIII.

13 OCTOBRE 1569.

CONSEIL

POUR PORTER LE RESTE DE L'ARGENT A LAHITOLA.

(Arch. com. de Bagnères-de-Bigorre. Rec. du P. Laspales.)

L'an mil cinq cens soixante neuf et le tretziesme jour du moys d'octobre, dans la maison comune de Baigneres, estans illec assemblés la pluspart des habitans pour tracter des comuns afferes, presens et assistans Ramond Jean Besques, Pierre de Mont, Jacques Payssan, Guillem Ramond Uzer et Jean Begola, consulz, M° Anthoine Boerie, juge ordinaire, Arnaud du Lac, Jean Berné, Bernard Sobile, Pé Bernard Ysac, Bernard Forgue, Pierre Nabau, Jean Tusma, Guillem Ramond Arqué, Jean Forga, Guirauld Agut, M° Jean Arroy, Monolo Escola, Domenge Ciutat, Jacmot Papa, Bernard Lana, Pey Amaré, Ramond Bernissa, Jean de Beroux Begarie, M° Jean Baserca, M° Pierre Bedere, Arnauton Lana, François Bernard, Pey de Crexensan, Pocquet d'Estors, Arnaud Guillamet Diudat, Jean Abbadie, Domenge Casaux, M° Pierre Lanson, M° Jean Frexo, presbtre, Pey Boerie, Jean de Crexensan, Bertrand Lucia, M° Arnaud Amaré, Arnaud de Bonfilz, Bernard Sobiron, Sansané Bosc, Arnaud Escola, Bernard du Poutz, M° Domenge Colomès, Pey de Laulhe, Bernard de Chan, Per Arnaud de Lalana, Jean Arqué, Bernard de Mont, Domenge de Berot; fut arresté que Ramond Jean Besques, Pierre de Mont, consulz, Bertrand Lucia et M° Pierre Lanson se transporteroient au lieu de Lahitola pour pourter le reste du rançon du seigneur de Labassere (1), Jean Abat et autres prisoniers detenuz par M' le comte de Mongomery. De quoy en on faict retenir acte à moy soubzsigné.

DE CAPDEVILLE, notaire.

(1) Jean de Durban, seigneur de Labassère, voir la note 1 de la page 43.

XXXIX.

13 OCTOBRE 1569.

[LETTRE DU COMTE DE MONGONMERY] AUX CONSULZ DE BAGNERES. — CEULZ DE BIC BIGORRE FERONT TENIR CESTE LETTRE EN DILLIGENCE.

(Arch. com. de Bagnères-de-Bigorre. Rec. du P. Laspales.)

Consulz de Baigneres, ne faictes faulte à peine de la vie d'estre samedy de matin à Lahitolle, où je faiz servir, avec vostre argent; et là vous trouverez le s^r d'Arné avec une partie de sa compaignée, qui paracheveront de tenir vos Estats (1). Et adieu.

De Betplan, le .XIIIe. octobre 1569.

(Autographe :) Vostre boin amy,
G[ABRIE]L MONGONMERY.

(1) Ceci est une sanglante moquerie, bien digne du signataire de la lettre. Le capitaine Arné et sa compagnie venaient d'être surpris et défaits à Estampures en Pardiac par les troupes de Mongonmery. Presque toute sa compagnie fut faite prisonnière avec lui. L'infortuné capitaine mourut deux jours après des blessures qu'il avait reçues dans le combat. Il arrivait de Mont-de-Marsan, où il avait aidé Monluc à prendre la ville. Voici en quels termes émus l'auteur des *Commentaires* déplore sa défaite et sa mort : « Je ne me veulx poinct mesler « d'escrire la deffaicte du capitaine Arné et du baron de Larboust, car je ne les « avois pas mis là où ils feurent deffaictz. Si est-ce que je manday au cappitaine « Arné qu'il estoit soldat, et qu'il pouvoit bien congnoistre que le lieu où il « estoit ne luy pouvoit apporter que malheur, et qu'il me sembloit qu'il se devoit « retirer à Auch, qui estoit ville fermée. Il me respondit que l'on l'avoit laissé « là et qu'il estoit deliberé d'y mourir plustost que d'en bouger (brave gascon !). « Il ne tarda pas, quatre jours aprez que je l'euz donné avis, que l'on m'appourta « les nouvelles qu'il estoit deffaict, et au bout de deux jours sa mort, qui feust « un grand domaige pour le service du Roy et pour tout nostre partie, car c'estoit « ung des plus gentilz cappitaines et des plus vaillans, et de qui nous avions « autant d'estime que de cappitaine qui feust en Guyenne ». François de Deveze, seigneur d'Arné, laissait deux enfants en bas âge : Jacques, qui épousa en 1596 Souveraine de Comminges-Péguilhan, et Françoise, mariée en 1593 à André de Sariac, seigneur de Canet, tige de Sariac, seigneur d'Arné par la mort sans enfants de Jacques de Deveze.

XL.

13 octobre 1569.

[LETTRE DU COMTE DE MONGONMERY] A MESSIEURS LES CONSULZ, MANANS ET HABITANS DE LA VILLE DE BAIGNERES.

(Arch. com. de Bagnères-de-Bigorre. Rec. du P. Laspales.)

Messieurs, vous ne ferez faulte, à peine de la vie et de vous aller brusler et mettre au ras de la terre vos maisons, d'estre icy samedy de matin, et à ce temps là vous paracheverez de tenir les Estats de Bigorre, puisque nous tenons le s^r d'Arné et la pluspart de sa compaignie. De rechef n'y faictes faulte, à peine d'encourir les peines que dessus (1).

Escript à Lahitolle, ce .xiiie. octobre 1569.

Ne faictes aussi faulte d'apporter vostre argent, si ne l'avez baillé au s^r de Lons.

G[abrie]l MONGONMERY.

XLI.

13 octobre 1569.

[LETTRE DES CONSULS DE VIC-BIGORRE] A MESSIEURS, MESSIEURS LES CONSULZ DE LA VILLE DE BAIGNHERES, A BAIGNHERES.

(Arch. com. de Bagnères-de-Bigorre. Rec. du P. Laspales.)

Messieurs les consulz, mons^r le comte nous a comandé vous envoyer les deux lettres (2) que vous faisons tenir par ce present

---

(1) Mongonmery écrivait quatre jours après dans les mêmes termes aux consuls de Marciac : « Messieurs de Marsiac, si vous faillez à m'apporter demain « les deniers que vous avez promis pour la cause, je vous puis assurer que je « feray bruler vostre ville et la razer au rez de la terre, mesmement tout ce que « avez à l'entour d'icelle. Et pour ce pensez-y. Lafitolle, le 17 octobre 1569. » (MONLEZUN, *Hist. de la Gascogne*, t. V, p. 360).

(2) Les deux lettres précédentes, écrites toutes les deux le même jour, jeudi 13 octobre, l'une de Betplan, dans la matinée sans doute, l'autre de

porteur ; et d'autre part vous escripre oultre ce que ne est comprins ès d. lettres qu'il vous playse luy envoyer quelques milhas (1), burre et truictes (2), vous priant ne y fere faulte, moings à ce que il vous escript, affin que luy donés contentement. Que feroins fin de si bon cœur que prierons Dieu, Messieurs les consulz, vous doner tres heureuse et longue vie.

De Vic Bigorre, ce .XIIIe. de moys d'octobre 1569.

Vostres bons amys,
Les consulz de la ville de Vic Bigorre.

XLII.
[DU 1er AU 14 OCTOBRE 1569 (3).]

[LETTRE DE JEAN DE DURBAN, SEIGNEUR DE LABASSÈRE] A MESSURS MESSURS DE JURATZ DE LA VILLE DE BANEREXS ET TOTZ AUTRES DEU QUARTERON, A BANEREXS.

(Autographe. — Arch. com. de Bagnères-de-Bigorre. Rec. du P. Laspales.)

Messurs de juratz de la bille de Banerexs et totz autres du quarteron, nos vous advertim que mons^r de Beguolle nos a tiengut propos que luy aue charge de part vous autres de benir parlhar

---

Lahitolle. Le village d'Estampures, où Mongonmery venait de défaire le capitaine Arné et sa compagnie, est limitrophe de Betplan. Il est probable que la première lettre fut écrite après la victoire. Le vainqueur rentra le soir à Lahitolle, traînant après lui ses prisonniers. Lahitolle, ainsi que son nom l'indique, est bâti sur une petite élévation dans la plaine de l'Adour, entre Maubourguet et Vic-Bigorre.

(1) Sortes de gâteaux faits avec la farine d'une céréale vulgairement appelée *millet* (*panicum miliaceum*, Linn.), pétrie avec du lait et des œufs. Le « *milhas* » est la principale nourriture des populations qui habitent les parties montagneuses de la Bigorre, où le *millet* est cultivé sur une grande échelle.

(2) De l'avis de tous les gourmets, les truites de l'Adour et surtout celles du Lac bleu peuvent rivaliser avec celles du lac de Genève.

(3) Cette lettre n'est pas datée, non plus que les suivantes. Elle fut écrite de Pau vers le 5 octobre, sinon avant. Jehan de Durban rappelle les démarches faites par M. de Bégolle auprès de M. de Lons en faveur des habitants de Bagnères et des otages retenus à Pau, au nombre desquels il était, et on a vu

à monsʳ de Los'sy luy plaze de receber los mille escutz sol que voz los auferetz portar; et loquoau a remustrat à monsʳ de Lons, seguond que m'a dit, et luy a feyt responsse que lo fesetz portar dedentz Pau; et quoant au damorant, que fosse prest dedentz quoate o sincq jorns, car autrement me dopty que no yra guoaire bien per vous autres part de quera; car, vous asegury, ey reproches de noeyt et de jorns et totes las hores, et à causse de vous autres, Messurs, qui no avetz tiengut parolle desso que avetz escriut a monsʳ de Lons, que l'argent ere prest et que vous tremetosse lo passeport per far aportar l'argent, loquoau vous a tremetut, emsemble une lettre; loquoal sᵒʳ de Lons ditz que vous vous moquatz de luy; et sera gram besonh que vous fesetz portar tot l'argent qui sera posible, otre los mile escutz sol, per apatsar la malisse. Messurs, vous pregui de advisar sy em au quoaresme de pas dejunar, car nostre oste ce faches de fornir la despensa despuixs lo temps qui es que nos autres em en son loygys sans aver recebut ung diner de nos autres. Vous pregui de advisar so que en pot enseger. No autre causse per lo present, syno me recomande à totz vos autres.

Vostres bons amicqs prest à vous obeir,
Jehan DE DURBAN.

Messurs, vous advertexi que despuixs que la lettre es estade escriut[e] es aribat ung conselher de las parts de monsʳ lo compte, declaran au sᵒʳ de Lons que puixs que los de Banerexs no porten l'argent, an deliberat de l'anar serquar eg medixs (1). Per so advisatz, Messurs, de y provedir tot incontinent sans y fer faute de portar tot l'argent qui sia posible per abitar la malissa.

---

par la lettre de M. de Lons à M. de Bégolle, écrite de Nay, le 11 octobre, le succès de ces démarches. Nous avons cru qu'il fallait assigner à ces lettres la limite du 14 octobre parce qu'elles annoncent que Mongonmery se dispose à aller assiéger Lourdes; on verra plus bas, dans une délibération des consuls de Bagnères, datée du 14 octobre, comment les habitants de Lourdes, apprenant que le canon était déjà en route, avaient prié les habitants de Bagnères de venir à leur secours.

(1) Voir plus haut les deux lettres pleines de menaces écrites par le comte aux consuls de Bagnères.

XLIII.

[DU 1ᵉʳ AU 14 OCTOBRE 1569 (1).]

[LETTRE DE JEAN DE DURBAN, SEIGNEUR DE LABASSÈRE] A MONSʳˢ MESSIUS DE JURATZ DE LA VILLE DE BANEREXS ET TOTZ AUTRES DEU CARTERON, A BANEREXS.

(Autographe. — Arch. com. de Bagnères-de-Bigorre. Rec. du P. Laspales.)

Messiurs de juratz de la ville de Banerexs et autres deu quoarteron, tantes de coptz vous ey escriut en vous adverten de so que sabetz qui debetz valhar a monsʳ lo compte et la promesse qui avetz [feyt] au sʰᵒʳ de Lons, en repres[en]tan la persone de monsʳ lo compte, et savietz que lo termy ere valhar que dedens detz jours avetz a valhar l'argent, deu quoal no n'abetz rien feyt, ny de d'autres termis sy lomptz qui an pasat despuixs apres. Je vous advertexi et vous declari que ger monsʳ lo compte escrivou une lettre à monsʳ de Lons que puixs que vous autres no avetz tiengut la promesse, et vous eretz trufat de luy (2), que s'en vol anar part de quera, sy enterssy oey o doman no vienetz contentar au d. sᵒʳ; ensem que a declarat son voler deliber[at] de arasar tot a plat la ville, et tot ensem que fen marchar quoate peisses de artilherie. No autre cause per lo present, syno me recomande a vostre bone grace. Feyt à Pau lo present dibeyxs, per lo qui [es],

Vostres bons amicqs à james,
Jehan DE DURBAN.

Nos poden pensar que vous autres voletz consentir que nos morian de famy; mes poden remersiar nostre oste que no nos a pas husat de termis cum vous autres; per so y adviseratz de volher aver memori de venir contentar lo prinsipal de la d. despensse de nostre oste.

(1) Voir la première note de la lettre précédente.
(2) Moqué de lui.

XLIV.

[DU 1ᵉʳ AU 14 OCTOBRE] 1569.

[LETTRE DE JEAN DE DURBAN, SEIGNEUR DE LABASSÈRE] A Mʳˢ MESSIURS DE JURATZ DE LA VILLE DE BANEREXS ET TOT LO QUOARTERON, A BANEREXS.

(Autographe. — Arch. com. de Bagnères-de-Bigorre. Rec. du P. Laspales.)

Messiers de juratz de la ville de Banerexs et totz autres deu quoarteron, nous vous advertim que an jorn de oey qui es dimerxs vous aseguram que monsʳ lo compte a escriut a monsʳ de Lons que fasse marchar son camp seguond que avem entendut que marchabe dret a Lorde, et lo canon sera a noeyt dedentz la ville de Pau, per marchar en abant sans aucune faute; et per so vous advertexi et pregui et per vostre profit, tot encontient, viste la presente, vulhatz far deligensse de so que savetz que damoratz en darer de paguar a mon d. sᵒʳ lo compte; car autrement vous declari, seguond que ey entendut, que monsʳ lo compte vous baa beder, ensemble tot lo camp et lo canon; et tot a causse que vous ne avetz tiengut vostre promesse; per so vous pregui de rechefz, etz en fayson de aver la some que savetz que reste, per abitar tote malissa et totz domadges et intres qui en poden insiguer; per so vous pregui y voler abisar au tot. Nous vous advertim que lo sᵒʳ de Lons a recebut une lettre de monsʳ lo compte tot encontinent que es estat aribat de Nay (1) per saver sy avie recebut l'argent de Banerexs et tot lo quoarteron; et lo d. sᵒʳ de Lons a feyt per responsse que n'abe recebut en partide; et lo pregui per sa responsse que luy plassy de far antisipar sou camp de no anar a Banerexs et au quoarteron; per so es gran veson de far en sorte que portetz la reste de l'argent; car autrement vous

---

(1) Le baron de Lons était à Nay le 11 octobre. Voir plus haut la lettre qu'il écrivit de Nay à son cousin M. de Bégolle au sujet des otages de Bagnères.

troberatz maritz sy no feytz deligensse. No autre causse per lo present, syno me recomandant a vostres bones graces.

Feyt a Pau, lo present... 1569, per los qui son, Mes^{urs} los cossos,

Vostres humbles serviteurs a jamès,
Jehan DE DURBAN.

Vous playra me far aver ung chival quoant vous tremetratz l'argent per mons^r de Sant-Seber (1).

XLV.
[DU 1er AU 14 OCTOBRE 1569.]

[LETTRE DE M. DE BAUDÉAN, GOUVERNEUR DE BAGNÈRES] A MESSIEURS MESSIEURS DE BAGNERES.

(Arch. com. de Bagnères-de-Bigorre. Rec. du P. Laspales.)

Messieurs, je suis icy aveq mons^r de Lons qui vint hier de devers mons^r le conte, et atand icy les arquebousiers de Bearn ; et s'en vont luy et mons^r de Sola (2) en conduite de l'artilherie ; et pour se que tant les Bernès que Foxens desirent d'entrer en

---

(1) Sans doute Guiche-Arnaud de Montaut, seigneur de Saint-Sivier, près Bénac, canton d'Ossun, d'une branche cadette de Montaut-Bénac. Il avait épousé, le 10 décembre 1549, Géraude de Béon du Massés (voir La Chenaye Desbois).

(2) Solan était un des principaux chefs des religionnaires du comté de Foix. Il appartenait à une branche cadette de la maison de Comminges, apanagée au XVe siècle des terres de Solan et d'Alos dans le Couserans. En 1566 il occupait la ville de Pamiers avec le jeune Fontrailles-Astarac, et tous deux, à la tête d'une troupe de bandouliers, commettaient mille excès dans le pays. Monluc envoya Sarlabous et Jean de Monlezun-Baratnau avec leurs compagnies dans le comté de Foix pour combattre Solan et Fontrailles (voir *Lettres de Monluc*, édit. de M. de Ruble, t. V, p. 77 ; — voir aussi *Archives curieuses*, t. VI, p. 311 et suiv. ; — *Discours des troubles advenus en la ville de Pamiers le cinquiesme de juin* 1566). La présence de Solan dans le camp du baron de Lons s'explique par le passage de Mongonmery à travers le comté de Foix pour se rendre en Béarn. Solan dut se joindre à lui avec sa compagnie de « Foxens ». Il y a tout lieu de croire que ce Solan est le même personnage que celui qui est désigné dans La Popelinière sous le nom de « Lalou beau-frère de Fontrailles ». Solan

vostre ville, je vous ay vouleu escrire se mot pour vous avertir; il a charge que s'il n'a le reste de l'argent, que il conduise ses troupes à Bagneres ; par quoy vous prie vous haster; et n'est besoing vous adresser a monsr le conte, car il vous ranvoyeroit à monsr de Lons qui luy en doit doner le compte. Qu'est l'endroit, Messieurs, où je prie Dieu vous tenir en sa grace, me recomandant de bon cur aux vostres.

De Pontac (1).

Vostre bon voisin et melheur ami,
A. DE BEUDEA.

XLVI.
[DU 1er AU 14 OCTOBRE 1569.]

[LETTRE DE M. DE LONS] A MESIEURS MESIEURS DE BANHERES.

(Autographe. — Arch. com. de Bagnères-de-Bigorre. Rec. du P. Laspales.)

Mesieurs de Banheres, j'é parlé à monseigneur le comte et ay entendu ce qu'ill voz a mandé et ay veu la responce que en fettes; il m'a donné charge de voz advertir que ne falhés à porter l'argent de reste la part où je seré qui reste de vostre promesse ; et combien que ayés deliveré de aller à Lafitolle, il fault que l'argent soit porté à Pau (2). Je m'en vays à Lorde pour la charge que j'é

était seigneur d'Alos ; or, de *Lalous* à *Alos* il n'y a pas grande différence, et Bernard d'Astarac de Fontrailles, baron de Montamat, avait épousé Isabeau de Solan. Quoi qu'il en soit de l'identité de *Lalou* et de *Solan*, nous ajouterons, dans le cas où ces deux noms désigneraient le même personnage, que Lalou rejoignit Mongonmery et les princes en Languedoc, au commencement de l'année 1570, et qu'il fut tué, dans la nuit du 31 mars 1570, au siège de Lunel, où il commandait l'avant-garde (voir LA POPELINIÈRE).

(1) Gros bourg sur la route de Nay à Ossun.

(2) Ce passage aiderait au besoin à fixer à peu près la date de cette lettre. On a vu dans les lettres de Mongonmery aux consuls de Bagnères qu'il enjoignait à ces derniers de porter l'argent à Lafitolle ; aujourd'hui c'est à Pau qu'il faut le porter ; or, Mongonmery avait quitté Lafitolle le 17 octobre pour prendre la route d'Aire et avait donné ordre aux députés de Bagnères qui étaient venus vers lui de remettre l'argent à son trésorier à Pau (voir la délibération du 18 octobre).

les fere entendre de la volunté de monsieur le comte, ensemble de voz advertir que ne falhiés à porter l'argent. Voz pourrés me treuver auprès de Lorde ou bien icy pour fere marcher l'artilherie ; et combien que ayés donné ocasion à monsieur le comte de ne tenir la promesse, je feray tant pour voz que le camp ne viendra point à Banheres, proveu que veniés là part où je seré pour satisfere à la reste ; et hastés vouz ; car si passés les six jours, ne sera plus tampz. Voz me trouverés en bonne companhie, là où pouvés venir en toute aseurance. Qu'est tout ce que voz puis mander, en me recomandant à voz bones graces ; et prieré Dieu, Mesieurs, qu'ill voz done ce que desirés.

Voz pourrez venir à Ossun en toute aseurance, ou à Pontacq, ou auprès de Lorde, là où je vous feré entendre entierement la volunté de monsieur le comte ; car il fault que veniés pour vostre profit parler à moy sans aller alieurs, car si aliez alheurs... (1).

[LONS.]

XLVII.

[SANS DATE.]

[LETTRE DE M. DE SARNIGUET] A MESIEURS DE CONSULZ DE VANIEREZ.

(Autographe. — Arch. com. de Bagnères-de-Bigorre. Rec. du P. Laspales.)

Mesieurs de consulz, je ay vue la letre que me abés escrite se jornd'uy pour reboyr vostre faute, et ne conessent la volunté que je ay enbers la vile, sinon pour me fere resseboyr ung grant reproche et desoneur pour vous voloyr trop croyre (2), je vous abise que j'ay despeché ung ome debers mons^r le mareschal Dambile, que sera causa que ne pourrés fere autre response que

---

(1) La fin de cette phrase est indéchiffrable ; c'est la dernière ligne de la lettre et la fin de la page. Il n'y a pas même eu place pour la signature, l'usure du bas de la page a détruit la moitié des mots.

(2) Voir la délibération du 10 octobre. Les consuls refusaient de recevoir dans la ville la compagnie du capitaine Sarniguet. Ces documents peignent bien la situation lamentable des malheureux habitants de Bagnères, rançonnés à la fois par leurs amis et leurs ennemis.

au pre[al]able je n'aye resseu sa voulonté, vous asseurant que sy en autres endroitz je vous puys fere plesyr, je ne m'y esparnheray en rien, d'ausy von cur que je prye le Createur, Mesieurs de consulz, vous tenir en sa garda.

Vostre bien von amy,
DE SARNIGUET.

XLVIII.
14 OCTOBRE 1569.

CONSEIL

POUR AMASSER LE RESTE DE L'ARGENT PROMIZ ; — DE FERE UNG PRESENT A M^r DE LONS ; — DE BAILLER CONGÉ AUX SOLDATZ ESTRANGIERS ; — FERE RESPONCE A CEULX DE LOURDE QU'IL N'Y A LIEU LEUR BAILLER SECOURS.

(Arch. com. de Bagnères-de-Bigorre. Rec. du P. Laspales.)

En la ville de Baigneres, dans le couvent des freres Jacopins, le .XIIIIe. octobre mil .v^c.LXIX, assemblés les habitans du d. Baigneres pour tracter des comuns afferes, presens et assistans Ramond Jean Besques, Jean Begola, Jacques Payssan et Guillem Ramond Uzer, consulz, a esté remonstré comment mons^r de Lons a envoyé lettre missive contenant que mons^r le comte de Mongomery s'en vient droict à Lourde avec le canon, et de là en ceste ville, si l'on ne fait prompte diligence d'envoyer le reste de la promesse ; et par ainsin que l'on y determine, afin que si mal en advient, iceulx consulz n'en soient cause pour ne l'avoir remonstré ; que le d. s^r de Lons demande burre, milhas et coloms ; aussy que ceulx de Lourde sont venuz declairer si l'on leur veult bailler secours contre l'enemy ; et qu'il y a soldatz en ceste ville qui ne se veulent retirer à leur garnison. Sur quoy chascune dez rues se estant retirés à part, y ont ordoné comme s'ensuict :

Le Bourg-vielh, par l'organe de Bernard Diudat, que l'on face recherche, et constraindre ceulx qui auront argent d'en bailler ; advertir ceulx du carteron que apportent leur part ; que l'on detienne dans la ville les presbtres et beneficiés jusques à tant que auront payé leur part et cotise. Pour le regard des soldatz qui sont dans la ville, que l'on leur baille congé et que l'on garde la d. ville avec les habitans qui y sont et du carteron. Que l'on face responce à ceulx de Lourde qu'il n'y a de gens pour leur bailler secours pour le present. Et que le present de Mʳ de Lons se face à la discretion de messieurs les consulz. Finalement, que s'il plaist à monsʳ de Sarniguet de fere sa compaignie de la ville et carteron, à la charge de ne l'en tirer, que l'on le reçoive, autrement non.

Mᵉ Bernard Lana, pour les habitans du Bourg-nau, la rue de Lafont parlant par Guirauld Agut, et Arnaud du Lac pour les Cantarès, ont esté du d. adviz. Ainsin a esté arresté. De quoy ont faict retenir acte à moy notaire soubzsigné. Presens et assistans les susd.

Mᵉ Bernard Lana, scindic, le d. jour a dict les [consuls] despuys s'estre despartis avoir accordé que l'on ne sonne les cloches pour le present, et ont ousté les images des temples.

De Capdeville, notaire.

XLIX.
15 octobre 1569.

CONSEIL
POUR CONSTRAINDRE A PIERRE DE MONT, CONSUL, D'ALLER A MONGONMERY.

(Arch. com. de Bagnères-de-Bigorre. Rec. du P. Laspales.)

L'an mil cinq cens soixante neuf et le quinziesme jour du moys d'octobre, dans le couvent des freres Jacopins, assemblés la pluspart des habitans du d. Baigneres pour tracter des comuns afferes, a esté remonstré comment l'on auroit arresté par autre conseil que Ramond Jean Besques et Pierre de Mont, consulz, se transporteroient devers Mʳ le comte de Montgomery, suyvant le commandement par luy envoyé en ceste ville, pour savoir et entendre sa volunté; et que despuys le d. Besques auroit esté employé aux affaires de la ville pour aller emprumpter argent en Aure; qu'est cause que l'on esleu Mᵉ Pierre Lanson et Pedarnaud de Lalana pour fere le d. voyage. Mais le d. de Mont s'excuse n'y vouloir aller que le d. Besques consul n'y aille, comme a esté dict. Sur quoy les d. habitans en ayant conferé ensemble ont arresté, savoir la rue du Bourg-vielh, par l'organe de Bernard Diudat, qu'en son lieu le d. de Lalana y aille, puys qu'il n'y veult aller ; Arnauld d'Isac, pour le Bourg-nau, que le d. de Mont soit constrainct d'y aller, autrement desmiz de son office ; Guirauld Agut, pour la rue de Lafont, que si le d. de Mont n'y veult aller, l'on ayt quatre homes de chesque rue et l'on l'y mene, veuille ou non (1), et fere entendre au d. sʳ comte comment il est rebelle, quar entendu le d. de Mont a offert y aller ; Arnauld du Lac de l'adviz de la rue de Lafont. A quoy furent presens Jacques Payssan, consul, Bernard Lana, scindic.

DE CAPDEVILLE, notaire.

L.
18 OCTOBRE 1569.

CONSEIL

POUR ENVOYER A Mʳ DE DAMVILLE DE NE RECEVOIR LE CAPPITAINE MANSA JUSQUES... ; — D'ENVOYER LE RESTE DE L'ARGENT A Mʳ LE COMTE MONGOMERI ; — DE FERE LA CRYE ENVOYÉE PAR LE D. COMTE.

(Arch. com. de Bagnères-de-Bigorre. Rec. du P. Laspales.)

L'an mil cinq cens soixante neuf et le dix-huictiesme jour du moys d'octobre, dans le couvent des freres Jacopins de Baigneres,

---

(1) Le pauvre gentilhomme craignait sans doute de n'en pas revenir. Les menaces du terrible comte faisaient trembler les plus braves. Il y alla cependant, et en revint sain et sauf. Voir la délibération suivante. On remarquera la nuance des opinions des quatre quartiers de Bagnères ; il y a là une curieuse révélation. Le Bourg-vieux, quartier de l'aristocratie, opine pour la douceur : puisque le seigneur d'Uzer ne veut pas y aller, qu'un autre y aille à sa place. Le Bourg-neuf, quartier de la bourgeoisie, demande en cas de refus la démission du consul. Les deux autres quartiers, la rue de La Font et la rue de Cauteretz, habités par le peuple, opinent pour la violence : « Qu'on l'y mène veuille ou « non. » Ces nuances dans les opinions révèlent l'esprit de la population de Bagnères et traduisent les luttes municipales qui l'agitaient.

estans assemblés les habitans de la d. ville pour tracter des comuns afferes, ensemble Peyrot de Borgela, garde, Arnaud de Pedouz, de Campan; Jean de Lapena, Bastian de Nogué et Jean de Puyo, d'Asté; Colau de Coze, Jeanot dez Molias, Estebe Sossens, de Beaudean; Laurens Douat, Peyon Douat, Menget Peré, consulz de Pousac; Arnaud de Cassaigneres, Bernard de Prat, de Trebons; Manauld du Trey, Arnauld de Douat, d'Ordisan; Pey de Lot et Arnauld du Bau, de Labassere, ayans charge des habitans des d. lieux; a esté faicte remonstration par Me Pierre Lanson comment Pierre de Mont, consul, Pedarnauld de Lalana et le d. Lanson se seroient transportés au lieu de Lahitole suyvant le commendement envoyé par M^r le comte de Mongomery, et pour eviter qu'il n'admenast l'armée en ceste ville pour la fere brusler et raser, comme avoit dict et menassé fere; lequel comte leur auroit baillé passeport pour s'en retourner, à la charge de pourter le reste de l'argent promiz et debvoirs de la Royne à Pau, en mains de Mr Laroze, receveur des finances. Davantage leur a esté baillé ung commendement pour le fere publier en ceste ville, pourtant assignation à celuy qui vouldra achater le temporel de l'evesché (1) et chapitre de Tarbe. Finalement a esté remonstré par messieurs Ramond Jean Besques, Jean Begole, Pierre de Mont, Jacques Payssan et Guillem-Ramond Uzer, consulz de la d. ville, comment le cappitaine Mansa arriva au soir en ceste ville et presenta commission de mons^r de Dampville pour admener au d. Baigneres sa compaignie et y tenir garnison jusques autrement soit ordonné. Sur quoy, chascune des rues s'estant retirées à part, ensemble les d. consulz des lieux susd., y ont ordoné comme s'ensuict: Premierement, la rue du Bourg-vielh, par l'organe de Bernard Diudat, touchant la commission du cappitaine Mansa, qu'avant luy fere responce, deux homes se transportent devers le d. seigneur de Dampville luy remonstrer la pauvreté des pays,

---

(1) L'évêque de Tarbes, Gratien de Bussy d'Amboise, n'avait pas attendu l'arrivée de Mongonmery pour quitter sa ville épiscopale; il s'était réfugié au plus haut des montagnes, au petit village de Villeneuve, près de Luz, en Barèges. Il y fit bâtir un oratoire, sous le vocable du Saint-Sauveur. Ce dernier nom a prévalu sur celui de Villeneuve; aujourd'hui, le petit village qui servit de retraite à l'évêque n'est plus connu que sous le nom de *Saint-Sauveur*.

combien de charges il nous a fallu pourter toute l'année d'envoyer vivres au camp, à Navarranz, à Tarbe, entretenir ung gouverneur à la ville, payer grandz sommes à Mr le comte Mongomery pour recouvrer les prisonniers qu'il en a menés, qu'est cause qu'il est impossible d'entretenir en ville la d. compaignie, joinct l'infertilité du pays auquel il n'y a du vin ny bled pour nourrir la moitié dez habitans qui y sont. Et que à raison de ce il luy plaise s'abstenir d'y mettre la d. garnison, et tout le moins, s'il ne se peult fere sans en y avoir, que ce soit le seigneur de Sarniguet que l'on a desjà entretenu, à la charge de fere la compaignie de la ville et du carteron, et de ne l'en tirer. Quant est de pourter l'argent qui reste pour avoir les prisonniers, que l'on le pourte où il est mandé et le plus promptement que fere se pourra. Cependent, que les d. consulz rendent compte de ce qu'ilz ont reçu, pour puys après y fere le complement. Et de la crye, que l'on supercede à la fere jusques à tant que les villages du carteron y respondent.

Le Bourg-nau, par l'organe de Me Jean Frexo, a esté du d. adviz, et que ceulx qui se transporteront devers le d. seigneur de Damville pourtent les inquisitions des voleries qui se font par ce pays par les soldatz qui ne se retirent à leurs garnisons, pour y estre par luy ordòné comme verra à fere. Neantmoins, que l'argent soit pourté au comte mesmes, et après, retenir de luy acquit et commendement pour avoir les prisonniers.

Me Bernard Lana, pour les habitants de la rue de Lafont, de l'adviz du Bourg-nau, et que l'on pourte ung present au d. seigneur de Damville, de milhas, burre et coloms à la discretion de messieurs les consulz.

Arnauld du Lac, pour la rue dez Cautarès, de mesmes adviz que le Bourg-nau.

Enfin, toutes les rues ont accordé que, attendu les autres villes ont mesmes commendement de fere la d. crye, que l'on y envoye ung homme pour savoir secretement comment on s'en gouverne, et que suyvant icelles aussy il soit faict en ceste ville.

Les d. consulz de Campan, Asté, Pousac, Trebons, Ordisan et Labassere ont demandé coppie du tout et delay pour en communicquer aux habitans des d. lieux jusques à dimenche prochain. Ainsin fust arresté. Presens et assistans qui dessus. De quoy, je notaire et secretaire, requerans les d. consulz, en ay retenu le present acte.

De Capdeville.

LI.
21 octobre 1569.

[LETTRE DU COMTE DE MONGONMERY] A MESIEURS LES CONSULZ DE LA VILLE DE BANHERES.

(Arch. com. de Bagnères-de-Bigorre. Rec. du P. Laspales.)

Le comte de Mongonmery, lieutenant general du Roy en Guyenne despuis le cousté de la Dordoigne jusques aux montz Pirenées, en l'absence et soubz l'auctorité de messeigneurs les princes de Navarre et de Condé, lieuctenantz et protecteurs de Sa Majesté, conservateurs de ses edictz, et aussy lieuctenantz et generalz de la reyne de Navarre, comte de Bigorre.

Messieurs les consulz, ayant entendeu que n'avés aulcunement satisfaict et payé les deniers de la donation qu'avés dès l'année promise à la reyne vostre comtesse à l'assemblée des Estatz par Sa Magesté teneus en la ville de Tarbe, je vous ay voleu fere ceste presente pour vous prier et neaulmoingz enjoindre de ne fere faulte dès incontinent la presente receue d'en fere le payement entre les mains de un tresorier de la d^e comte ; et davantaige adviser pour ceste année aux grandz fraiz et despences par elle souffertz et à souffrir à cause des troubles et guerres advenus en ces pays ; et pour ceste occasion, vous assembler entre vous et vous cottizer a luy fere ung beau et honneste don pour subvenir à ses grandz et urgeantz affaires. Je vous eusse bien voleu assembler en forme d'Estatz comme il est acostumé, pour mieulx vous fere entendre son intention et l'affection qu'elle vous porte ; mais j'ay consideré que pour l'injure de ce temps, et pour ne vous ruyner et molester par l'assistance de cette armée, qu'il est de besoing de m'en esloigner pour quelque temps (1), m'asseurant

---

(1) Mongonmery était parti le 18 octobre de Lafitolle se dirigeant vers Aire, qu'il pilla et livra aux flammes. Il ne revint plus en Bigorre ; mais que de ruines pendant les quelques jours qu'il y passa !

sur l'affection que j'ay cogneue en vous, de l'advenement et entretenement de son estat vous luy fairés mainctenant à ce grand besoing le debvoir de bons et vrays subjectz. Ce faisant, vous luy acroistrés les moyens de vous mieulx soulaiger, supporter et entretenir en voz privilieiges et liberté, et à moy de vous y assister et favorizer quant il en sera de besoing. Faictes donc à present ung bon effort de la liberalité des deniers de voz bources à les payer promptement. Aussy celle effacera à plusieurs l'oppinion qu'on leur a voleu fere prendre d'une mauvaise volunté qu'avés contre l'estat de la d. dame, ce que de ma part j'é voleu croire ny penser. Et nous fairés entendre par homme exprès, la part que nous seroins, l'arrest qu'aurés faict en vostre assemblée dans huict jours prochains dont le tresorier ou son commis se chargeront nous adresser. Et baillés cependent receu de la presente au porteur d'icelle pour sa descharge. Sperant que n'y fairés faulte, je prye le Createur, Messieurs les consulz, vous tenir en sa saincte garde.

De Noguerol (1), ce .XXIᵉ. d'octobre 1569.

Vostre bien bon amy,
G[abrie]l MONGONMERY.

LII.
23 octobre 1569.

[LETTRE DE M. DE LABORDE] A MESSIEURS MESSIEURS LES CONSULZ DE LA VILLE DE BANHERES.

(Arch. com. de Bagnères-de-Bigorre. Rec. du P. Laspales.)

Messieurs les consulz, je vous envoye par ce porteur exprès ce que monsʳ le conte de Monguomery, lieutenant general de la Royne

---

(1) Nogaro et tout le Bas-Armagnac virent se renouveler les scènes de désolations qui avaient déjà jeté l'épouvante dans le Béarn et la Bigorre. Tout ce que Mongonmery entassa de ruines dans ces malheureuses contrées est incroyable. Il faut, pour s'en faire une idée, lire un document très curieux publié par notre érudit archiviste, M. Parfouru, dans l'*Annuaire du département du Gers*, année 1882, p. 311 : *Procès-verbal de l'état des villes de Nogaro, Barcelonne et Riscle après les guerres de religion* (Arch. de Nogaro, FF. 5).

contesse de Viguorre voūs escript, estant chargé comme je suys de le vous fere thenir; et par mesmes moyen, pour ma descharge, vous prie vailler à ce d^t pourteur recepissé de la reception de la d. lettre, prian Dieu, Messieurs, en saincté vous avoyr en sa digne grace.

De Morlains, ce .XXIIIe. octobre 1569.

Vostre bon amy à vous obeyr,
DE LABORDE.

LIII.
11 NOVEMBRE 1569.

CONSEIL

POUR ENVOYER M^r DE BEAUDEAN A Mr DAMPVILLE.

(Arch. com. de Bagnères-de-Bigorre. Rec. du P. Laspales.)

En Baigneres, dans la maison de Jean Begole, consul, le unziesme novembre mil cinq cens soixante-neuf, presens et assistans le d. Begole, Ramond Jean Besques, aussy consul de Baigneres; Peyrot de Borgela, consul de Campan; Pey de Casaubon, Pocquet de Castilho, consuls d'Asté; Colau de Coze, Guillem de Pebay, consulz de Beaudean; Jeanot Douat, consul de Pousac; Domenge Daube dict Negro, ayant charge dez habitans d'Ordisan; Pey de Lot, Jean du Bau, consulz de Labassere; ont arresté que, pour garder que en la present ville n'y soient mises garnisons de soldatz estrangiers, on se transporte devers mons^r de Beaudean luy prier de vouloir continuer la charge qu'il avoit de gouverneur au d. Baigneres et carteron; et aussy, s'il est son bon plaisir, de se transporter devers Mr Dampville aux fins de luy prier qu'il n'en y mette point, luy remonstrant la faculté et pourtée du d. Baigneres et carteron, qui n'auroient moyen d'entretenir aucune compaign[i]e encores ung moys, si petite qu'elle fut; et que tel voyage fut faict aux despens comuns de tous les habitans du carteron. Requerant à moy notaire et secretaire leur en retenir acte. Presens Mes Ramond du Bau et Ramond Coroau, presbtres de Labassere.

DE CAPDEVILLE, notaire.

LIV.

14 novembre 1569.

[LETTRE DE JACQUES PAYSAN, CONSUL DE BAGNÈRES] A MESIURS DE CONSULS DE LA VILLE DE BANYERES, A BANYERES.

(Autographe. — Arch. com. de Bagnères-de-Bigorre. Rec. du P. Laspales.)

Mesius de consuls, mosiur de Beudean nos a donat promisa de s'en benir à Tholosa abeque noz pour fere tout seu qui sera possible à luy. Pour noz, aboins aresté entre noz que seret bon de aboer unga dozena de millas, demia dosena de piulotas (1) de burre. Je vous prie les enboyer le plus tost quy sera possible; ansenble sinchanta ou soisanta libres, quar puix mosiur de Beudean s'en bien abeque noz, il noz faudra argent de l'abantaye. Non autra chosa de nobeu, sino que mosur de Monguomery s'en bient à Lombès et Senmatan (2).

(1) Pelote, boule, du latin *pila*. En provençal, *pilota*.
(2) Mongonmery dut aller à Lombez du 3 au 15 novembre. Il avait envoyé ses troupes en avant sous la conduite de Sérignac, frère de Terride, et ne quitta Condom pour aller vers Auch qu'après le 3 novembre. Il écrivit à cette date aux consuls d'Auch : « Messieurs les consulz, ne faictes faute de faire livras « de tous et chascuns les souffres, poudres et salpetres que avez en vostre ville « et iceulx envoier et remettre ez mains du controlleur de nostre artillerie « par les mains duquel vous seront payés à prix resonable. Faict à Condom « ce 3 novembre 1569. Vostre bon amy. Mongonmery. » (Archives municipales d'Auch.) Pendant ce temps, Sérignac entrait à Auch le 1er novembre. Il avait jeté comme menace, aux consuls, le nom de Mongonmery qu'il disait être à deux lieues de la ville, à Ordan, avec le reste des troupes. Le chef des religionnaires était encore à Condom, mais la terreur qui s'attachait à son nom était telle que les populations effrayées croyaient le voir partout. Le moindre capitaine qui pillait une église, brûlait un château ou rançonnait un bourg était pris pour Mongonmery. C'est là ce qui explique, à s'en rapporter aux historiens ou aux chroniqueurs, la confusion que l'on trouve dans les faits attribués à Mongonmery et l'impossibilité où l'on est la plupart du temps d'en préciser la date. Nous en dirons autant de Monluc. Il serait à désirer que l'on dressât, à l'aide de documents authentiques, un *Itinéraire en Gascogne* de ces deux grands capitaines. Il ne paraît pas que Mongonmery soit entré dans Auch. Il alla piller Lombez avec l'intention sans doute d'arriver à Toulouse. Le Parlement de cette ville écrivait au Roi, le 5 novembre, que Mongonmery s'approchait de Toulouse avec mille hommes de pied et mille cavaliers (Collect. HARLAY, S.-G., vol. 323, 2, f° 161. — *Lettres de Monluc*, édit. DE RUBLE, p. 251). On conserve aux

De Aux (1), le .xIII^e. nobanbre 1569.

Vostre bon amy et servitur prest à boz fere servise,
JACQUES PAYSAN.

LV.
18 NOVEMBRE 1569.

[LETTRE DU COMTE DE MONGONMERY AUX CONSULS DE BAGNÈRES.]

(Arch. com. de Bagnères-de-Bigorre. Rec. du P. Laspales.)

Messieurs, je pensois que le support que je vous ay faict, ne volant aller à la rigueur pour chastier les mauvais offices faictz par la pluspart de tout le pais de Bigorre envers la Royne vostre comtesse contre les editz du Roy, vous eust preparés à vous contenir soubz l'obeissance que luy devés, et luy payer les droictz (2). Mais j'entendz que cella a produict une chose toute contraire; de sorte que vous ne faictes semblant que de n'en voloir rien faire. A ceste cause, je vous ay voleu mander par ceste lettre que si dans six jours après la reception d'icelle vous n'avés mis en effaict se que je vous ay desjà escrit, et que le thresorier m'en rende tesmoniage, j'iray avecque l'armée sur les lieux pour vous visiter entierement que je ne volois, et vous fere cognoistre que je vous avois espargné pour vostre bien. Et portant, ne faillés de me tenir

---

archives communales de Samatan un curieux registre de « la frairie de Nostre « Dame de la ville de Samathan » dans lequel sont racontés avec beaucoup de détails la prise et le sac de cette ville par Mongonmery (fol. XV et suiv.). Malheureusement le narrateur ne donne pas la date de cet événement.

(1) Aux, près Miélan, Gers, habitation seigneuriale des barons de Baudéan depuis la fin du xive siècle. Navarrot de Baudéan était seigneur d'Aux en 1398. (Voir LA CHENAYE DESBOIS, généal. Baudéan. Voir aussi *Revue de Gascogne*, t. XVI, p. 39, 92 et 148, *Siège et bataille de Miélan*).

(2) L'effronterie de cette déclaration dépasse toutes limites! Était-ce donc en vertu d'un édit du roi que Tarbes avait été pillée et brûlée; que les abbayes de Lareule, Saint-Sever, l'Escale-Dieu avaient été livrées aux flammes; que tant de prêtres et de religieux avaient été massacrés; que les ruines de plus de deux cents églises couvraient le sol de la Bigorre, et que les villes, les bourgs, les villages rançonnés durement se voyaient réduits à une misère dont ces documents ne donnent encore qu'une faible peinture.

vivres toutz prestz par toutes les villes, affin qu'allant aux montaignes je n'en aye poinct faute; car j'ay deliv[e]ré de fere une visite universelle (1) et vous monstrer que je ne m'en vay pas, comme vous pensés; et si vous faictes faute de communiquer ceste présente aux autres villes, je vous demanderay raison d'icelle sur les lieux. Attendant quoy, je prie Dieu vous donner grace d'estre bien advisés.

De Condom le .XVIIIe. jour de nobembre 1569.

Vostre bon amy,
G[abrie]L MONGONMERY, ainsin signé.

LVI.

[SANS DATE.]

[FRAGMENT.
QUESTIONS SUR LESQUELLES LES CONSULS DEVRONT SE PRONONCER.]

(Arch. com. de Bagnères-de-Bigorre. Rec. du P. Laspales.)

Plus, de la companya de monsiur de Mansan, bol entré en la ville, si bolet que entre;

Plus, que lez consuls en companya de Arnaut du Lac, Johan Tusma, Guilhem Aramon Arqué, auant parla ab lo dit senyor de Mansa, et restam que en lo baillant sent pesas de or, que sa companya ne aucuna autra no entrasa poent dedens la vila, si bolet, d'autant no nos tient la palaura (2) que renda .CXXXVIII. l. que a presas en dedusion de so qui l'abem prometut;

Plus, que los bilages deben porta l'argent, et si bolet que l'argent qui darrerament s'es amasat per las ruas sia amasa, per ana serca los presonés;

Plus, si bolet que la tailla de .XVe. l. que la cort de Parlament

---

(1) Mongonmery fut heureusement détourné de ce projet par l'arrivée des troupes du prince à Aiguillon, qui le sollicitèrent de venir se joindre à eux pour aller faire la guerre dans le Languedoc, ce qu'il fit dans les premiers jours de janvier 1570 (voir les *Commentaires* et les *Lettres de Monluc*, éd. DE RUBLE, t. III et V).

(2) La parole.

nos a baillat permision sia coelluda per aquesta anea no n'an agosam dabantage, per no estre sospris de dita cort;

Plus, si bolet que le jour de la feyra se fase lo geyt ab loz bilages deus cartaron.

LVII.

29 novembre 1569.

CONSEIL
POUR ENVOYER LE RESTE DE L'ARGENT A M^r DE LONS.

(Arch. com. de Bagnères-de-Bigorre. Rec. du P. Laspales.)

L'an mil cinq cens soixante-neuf et le vingt-neufviesme jour du moys de novembre, en la ville de Baigneres, dans le couvent dez freres Jacopins de la d. ville, par Ramond Jean Besques, Jean Begole, Guillem Ramond Uzer, et Bernard Vivé, consulz de la d. ville, a esté remonstré à Me Anthoine Boerie, juge ordinaire, Arnaud d'Isac, Guillem Ramond Uzer, Jean Tusma, Arnauton Lana, Jacmot Papa, Me Pierre Lanson, Pey Abat, Bernard Diudat, Bernard de Mont, Monolo Escola, Bernard Lucia, Jean Paissan, Pebernard Ysac, Pey Crexensan, Domenge du Cloz, Pey Amaré, Jean Bedere, Domenge Asson, Jean Sobiron, habitans de Baigneres, assemblés illec pour tracter dez comuns afferes, coment dernierement au conseil fut dict qu'on emprumpteroit la somme de cinq cens livres restantes pour recouvrer les prisoniers detenuz par Mr de Lons, au dessus de l'argent qu'on avoit assemblé, et que l'on feroit venir les consulatz des villages pour s'obliger l'ung pour l'autre, qui ne l'auroient volu fere, sinon seulement chascun en ce que luy touche et de ce que luy reste; à cause de quoy lesd. consulatz s'en seroient retournés, et les prisoniers ne font que despendre. Ce qu'entendu par les d. habitans ont arresté que l'on envoye le reste de l'argent promiz au d. s^r de Lons, prendre acquict de luy et retourner les prisoniers pour eviter plus grandz despens. Et ce faict, l'on arrestera les comptes et fere la cotise du tout pour constraindre ceulx qui seront debiteurs au payement de leur coté par toutes voyes raisonables. De quoy à leur requisition je notaire soubzsigné en ay retenu acte. Presens et assistans que dessus.

De Capdeville, secretaire.

LVIII.
[SANS DATE.]

S'ENSUICT

CE QUE JE AY FORNI PAR LES SOLDATZ DE GERE, DE PAR COMANDEMENT DE MESS^rs DE COSSOS PIERRE MONT ET JEHAN VEGOLLE.

(Arch. com. de Bagnères-de-Bigorre. Rec. du P. Laspales.)

Primo, de pain . . . . viii. s. bons;
Plus, de vin . . . . xvii. s. bons;
Plus, de huile . . . . vi. liars;
Plus, de beuf . . . . vi. s. bons;
Plus, de fromage . . . . viii. liars;
Plus, de lenha et carbon . . . . . . iiii. s. bons;
    Somme tout . . . . . xxxvii. s. bons. ii. ard.

Jehan Frexo, presbtre.

LIX.
[SANS DATE.]

ROLLE

DE SE QUE LES SOLDATZ DE CAMPA AN PRES TANT PA QUE BIN ET MERLUSSA ET HOLI ET HIRANGE ET ESPESIA ET SAU ET LENHA ET QUARBO ET FORMAUGE.

(Arch. com. de Bagnères-de-Bigorre. Rec. du P. Laspales.)

Et primo, de pa, .xviii. s. iiii ard.;

Plus, de bin, .xxiii. pixés, monten .xxvii. s. i. ardit;

Plus, de merlussa et de holi et de formauge et hiranges et candellas et espesia et sau, xxvii. s. et .i. ardit;

Plus, abem crompat ung car de lenha et ung sac de quarbo, coste .xiiii. s. i. ardit;

Plus, n'abem presa de Johan Tusquet, conseul, coste .ix. s. bos;

Plus, abem balhatz a .xxi. home qui son de Campa, compres Antoni Borgela et je guarda de Campa, la soma de .xxviii. s. bos;

Per ques bertat ey fait le presant rolle je Mengon Marqua, guarda de Campa, me soy singnat.

Sª, vi. l. xvi. s. i. ard.

LX.
[SANS DATE.]

ROLES
DE PROVISIONS PORTÉES A MONTGAGLART PAR MONSIERÉ PAR COMANDAMENT DE MOSUR LE XENEXAL.

(Arch. com. de Bagnères-de-Bigorre. Rec. du P. Laspales.)

Peyrona Ysac, tres sacs de forment sus Mᵉ Johan Arqué. . . . . vi. escutz petitz;

La Cordonera et La Balestrera, sus Johan Boaria, quatre sacs de forment . . . . viii. escutz petitz;

La famma de Guilhem Ramon Lusia, ung sesté de forment, sus Arnaut du Lac . . . . i. escut petit;

La Sartesa de Peyron, ung sac de forment, sus Arnaut du Lac. . . . . ii. escutz petitz;

La famma de Bernat Fonta, sinq quarteras de forment sus Arnaut du Lac. . . . . ii. escutz petitz. ix. s.;

La famma de Poquet Ysac, seys quarteras de forment, sus Arnaut du Lac. . . . . iii. escutz petitz;

La famma de Cordillo, tres quarteras de forment sus Arnaut du Lac. . . . . xxvii. s.;

La famma de Johan Bixeyra, sinc quarteras de forment sus Arnaut du Lac. . . . . ii. escutz petitz. ix. s.;

Pey Costa, dus sacs de forment sus Arnaut du Lac. . . . . iiii. escutz petitz;

Pey Costa, seys sacs de forment sus Bernat de Berot, de Campa. . . . . xii. escutz petitz;

La famma de Arnaud Ysac, tres quarteraz de forment sus M⁰ Ramon Porqualana.................. XXVII. s.;
Johana de Guiraut Agut a pres suz Abram dus sacs de forment.
.... IIII. escutz petitz.

Jacques PAYSAN, consul.

LXI.
5 DÉCEMBRE 1569.

CONSEIL

DU PRISONIER ENVOYÉ PAR LE CAPPITAINE M[ANSAN]; — DE L'ASSIGNATION DE MARIE BASERCA; — DE FERE GUET PAR ORDRE AUX [PRISONS DE MAUFERAT].

(Arch. com. de Bagnères-de-Bigorre. Rec. du P. Laspales.)

En la ville de Baigneres, dans la maison comune d'icelle, ce jourd'huy cinquiesme decembre mil cinq cens soixante neuf, presens et assistans Ramond Jean Besques, Jean Begola, Jacques Payssan, Bernard Vivé, consulz, M⁰ Anthoine Boerie, juge ordinaire, noble Pierre de Mont, sʳ d'Uzer, Domenge Casaux, Bernard Monicases, Bernard Abat, Menjolet Berot, Jean Feyt, Bernard de Mont, Jean Puyo, Pedarnaud de Lalana, Pey Amaré, Pey d'Angos, Pey d'Ossun, Pey Costa, Bernad Sobile, Arnaud Guillamet Diudat, Pey de Lias, Domenge Berot, M⁰ Pierre Domec, medecin, Jean de Lahaille, Jean de Puyo, Menjon Bedere, Jean de Crexensan, Peyron de Compz; a esté remonstré comment le cappitaine Mansa a envoyé troys ou quatre soldatz en ceste ville conduisans ung prisonier sans charges prins au lieu d'Aurelhan, et demande que l'on le mette en prison. Aussy que Marie de Baserca a faict donner assignation en vertu des lettres du commissaire pour recouvrer les deux cens escuz qu'on a reçuz d'elle qui sont de certain deppost. Et finalement comment se fera le guet des prisoniers qui sont aux prisons de Mauferat (1). Ce

(1) La prison de Mauferat (Mauhourat) a été démolie depuis une quinzaine d'années environ. Elle occupait, en face des Thermes, l'emplacement où est élevée aujourd'hui la statue de Soubies.

qu'ayant esté conferé ensemble par les d. habitans, ont esté d'adviz n'y avoir lieu pour le present de recevoir le d. prisonier, de tant n'est du carteron ny a esté prins en icelluy, ains au lieu d'Aurelhan ; et d'abondant que celuy qui le conduit n'apporte provision de justice ny adveu souffizant du seigneur de qui il dict avoir la charge de le conduire ; et au cas apparoistroit de ce dessus, si besoing est, les consulz doibvent fere offre de prester prisons, sans toutesfoys recevoir le d. prisonier en leur charge, s'il n'y avoit comendement du superieur. Et quand à l'adjournement de Marie de Baserca, que l'on envoye à Tholose ung home devers le commissaire pour dire leurs causes, si partie ne veult prendre patience par quinze jours, pour comunicquer en conseil, et selon leur adviz fere aultre responce, et que à ces fins on envoyera memoires pour remonstrer que les d. deniers ont esté prins de la d. de Baserca, comme estant une des riches de la ville, pour les employer ez afferes et service qu'il leur estoit commandé pour le Roy nostre sire. Et que pour departir et fere lieve sur les habitans de la ville et carteron, ilz ont presenté requeste à Mr Dampville pour obtenir permission de la lever, et après la rendre à celuy qui l'a advancée. Pour le regard des prisoniers qui sont à Mauferat, on fera le guet par ordre.

De Capdeville.

LXII.
8 mai 1570.

[PROMESSE
FAITE PAR LES CONSULS DE BAGNÈRES DE PAYER AU CAPITAINE BERNÉ LA SOMME DE 700 LIVRES A LAQUELLE M. DE GRAMONT A ESTIMÉ LE CHEVAL DONNÉ AU SEIGNEUR DE LONS] (1).

(Arch. de M. Vaussenat, à Bagnères.)

Comme soict ainsin que Jacques Payssan, Guillem Ramond User, consulz et scindicz de Bagneres, Arnauthon de Borgella et Arnauld de Pedoux, en vertu de leur scindicat, se soyent

---

(1) Voir les documents placés sous les numéros XXI et XXII.

obligés envers noble Jean Berné, cappitaine de la d. ville, de payer la valleur d'ung cheval, poil argentat, qu'ilz recepvront lors de luy suyvant ce que sera entre eulx ordonné ou par gens esleuz de consentement, et le terme passé ayt esté du consentement du d. cappitaine, consulz de Bagneres et du carteron, la procuration du d. ayant esté remise au s^r de Gramond, qui auroyt ordonné le d. cheval valloyr sept cens livres ; pour ce aujourd'huy huictiesme may mil cinq cens septante, au d. Bagneres, constitué en personne le d. Berné, cappitaine, lequel, parlant à Bernard Sobille, Jehan Abat, Arnauld Bonfilz, Jehan Amaré, Pey Coroau, consulz de Bagneres, Menjon Marca, garde, Arnauld Pedoux, de Campan, Guilhem de Peborde et Pey Douat, de Pousac, Jehanet d'Estarac, Domenge Cortade, d'Ordisan, Pierre Vergès, Bernard Forcade, de Trebons, Arnauld d'Amadat, de Merlheu, leur a requis s'ilz se voulloyent tenir contens de l'ordonnance faicte jusques à sept cens livres par le d. s^r de Gramond, qui ont respondeu tous d'ung consentement se contenter de l'ordonnance faicte jusques à sept cens livres, promiz icelle payer au d. Berné au terme qu'est desjà escheu et passé, suyvant l'instrument de scindicat et oblige fait et passé par les consulz precedens sus inseré. De quoy, à la requisition du d. cappitaine, je André de Capdeville, notaire royal soubzsigné, en ay retenu acte. Presens Mes Pierre Freignac, Bernard Lucia et Bernard Lana, du d. Bagneres habitans, et moy susd. de Capdeville, notaire soubzsigné.

De Capdeville, notaire susdit.

LXIII.
2 juillet 1571.

[SUPPLIQUE DE JEAN BEGOLLE, MARCHAND DE BAGNÈRES,] A MESSIEURS DU TIERS ESTAT DE LA PRESANT CONTÉ DE BIGORRE.

(Arch. com. de Bagnères-de-Bigorre. Rec. du P. Laspales.)

Supplie humblement Jehan Bégolle dict Tusert, marchant de la ville de Baigneres et ses conseilz des autres villes, disant que l'année mil cinq cens soixante neuf, estans les grandz et notables troubles pour raison des guerres en la presant comté de Bigorre, et pour pourvoir et remedier aux tres urgens affaires, feust advisé par le corps et université du presant pays qu'il estoyt expediant et necessaire de fere emprompt d'une somme de deniers dont feust arresté par les villes y assemblés, de l'adveu d'une partie de la noblesse que y estoyt, que procuration seroyt dressée à Dominicque d'Abbaye, marchant de ceste ville pour fere cest emprompt au nom du d. pays, donnant charge par icelle d'obliger les constituans y estans presans en la qualité et offices de consulz qu'ilz seroient chacun pour son endroit, non mye en propres noms ne personnes ; dont le suppliant et autres ses consortz, consulz de Baigneres pour la d. année, passarent en ladite sorte avec les autres villes icelle procuration et soubmissions, à occasion de laquelle soubmission, et bien que ne feust faicte qu'en nom d'office et charge consulaire, le d. Abbaye, procureur, contre le debvoir de sa charge et s'en monstrer de quoy, à sa propre requeste feit constituer prisonier le d. Tusert, allant fere charger vingt ou trante charretées de vin au bas Armaignac suyvant son trafic, ez carces (1) de la salle contalle, pour raison duquel emprisonement, et pour en obtenir la recreance, ce que par fin auroyt faict, a enduré oultre la vexation de sa personne et deshonneur d'avoir esté trayné par les rues comme ung malfacteur, de fraiz de justice et retardation de son d. voyage ; pour plus de cent escutz. Et que plus est en seroyt en instance d'appel interjettée par le d. Abbaye en la court souveraine du Parlement de Tholose ; joinct oultre ce, il en est tres bien adverty, le principal crediteur qui a presté les deniers a levée constraincte contre les mesmes suppliantz, se jactant ou ses procureurs et entremeteurs à qui il a laissé le charge de les reprandre et remetre prisoniers en toutz lieux et jours qu'ilz pourront les attraper ; ayant desjà donné ou promis à quelques executeurs extrangiers incogneuz la somme de six escutz sol ; que seroyt cause que les pouvres suppliantz qui desjà auroyent probé la rigueur de l'execution ne seroyent ouzé sortir de sa maison, ayant par ce moyen abandonné la recollection des

(1) Aux prisons.

fruictz, en estant à presant la saison, et perdue la liberté de sa personne pour ce faire, que ne ly est non plus que au moindre de la presant comté de Bigorre; que pourroyt estre tiré en mauvaise consequance pour les administrateurs que seroient appellés à l'advenir à l'administration d'icelle; voyans les d. suppliantz n'estre aucunement garantys, ains delaissés et abandonés à l'entiere ruyne de leurs persones et biens, si n'y estoyt pourveu par vous, mes d. seigneurs, qui avés la charge de la d. republicque. Vous plaise, ce consideré, indempniser les pouvres suppliantz, faisans quelque contentement au crediteur, de pourvoir de remedes convenables, remborçant icelluy suppliant des fraiz par luy desjà souffertz.

La present requeste vcue en l'assemblée des Estatz faicte à la ville de Tarbe, a esté appoincté pour la cause ; sera prinz par le scindic du pays aus d. supplians, au caz ilz seroient par cy-après poursuyvis par le d. d'Abbaye; toutesfoys leur compte par le d. d'Abbaye offert sera ouy pour après y ordonner ainsi que apartiendra.

Faict en la d. assemblée le .11ᵉ. juillet 1571.

Par lesd. sieurs des Estatz,
De Abeuxis;

En sa cause propre,
Jean Begole.

DEUXIÈME PARTIE.

DOCUMENTS DIVERS DE 1562 A 1587.

I.

1562. — 23 AOUT-25 NOVEMBRE.

[FRAIS

DU PROCÈS CRIMINEL POUR HÉRÉSIE, DE CONDAMNATION A MORT ET D'EXÉCUTION DE BERNARD CASTILHON, CURÉ D'ASTÉ, ET AUTRES.]

(Arch. com. de Bagnères-de-Bigorre, liasse F. Pauvres filles à marier (1).)

Rolle de fourniture faicte par Freignac, consul de Baigneres, thant en conduisant à Tholose Mes Bernard Castelhon, recteur d'Asté, Guillaume Aucon, Bertrand de Forcade et Domenge Bedera, prisoniers, [accusés d'hérésie], que à la diligence du negoce au d. Tholose, et en retournunt les d. Castelhon, Aucon et Bedera au d. Baigneres.

Premierement, le vingt troysiesme du moys d'aoust mil cinq cens soixante deux, à la companie de Arnauld Dulac, Jehan Berné, Arnauld Ysac, Pey Berot, Arnauld Escolan, Jehan Sobiron et Guillem Ramond Arqué, à cheval, Domenge Lana dict Molat et Pey Lana filz du Gendre, à pied, partirent de Baigneres. Au disner à Galan despendirent de bouche. . . . . 1 l. 16 s.;

Au dit Galan fist ferrer le cheval que le d. Castelhon menoict,

---

(1) L'institution des pauvres filles à marier de Bagnères est due à Jean Bégolle, dont il est question dans ces rôles, ce qui explique la place de ces documents dans ce fonds.

apartennent à Arnauld Travesac, d'ung debant, et refferrer d'autre pied celuy de Bernard Nerut que le d. Forcade conduisoict. . . . . 2 s. 6 d.;

Le d. jour, soupper à Betbeze (1), pour les gens à chebal, comprins les d. prisonniers, estans en nombre de douze, à dix soulz pour home. 6 l. t.;

Pour les d. Lana, à pied, comprinses les chandelles de la nuyt. . . . . 7 s. t.;

Au matalot (2) et chambrieres du dict lougis. . . . . 2 s. t.;

Lendemain, disner à Poeymaurin, à sept soulz torn. pour chascun des d. douze homes à cheval, comprins la despence des d. Lana, monte . . . . 4 l. 4 s.;

Au matalot et chambrieres du d. lougis . . . . . . 1 s. 6 d.;

Le jour mesmes, soupper à Sainctmata (3), à douze soulz torn. pour chascun des d. douze homez à cheval. . . . . 7 l. 4 s. t.;

Pour remettre ung feir au cheval du d. Ysac au d. Sainctmata . . . . 1 s. t.;

Pour les chandelles de la nuyt, deux carolus . . . 1 s. 8 d.;

Aux chambrieres et matalot du d. lougis . . . . . . 2 s. t.;

Le jour après vingt cinquiesme du d. moys, disner à Sainct-Lys, à six soulz torn. pour chascun des d. douze homes à cheval. . . . . 3 l. 12 s. t.

Au matalot du d. lougis. . . . . 1 s. t.;

A Plasensa, à la collation. . . . . 6 s. t.;

Le d. jour, arrivez au d. Tholose, pour troys sacz pour mettre les d. procedures faictes contre les d. prisonniers. . . 2 s. 3 d.;

A Me Mathieu, clerc de monsr Lassusy, pour avoir promptement mandement de faire recepvoir les d. prisonniers aux Haultz Muratz (4) et faire distribuer les d. procès . . . . . . 12 s. t.;

---

(1) Près Castelnau-Magnoac.
(2) Ce mot, dont nous n'avons trouvé la signification nulle part, appartient sans doute à l'argot de Bagnères. Il nous paraît désigner le garçon d'écurie. Faut-il y voir une corruption du mot *matelot* que Littré fait dériver du hollandais *maat*, compagnon?
(3) Samatan (Gers).
(4) La prison des Hauts-Murats, située dans la rue qui porte encore ce nom, était depuis 1235 affectée aux hérétiques (DU MÈGE, *Institutions de la ville de Toulouse*, t. IV, p. 555).

Item, au geolier des Haultz Muratz pour les bin des ferries (1) du d. Bedera . . . . 2 s. t.;

Item, à Liquos pour moy bailler la datte de la production des informations faictes à la requeste des scindicz des troys Estatz de Bigorre estans devers la Court, esquelles les d. Castelhon, Aucon et de Bedera sont comprins. . . . . 6 s. t.;

Par arrest de la Court le d. de Castelhon fust condampné à estre bruslé tout vif, les d. Aucon et Bedera renvoyés à mons^r le seneschal de Bigorre ou son lieutenant pour leur faire le procès (2), payé pour le rapport deux escutz d'or pistolletz . . . . 4 l. 16 s. t.;

(1) « Le bin des ferries » *(sic)*, doit désigner le pourboire, le vin donné au geôlier pour avoir mis les fers aux prisonniers. On trouvera plus loin : « au « sergent.... pour son bin ».

(2) Voici l'arrêt rendu par le Parlement de Toulouse (Arch. du Parlement de Toulouse. Arrêts criminels, B. 79) :

« Mercredi xxvj^e d'aoust, an mil vclxij, en la Grand Chambre, presents Messire
« de Lamamye, illec president, come plus antien conseiller lay; de Molinier,
« Fabri, Bernard, de Lafitau, d'Ausone, Vezian.

« Veu le procès faict par l'official de l'evesque de Tarbe à Mre Bernard
« Castilhon, recteur d'Asté, prisonnier en la conciergerie, charges et information,
« son audition et responces, recollemens et confrontation de tesmoings à luy
« faicts, reprochez baillez contre les tesmoings confrontez, et icelluy de Cas-
« tilhon ouy en la Cour sur les excès à luy imposez.

« Il sera dit que le procès se peult juger sans informer de la verité des
« reproches de tesmoings. Et au surplus pour les cas et crimes par le dit
« prisonier comis resultant du dit procès la dite Cour l'a condanné et condanne
« à estre delivré ez mains de l'executeur de la haulte justice, lequel luy fera
« faire le cours par les rues et carrefourz accoustumez du dit lieu d'Asté, monté
« sur ung tumbarau ou charrete, ayant la hard au col, l'amenera audevant
« l'esglise dudit lieu d'Asté, et illec sera bruslé tout vif, ses biens confisqués
« au Roy, desquelz seront detraictz les fraiz de justice au proufict de ceulx
« qui les ont exposés. Et tant que concerne Mre Guilhaume Aucon, nothaire,
« et Dominique de Vedera, aussi prisonniers, la dicte Cour les a renvoyés et
« renvoye au seneschal de Bigorre ou son lieutenant, pour leur faire et parfaire
« le procès et contre eulx proceder ainsi qu'il apartiendra jusques a sentence
« deffinitive exclusivement, ensemble le dit Castilhon, pour faire mectre à
« execution ce presant arrest selon sa forme et teneur.

« DE LAMAMYE.
« DE AUSONO.

« Est arresté que le dit de Castilhon sera estranglé avant de estre bruslé.

« DE LAMAMYE.
« DE AUSONO. »

On lira plus loin les frais de l'exécution de cette sentence. MM. Haag, dans la *France protestante*, n'ont pas signalé ce martyre.

Pour le dictum de l'arrést . . . . 7 s. 6 d. t.;
Pour recouvrer les sacz du greffe . . . . 5 s. t.;
Au d. M° Mathieu, clerc, pour mettre en franc (1) la audition du d. de Castelhon faicte en la cour, present M° Bernard Orgas, solicitur de la ville, deux testons. . . . . 1 l. 4 s. t.;
Le vingt-sixiesme du d. moys, pour le boyre des d. Berot, Escolan et Freignac chez Tabès. . . . . 2 s. 6 d.;
Pour ferrer le cheval de Jehan Beguolle que le d. Freignac menoict, de troys piedz, au d. Tholose. . . . . 6 s. t.;
Le jour après, pour la collation de la companye au lougis du d. Orgas, dix carollus. . . . . 8 s. 4 d.;
Plus, au d. Tholose, pour deux ferrs au cheval de Arnauld Escolan, au de Bernard de Mont ung ferr, au deu d. Sobiron, ung ferr neufz, et refferrer d'autre au d. de Trabesac deux ferrs et à celluy du d. Ysac . . . . 18 s. 9 d.;
Et au geolier des Haulz Muratz pour les droictz de jaule et despence des d. Castelhon, Aucon, Bedera et de Forcade, à dix soulz pour home chascun jour que sont quatre jours, et les d. droictz de jaule. . . . . 8 l. 15 s. t.;
Item, à l'oste des Roys (2) pour la despence de huict homes à cheval et deux à pied, puys le mardy soupper jusques au sabmedi de matin, douze pistolletz septz soulz torn., monte . 29 l. 3 s.;
Lendemain jour de sabmedy, de matin, avant partir, pour le boyre des d. huict homes à chebal, deux à pied, et des d. Castelhon, Aucon et Bedera . . . . 3 l. 15 s. t.;
Aux matalot et chambrieres du d. lougis . . . . 3 s.;
Le d. jour vingt neufviesme du d. moys, à Sainct-Lys, disner, à six soulz pour chascun de unze homes à cheval, comprins les deux à piedz. 3 l. 6 s. t.;
Aux matalots et chambrieres du d. lougis . . . . . . 2 s. t.;

---

(1) Traduire en français.
(2) L'hôtellerie des *Trois-Rois* était renommée à Toulouse ; elle avait donné son nom à une rue qui est aujourd'hui la rue Sainte-Ursule. L'enseigne, renouvelée au xvi° siècle et peinte, dit-on, par Servais de Cornouailles, représentait les trois Rois Mages. L'hôte des Trois-Rois se nommait en 1549 Jehan Lafarge. Ce serait lui qui aurait fait placer la nouvelle enseigne au-dessus de sa porte (Du Mège, *Institutions de la ville de Toulouse*, t. IV, p. 178).

Le mesme jour, soupper à Sainctmata, à dix soulz pour home à chebal . . . . 5 l. 10 s.;

Pour les chandelles de la nuyt . . . . 2 s.;

Item, aux matalot et chambrieres du d. lougis . . . . 2 s. t.;

Lendemain, disner à Poeymaurin, à sept soulz torn. pour chascun, monte . . . . 4 l.;

Aux matalot et chambrieres . . . . 1 s. 6 d.;

A La Castaignera, collation . . . . 4 s. 2 d.;

Soupper à Chasteauneuf de Maignoac, à dix soulz chascun des d. douze homes à cheval. . . . . 5 l. 10 s. t.;

Pour la despence du d. Domenge Lana et les chandelles de la nuyt . . . . 9 s. t.;

Lendemain, au disner à Tornay, deux escutz et demy petitz. . . . . 3 l. 7 s. 6 d.;

Item, per le logis de unze chevalz, sçavoir huict pour huict homes, ung pour le d. Castilhon et autre pour Forcade et l'autre pour Bedera, car le d. Aucon mena le sien, pour neuf jours, à cinq soulz torn. chascun, que monte . . . . 24 l. 15 s.

Item, à Pierre Lana, filh deu Gendre, pour sa peine de pencer les chebaulx au dict vouyaige, comprinse la despence depuys Saincmata jusques à Baigneres qu'il advança chemin, pour avoir faict la presentation du dict arrest et aparilhs necessaires pour l'execution d'icelluy en Tholose, luy fust advancé quatre realz, et audict Sainctmatha pour advancer, un teston, monte . . . . 1 l. 18 s. 8 d.;

Item, à Domenge Lana dict Molat, à pied, pour servir la d. companie, pour sa peine . . . . 1 l. 4 s. t.

Somme, cent vingt cinq livres detz et sept soulz dux deniers torn. valen . . . . 93 e. p. 4 s. 6 d.

Rolle de forniture faicte contre Me Guillaume Aucon, chargé de heresie, tant à la conduicte de luy, et Dominique Bedera, depuys l'execution d'arrest contre Me Bernard Castelhon; curé d'Asté, executé à mort, de Baigneres à Tarbe, que à l'instruction et poursuyte d'icelluy Aucon ez cours de monsur le seneschal de Bigorre et Parlement de Tholose.

Premierement, le second de septembre mil .v^c. LXII. les d. Aucon et de Bedera furent menés du d. Baigneres aux carces du chasteau contal de Tarbe par Dominique Boerya, bayle du d. Baignerez, avec troys homes; leur feust tauxé par mons^r le juge mage et puys payé par le thresorier de la d. ville deux livres cinq soulz torn. valent. . . . . 1 l. 12 s.;

Item, pour la collation des d. bayle et compaignons avant partir, qu'a forny Bernard Diudat, bayle. . . . . 2 s. 8 d.;

Item, les magistratz de la d. ville, advertis que le d. juge mage avoyt instruict le procès du d. Aucon en ignoscence et coulé la coulpe (1), envoyerent ung home à Bonneffont avec missive pour supplier mons^r le seneschal (2) de bailler juge non suspect pour continuer l'information contre le dict Aucon; baillarent au d. home pour sa peyne et despence deux realz . . . . . 5 s. 6 d.;

Item, le d. seigneur ayant dict au d. home qu'il escripreroit à home non suspect pour parfaire la dicte procedure, et pour la necessité que y survint, Guirauld Agut fust envoyé au d. seigneur, que luy bailla missive adressant à mons^r de Ramonaerio, son lieutenant, à quoyt vacca deux jours . . . . 1 l. 2 s.;

Item, à ung home à pied par lequel le dict Agut envoya la d. missive, luy bailla. . . . . 4 s.;

Item, le d. seigneur ayant escript à mons^r de Ramonaerio, son lieutenant, vacquer à la continuation de la d. procedure, firent

---

(1) Dominique de Saint-Aubin, Juge-Mage. Cette ordonnance de *non-lieu* et un décret de protection cité plus bas, rendu en faveur du prévenu, sentaient trop le fagot pour ne pas éveiller les soupçons des inquisiteurs de la foi. On verra plus bas que le Juge-Mage fut impliqué dans le procès, accusé d'hérésie et ajourné devant le Parlement de Toulouse.

(2) Arnaud, baron d'Antin, seigneur de Bonnefont.

adjourner en tesmoingzs M° Guillaume Escolan, de Baigneres, et Jehannot Burgès, de Tarbe, payarent à Loys Lamont, sergent, pour l'exploict . . . . 1 s. 6 d.;

Item, pour unes lettres de adjournement pour aller faire adjourner deux tesmoingz au lieu de Cahusac en Armaignac contre le d. Aucon, ont payé au greffier . . . . 6 s. 1 d.;

Le treziesme octoubre Jehan de Beguolle, consul et thresorier des deniers comuns de la d. ville, estant à Tarbe pour le d. faict, s'en alla au d. Cahusac, distant du d. Tarbe sept lieues; et d'aultant que l'ung des d. tesmoingz s'en estoict parti du d. lieu et retiré à la ville de Marciac, icelluy Beguolle, pour ce que ne sçavoit le chemin, print ung home à pied de companye de Cahusac à la d. ville, luy fist là despence troys rapaix (1), monte . 4 s.;

Item, au d. home pour ung jour qui vacqua avec le d. Beguolle, pour sa peyne . . . . 4 s. 4 d.;

Item, le quatorziesme du d. moys, les d. deux tesmoingz en companye du d. Beguolle partirent du d. Cahusac, vindrent disner à Maubourguet, pour leur despence à huict soulz torn. chascun home et cheval, monte. . . . . 10 s. 8 d.;

Item, pour remuer ung ferr à l'un des chevalz des d. deux tesmoingz au d. Maubourguet. . . . . 6 d.;

Item, au lieu de Puyo firent collation, despendirent. . . 5 d.;

Item, à Guirauld Agut envoyé au d. Tarbe à cause que le d. Beguolle s'en estoict allé au d. Cahusac et que le d. Aucon avoyt faict arrester le d. Ysard pour y entendre, vacca deux jours. . . . . 1 e. p. 2 s.;

Item, estans les d. deux tesmoingz en Tarbe, et en estant adverti, le d. Aucon presenta requeste de recusation contre le d. Ramonaerio; et à sa requisition mons^r le juge mage fist deffence aussy au d. lieutenant proceder à aulcun acte en la d. procedure pendent qu'il feust en Tarbe, que feust cause que iceulx tesmoingz demurarent deux jours au d. Tarbe, despendirent à raison de cinq soulz bons chascun home et chebal pour chascun rapaix, que sont quatre pour home, monte. . . . . 2 e. p. 4 s.;

Item, estans les d. et autres tesmoingz ouys d'aucthorité de

---

(1) Repas.

monsʳ l'evesque de Tarbe, iceulx deux s'en retournarent à leurs maisons, et pour leur despence de retour et louage des chebalz leur bailla le d. thresorier. . . . . 2 e. p. 4 s.;

Item, le d. thresorier fist pourter et distribua en Tarbe au dict Ramonaerio, Gamaches (1), Puyol notaire et autres dix huict parelhs de coloms achaptés à cinq liardz chascun parelh, montent. . . . . 16 s. 6 d.;

Item, pour la despence de bouche de Mᵉˢ Jehan de Mont, Guillaume Escolan, presbtres, Domenge de Ysard, Pey de Raigmen et de Marsan d'Isac, les d. Mont et d'Escola à chebal, et icelluy de Mont avec son lacay. . . . . 4 e. p.;

Item, en allant au d. Tarbe les d. de Escolan, Reigmen et Marsan de Ysac, aussy tesmoing adjourné contre le d. Aucon, firent despence à Momeres au boyre. . . . . 2 s. 6 d.;

Item, sur le midy, les mesmes descendirent au d. Tarbe. . . . . 4 s. 2 d.;

Item, pour cinq jours que les d. Ysard et Beguolle ont vacqué à la d. poursuyte, obstant les d. empechementz. . . . .

Item, au d. procureur especial pour l'audition des d. tesmoingz, neuf realz. . . . . 1 e. p. 7 s.;

Item, à Mirandé, notaire, pour avoir tiré et baillé coppie des requestes de recusations et inhibitions et des exploictz sur ce faictz à la requeste du d. Aucon, cinq soulz torn. . . 3 s. 4 d.

Item, au sergent d'execution des d. appoinctemens, pour son bin . . . . 8 d.;

Item, pour ung sac pour mettre les pappiers. . . . . . . 8 d.;

Item, le vingt deuxiesme du d. moys de octoubre, pour esviter surprinse, les d. magistratz envoyarent les d. requestes et exploictz de commandementz faictz au d. juge et autres officiers de faire conduire le d. Aucon ez carces de la conceurgerie de Tholose et porter son procès à Tholose par Pierre Lana dict deu Gendre, luy fust baillé. . . . . 2 e. p. 13 s.;

Item, le d. jour, advertis que le d. Aucon s'en alleoict au d.

---

(1) Thibaut de Gamaches, conseiller du Roi en la cour du sénéchal de Bigorre, avait épousé, vers 1550, Éléonore de Castelbajac, fille du seigneur de Lagarde. (La Chenaye Desbois, *généal. Castelbajac*). Il était juge d'appeaux avant 1569.

Tholose en diligence, fust envoyé Freignac, consul, au d. Tholose pour poursuyvre le d. Aucon; a despendu tant en ce faict que autres concernantz le droict et bien de la d. ville, ainsin que appert par son rolle, à part escript, cy-attaché, la somme de. . . . . 41 e. p. 12 s. 8 s.;

Item, le vingt-troysiesme du d. moys, Cumba, greffier criminel du d. seigneur seneschal, nous manda ung garçon pour advertir que le d. Aucon estoict party pour s'en aller au d. Tholose, et ung procès pourté; fust baillé au d. garçon quatre soulz torn. . . . . 2 s. 8 d.;

Item, le vingt-cinquiesme du d. moys, Me Guillaume Cayret, procureur especial de Tarbes, vint en Baigneres pour parfaire la d. information, où vacca deux jours, luy fuy fust baillé ung escu pistollet. . . . . 1 e. p. 14 s.;

Item, la d. information parfaicte, commandement fust faict, en vertu des lettres de comission de la d. court, icelle appourter ou envoyer devers icelle. . . . . 2 s.;

Item, pour tirer troys coppies des d. lettres et exploictz, quatre soulz torn . . . . 2 s. 8 d.;

Item, au d. Cumba pour avoyr expedié l'acte appellatoire du deny faict par le d. Ramonaerio de ouyr les tesmoingz, ensemble les actes de recusation de icelluy de Ramonaerio et autres, pour les pourter en Tholose . . . . 1 e. p. 8 s.;

Item, à Auriolle, sergent royal, pour avoyr faict les commandemens de mener le d. Aucon en la conceurgerie à Tholose, et pourter son procès et autres productions y mentionnées, tant au d. juge, ses greffiers et autres. . . . . 1 e. p. 3 s. 8 d.;

Item, à Roeda, pour avoyr tiré quatre coppies des d. requestes, exploictz, contennent chascune six fulhetz papier . . . . 10 s.;

Item, au d. Cayret pour l'expedition de la d. information, cinq realz . . . . 13 s. 10 d.;

Item, au d. Ysard pour avoyr vacqué ung jour à la d. expedition. . . . . 10 s.;

Item, le vingt-deuxiesme du d. moys, Freignac estant en Tholose manda qu'il avoyt entendu que le scindic de Baigneres avoyt desarronné *(sic)* la d. diligence, et pour le remonstrer à messieurs les scindicz des troys Estats du pays, et adviser se seroict bon

avoyr substitution de eulx, fust envoyé Pey de Berot, juge, à
Lalobera et Tarbe, par deux jours que y vacca. . . . . . 20 s.;

Item, le vingt-troysiesme novembre, ayantz receu les lettres
d'adjournement à troys briefz jours contre le d. Aucon, le d. Ysard
alla à Tarbe pour faire venir Auriolle, sergent royal, faire l'execution et annotation des biens d'icelluy Aucon, où demeura deux
jours, à cheval, pour ses diettes. . . . . 1 e. p. 2 s.;

Item, le vingt-cinquiesme du d. moys, le d. Auriolle, à la
companye et assistence de dix huict homes, fist l'exploict de diligences de trouver le d. Aucon, et consequement l'adjournement
à voix de trompe, la annotation des d. biens, à quoy vaccarent
les d. dix huict homes, leur baillarent à chascun huict arditz,
que monte. 1 e. p. 6 s.;

Item, à Jacmot Papa, paintre, pour cinq fleurs de lys de feuilhe
de ferr blanc pour affiger aux portes des maisons, molins de
cuyvre et borde du d. Aucon. . . . . 8 s. 4 d.;

Item, au d. Auriolle, sergent, pour troys jours qui vacca à la
dicte execution, ainsin que apert par sa cedulle, troys livres t. . .
. . . . 2 e. p. 4 s.;

Item, au d. Auriolle le d. Ysard advança en Tarbe ung real,
et luy en fornist en despence autre, par quoy . 5 s. 6. d. 1 a.;

Item, au garçon du d. Auriolle . . . . 1 s.;

Item, pour la depence de bouche du d. Auriolle, sergent, son
d. garçon, et Bernard Diudat, bayle de Baigneres, qui a assisté
à la d. execution, pour troys jours . . . . . . 2 e. p. 5 s. 8 d.;

Item, pour la despence du cheval du d. Auriolle. . . . 8 s.;

Item, à deux homes du lieu de Posac, qui ont assisté et servi
de tesmoingz à la d. execution, ont despendu à la maison de
Pey Socaze. 4 s.;

Item, le jour que le d. Aucon feust constitué prisonnier, sa
maison feust visitée et y feust trouvé deux arcabouses et ung
pistollet que furent prins soubz la main du Roy et de la justice,
et iceulx baillés en garda par messieurs de juges de la d. ville
au d. Beguolle, thresorier, avec les commandemens de les bien
garder en tel cas requis; toutesfoys, depuys que le procès du d.
Aucon feust porté en la cour du Parlement de Tholose, icelluy
Aucon fist adjourner le d. de Beguolle en recreance du d. harnoys

en la court de monsʳ le seneschal de Bigorre ; et jaçoit que Mᵉ Dominicque de Sainct-Aubin, juge mage, feust deuement adverti que le procès fust en la court du d. Parlement, et que le dict Beguolle n'estoict que gardien du d. harnoys, sy est qu'il print cognoyssance du negoce, et par appoinctement bailla la recreance du d. harnoys au d. Aucon ; en vertu duquel fist prendre une gasailhe de vaches d'icelluy Beguolle, en reffuz de rendre le d. harnoys, et l'executeur refusa luy bailher coppie de l'executoire, sur quoy fist protestation et paya à Mᵉ Arnauld Cotture, notaire. . . . . 1 s. 8 d.;

Et pour empecher la d. execution, fust relevé appel en la court de monsʳ le juge d'appeaulx de Bigorre ; paya des lettres, comprins le seel . . . . 7 s.;

Plus, pour l'exploict contre le juge mage et son greffier . . . . 1 s. 6 d.;

Item, à ung home qui expressement ala relever le d. appel, ung real. . . . . 2 s. 8 d. 2 a.;

Item, à Mᵉ Pierre Bibet, notaire, pour la procuration adressant à monsʳ Boysins, advocat en la d. court, pour se presenter au d. appel . . . . 1 s. 8 d.;

Cependent, feust envoyé en Tholose bailler requeste à la dicte court narrative de tout, par laquelle fust comis ung des seigneurs d'icelle faire les inhibitions et n'attenter et reparer ce que par le d. juge mage avoyt esté entreprins par la requeste et lettres de commission . . . . 5 s.;

Item, à Mᵉ Dominicque Berot, pour troys coppies des d. requeste et lettres, ung real. . . . . 2 s. 8 d. 2 a.;

Mʳ Guillaume Escolan s'en allant à Tarbe pour autres affaires, luy fust baillé la d. provision pour la faire exploicter, ce que fist contre les d. sʳˢ juges mage, d'appeaulx et leurs greffiers ; et d'aultant que après avoyr expedié ses affaires demeura ung jour pour faire les d. exploictz, luy fust baillé, comprins le salaire de l'expediteur. . . . . 8 s.;

Soma : septante huict escutz petitz deux soulz troys deniers deux deniers torn., comprinse la despence du rolle du .xxIIᵉ. octobre cy attaché.

Le vingt deuxiesme octoubre mil cinq cens soixante deux, je soubzsigné, par advys de mes compaignons consulz et juges de Baigneres, advertis que mons^r le juge mage de Bigorre euvoioict le procès par luy faict à Me Guillaume Aucon, accusé de heresie, optemperant au commandement à luy faict à la requeste du scindic de la d. ville par [arrest] de la court souveraine du Parlement de Tholose, et que icelluy Aucon s'en alleoict au d. Tholose, m'en allis au d. Tholose; et le dict jour de grand matin, partant de Baigneres à chibal, allis disner au lieu de Labartha de Nestes, despendis . . . . 5 s. t.;
   Le d. jour allis disner au lieu de Bauxalet (1), despendis . . . . 10 s. t.;
Au matalot du d. lougis . . . . 6 d. t.;
Lendemain allis disner au lieu de Lafite (2) . . 7 s. 6 d. t.;
Au lieu de Fexas (3) soupper . . . . 9 s. t.;
Et au matalot du d. lougis . . . . 6 d. t.;
   Le jour mesmes arrivé en Tholose ay prins de Jehannot Socaze et Pey Lane vingt colomps, bailhis à mons^r de La Chappelle six parelhs, à Mena, procureur, et Orgas, solicitur, à chascun six parelhs, et aux clercz du d. Mena deux parelhs. Par advys des d. de La Chappelle, advocat (4), et Mena, procureur, ay lievé le decret de l'adjournement personnel decerné par la d. court contre le d. juge mage, affin de faire apparoir à la court comment il est prevenu de semblables crismes que le d. Aucon; et pour faire casser sa procedure (5); ensemble l'arrest par lequel le d. Aucon avoict esté renvoyé au seneschal du d. procès pour luy faire son procès jusquez à sentence exclusivement, et pour avoir la datte,

---

(1) Beauchalot, dans le canton de Saint-Martory.
(2) Lafitte-Vigordane, dans le canton du Fousseret.
(3) Il n'existe pas de village de ce nom sur la route de Toulouse. Nous pensons qu'il faut lire *Sexas*, nom qui pourrait désigner le village de Seysses-Tolozane, à 18 kilomètres de Toulouse.
(4) Bernard de La Chapelle, docteur et avocat au Parlement de Toulouse, capitoul en 1552 et en 1567.
(5) On a vu plus haut que le Juge-Mage « avoyt instruict le procez dudict Aucon en ignoscence et coulé la coulpe. »

tant de la production des informations faictes contre le d. juge mage que du d. decret et diligence, par icelluy ligues faictes de trouver les actes au greffe, luy baillies une realle de quatre realz . . . . 18 s. 8 d. t.;

Item, pour les d. decret et arrest de renvoy, comprins le bin du clerc, ung teston, ung real et ung sol torn . . 17 s. 2 d. t.;

Estant saisy des d. actes, fys recouvrer les sacz du greffe à l'huyssier Maran; baillis à mons^r le greffier. . . . . . . 5 s. t.;

Au d. Maran, huyssier, pour les pourter à mons^r Babut, advocat (1), à cause que le d. de La Chappelle s'en estoict allé en comission, et d'aultant que icelluy Maran fezoict difficulté luy bailler les secretz, luy baillis . . . . 12 s. t.;

Au d. Babut pour avoyr veu le procès, ung escu pistollet . . . . 2 l. 8 s. t.;

Le d. Babut dressa requeste narrative de toute la d. procedure affin d'estre receuz à conclure comme appellans de la d. procedure par les raisons resultans; baillis autre requeste pour faire mettre le d. Aucon en la conceurgerie; fust dict que seroient monstrées à mons^r le procureur general du Roy; lesquelles fis bailler à Dupuy, son substitué, à toute la procedure; luy baillis, present le clerc du d. Mene, deux testons. . . . . 1 l. 4 s. t.;

Les gens du Roy adherarent aus d. requestes et firent semblables requisitions que le dict sindic, [d]ont furent baillées secondes requestes; la court ordonna que icelle baillée pour estre receuz à conclure comme appointemens seroient mis au sac, et à l'autre que le d. Aucon et son conductur qu'est Jehan Juncquet de ce que ne l'avoict mys es d. prisons seroient mys en la conceurgerie, par quoy le d. Babut fut d'advys lever lettres en cas d'appel; ay payé pour six seaulx, contreseaulx et raport. . 2 l. 15 s. t.;

Ayant lievé les d. provisions, les baillis à l'huyssier Bellet; et pour l'exploict des d. lettres d'appel faict parlant à Palot, procureur du d. Aucon, que accepta la assignation, que pour la diligence de saisir au corps icelluy Aucon luy aurys promis ung escu sol; mays, de ce que ne luy print, ne le baillis que deux

---

(1) Jean de Lacger de Babut, docteur et avocat au Parlement de Toulouse, capitoul en 1544 et 1565.

testons . . . . 1 l. 4 s. t.;

Item, au d. Babut pour faire le libel appellatoire, ung escu . . . . 2 l. 8 s. t.;

Et au clerc du d. Babut ayant escript le dict libel appellatoire contennent quatorze fulhetz, ung teston . . . . 12 s. t.;

Item, pour la requeste et lettres compulsoires contre Cayret, procureur especial de Tarbe, pour avoyr l'information par luy contre le dict Aucon faicte . . . . 7 s. 6 d. t.;

Et tant pour pourter la dicte provision que sçavoir où pourter nouvelles du tout ay retenu Pey Lana dict deu Gendre trouvé en Tholose, et envoyé par mesme faict, quatre jours et demy, ay payé pour sa despence à six soulz chascun jour . 1 l. 7 s. t.;

Au dict Mene, procureur, tant pour avoyr mys au net les d. requestes, en avoyr baillé d'autres contennens recuzations contre M^r d'Auzour (1), conseiller, à cause que Pierre Arqué, son parent, estant lougé à sa maison, solicitoit pour le d. Aucon, que pour la faiçon des d. lettres d'appel et presentation, ung escu . . . . 2 l. 8 s. t.;

Et pour avoyr mys au net le d. libel appellatoire ne luy a esté rien baillé à cause que ne l'a produict, mays à ses clercz pour leur bin troys realz. . . . . 12 s. 6 d. t.;

Les informations faictes par le d. Cayret contre icelluy Aucon furent envoyées par mon frere à Tholose qui y arriva le quatriesme novembre dernier, demeura au d. Tholose troys jours à cause du mauvays temps, où despendist dix huict soulz torn.; la despence de l'aller et retour sont au rolle par luy sur ce faict, escript au meneu, cy attaché, montantz en tout . . . 3 l. 7 s. 6 d. t.;

Laquelle information et autres pieces concernantz le negoce baillis à Gaborda, clerc de mons^r le procureur general du Roy (2), auquel Palot avoict faict bailler les sacz; luy baillis deux testons . . . . 1 l. 4 s. t.;

---

(1) Il n'y avait pas de conseiller de ce nom, en 1562, au Parlement de Toulouse. Il faut lire sans doute *Auzone*. Vital d'Aussone fut le rapporteur de la sentence prononcée contre les prévenus le 26 août. Voir plus haut.

(2) Jean Sabatier était procureur général près le Parlement de Toulouse lors de la confirmation des officiers de cette Cour par François II, en 1559 (Du Mège, *Institutions de la ville de Toulouse*, t. III, p. 365).

D'aultant que le dict Aucon se lattitoit, fis faire second exploict de diligences, tant au lougis de Palot, son procureur, que au lougis de Clarmont, où il estoict descendu, luy baillis ung teston . . . . .
. . . . 12 s. t.;

Item, au d. Bailhens, huyssier, pour faire constituer prisonier le d. Juncquet aux Haultz Muratz. . . . . 5 s. t.;

Le d. Juncquet estant prisonier demanda la d. provision pour faire saisir le d. Aucon; laquelle le d. huyssier à ces fins bailha au concierge des d. Haultz Muratz, et deux jours apprès la alla de luy retirer et prendre sa responce; luy baillis . . . . 5 s. t.;

N'ayant peu aprehender le d. Aucon, fust dressée requeste attachée aux autres, et exploictz de diligences à ce que icelluy Aucon fust appellé à troys briefz jours, et ses biens annottés et saisis soubz la main du Roy et de la Court; ce que fust ordonné; baillis à Mᵉ Mathieu Brugellis, clerc de Monsʳ de Layssac, pour faire les d. lettres, present le d. Balhent, huyssier, deux testons. .
. . . . 1 l. 4 s. t.;

Item, pour six seaulx et contreseaulx . . . . 3 l. t.;

Item, pour deux coppies des d. lettres, requestes, appointemens et exploictz, l'une pour bailler au concierge des d. Haultz Muratz, l'autre pour la laisser au d. Mene, affin que sy Palot le fezoit fulminer, le conclurre, soy deffendre que au prea[la]ble Aucon ne se rendist en la conciergerie, signées les d. coppies du d. Balhencs, luy baillis à l'huissier . . . . 10 s. t.;

Item, à son clerc . . . . 5 s. t.;

Le dix neufviesme nobembre, Pey Lana dict Gendre arriva en Tholose envoyé par mes d. compaignons; ay payé pour sa despence d'ung jour qu'il demura au d. Tholose. . . . . 6 s. t.;

Item, luy rendis le chebal pour l'en retourner, et pour luy faire la despence luy baillis ung teston. . . . . 12 s. t.;

Item, pour faire retirer les sacz du d. scindic contre le scindic de Trebons de monsʳ Sainct Pierre, conseiller et raportur, d'aultant que à present ne entre en la Court (1), et faire nos contredictz, tant

---

(1) Pierre de Saint-Pierre, conseiller au Parlement, avait été interdit et proscrit après les troubles qui ensanglantèrent la ville de Toulouse au mois de mai 1562.

au libel appellatoire que lettres royaulx presentées par le dict scindic de Trebons, baillis à Mʳ Marroret, garda-sacz, ung teston; mays ayant esté deux foys à la maison du d. sʳ et ne luy ayant trouvé ne fist rien, par quoy............... 12 s. t.;

Mᵉ Bernard Orgas et moy ayantz esté au lougis du d. Sainct Pierre et parlé à luy, nous fist offre bailler les d. sacz à ung huissier; et ayant trouvé le d. Balhencz sur le lieu, le luy fis prendre et pourter au d. seigneur de La Cappelle, advocat; luy baillis................................... 5 s. t.;

Item, au d. de La Chappelle pour faire les d. contreditz, ung escu............................ 2 l. 8 s. t;

Item, pour vingt huict jours et demy que ay demeuré au d. Tholose, à six soulz torn. chascun jour, oultre le boyre de matin et collation sur jour, monte............. 8 l. 10 s. t.;

Item, pour la despence du chibal pour les d. vingt huit jours............................. 6 l. 4 s. t.;

A boyre.................. 2 l. 6 s. 8 d. t.;

Item, pour le service de l'estable........... 1 l. 8 s. t.;

Item au d. Orgas, solicitur.............. 30 s. t.;

Le vingt deuxiesme du d. moys partis de Tholose, disner à La Brenose (1)............................. 7 s. 6 d. t.;

Soupper à La Fita................. 10 s. t.;

Lendemain vingt-troysiesme, disner à Brescens (2). 7 s. 6 d. t.;

Le d. jour soppé à Valentina.............. 9 s. t.;

A la chambriere....................... 6 d.;

Lendemain, disner et soupper à Montreal, ne me costa rien, mays le jour après disner à Capbern............. 6 s. t.;

Somme, LVI. l. VI. s., valen en escutz quarante ung escut douze soulz huict deniers, laquelle est comptée au rolle..........
.... 41 e. p. 12 s. 8 d.

(1) La Vernose.
(2) Boussens.

Rolle de despens et fornitures faictez par moy Bernard Lane par commandement de messieurs les consulz de Baigneres pour aller chercher lettres de commandement contre monsᵣ le juge mage de Bigorre de admener ou faire conduire Mᵉ Guillaume Aucon ez carces de la conceurgerie de Tholose; et pourter ou envoyer son procès devers la court de Parlement du d. Tholose.

Premierement, partis de Baigneres le vingt-quatriesme septembre, allis disner à Labarthe; despendiz . . . . . . 2 s. 8 d. t.;
Le dict jour, soupper à Montreal, ne me cousta rien;
Lendemain, disner à Sainct-Gaudens . . . . . . 2 s. 6 d. t.;
Le jour mesmes, à faire collation au lieu de Barthete (1). 9 d. t.;
Et le soir, allis soupper et coucher à Vocens, despendiz . . . . 2 s. 9 d. t.;
Le xxvᵉ du d. moys, allys disner à La Fite; despendis. 3 s. t.;
A mydy, fys collation à La Bernose. . . . . 1 s. t.;
Et le mesme jour, coucher et soupper à Villenefve (2). 3 s. t.;
Le jour après vingt sixiesme du dict moys, arrivé à Tholose, comunicqué les memoyres à monsᵣ de La Chappelle, advocat de la ville, que... bailhées, qui dressa la requeste narrative du faict et procedure d'Aulcon, à ce que commandement feust faict au dict juge mage faire conduire le dict Aucon et l'envoyer son procès devers la Court, luy baillis deux testons . . 1 l. 4 s. t.;
Item, à monsᵣ Mene pour faire mettre au net la d. requeste, faire la seconde requeste et autre diligence necessaire. . . . . 1 l. 4 s. t.;
Fust que la d. requeste seroict comunicquée à monsᵣ le procureur general du Roy; bailhis à Saborda, son clerc, la d. requeste et deux testons . . . . 1 l. 4 s. t.;
Item, les d. requestes comunicquées ausd. sieurs les gens du Roy, fust par la Court ordonné que les commandementz requis seroient faictz au d. juge-mage, et que à ceffins le scindic prendroict lettres, pour la faction desquelles pagis au clerc de

---

(1) La Barthe-Inard, à 10 kilomètres de Saint-Gaudens.
(2) Hameau entre Frousins et Cugneaux.

M. Tornis, greffier . . . . 12 s. 6 d. t.;

Item, pour le seau des d. lettres, contrerolles à huict seaulx criminelz et contreseel de la chancellerie . . 4 l. 11 s. 6 d. t.;

Item, ung sac pour mettre les pieces . . . . 8 d. t.;

Item, au clerc du d. Mene pour soliciter avecques moy, deux realz . . . . 8 s. 4 d. t.;

Item, pour huict jours et demy que demorys au d. Tholose, à sept soulz par jour, monte . . . . 2 l. 17 s. t.;

Item, le quatriesme octoubre, partis de Tholose, après, disner à La Brenosa (1) . . . . 1 s. t.;

La nuyt, soupper et coucher à Gargailcos (2). 2 s. 6 d. t.;

Le jour après, boyre à Vocens . . . . 2 s. t.;

Le d. jour, collation à Sainct-Gaudens . . . . . 2 s. 4 d. t.;

Le soyr, soupper à Montreal; ne me cousta rien, mays lendemain disner à Capbern . . . . 2 s. 6 d. t.

Soma, .xiii. l. xi. s. valen. x. e. p.

Rolle de forniture faicte en Tholose contre Bertrand de Forcade par Freignac.

Premierement, après que Lasalle, greffier des appeaulx de Bigorre ago trametut lo procès du d. Forcade en Tholose, et à Dulac, son procureur, debant que fossa metut debant la Court, lo d. Freignac lo fe recouba du d. Dulac per lo comunicqua à mons^r de La Chappelle, bailha au d. Dulac ung teston . 12 s. t.;

Item, au d. La Chappelle, per abe vist lo d. procès, et fe lo libel appellatoire . . . . 2 l. 8 s. t.;

Item, à mons^r Mene, pour mettre en forme lo d. libel appellatoire, comparoir et bailler par escript en l'incident par le d.

---

(1) La Vernose.

(2) Ce nom si singulier est évidemment celui d'un *lieu dit*. Si on suit notre voyageur sur la carte, on s'apercevra qu'il évite les villes et choisit de préférence pour ses étapes les petits villages et les hameaux. Il existe entre Lavelanet et Cazères un hameau du nom de *Gargaillous*, séparé de Boussens, où le voyageur s'arrêta pour « boyre », par une distance d'environ 15 kilomètres.

Forcade formé par debant monsʳ Hebrard, tendent affin d'estre eslargi, cinq realz . . . . 20 s. 10 d. t.;

Item, à Mᵉ Bernard Orgas, solicitur de la ville, pour tenir la main au d. Forcade. . . . . 1 l. 10 d. t.

Soma, .v. l. 1 s. 8 d., valen .ɪɪɪ. e. p. xɪɪɪ. s. vɪɪɪ d. ɪɪ. a. t.

Rolle de forniture faicte par moy Bernard Lana en portant l'information faicte d'authorité de monsʳ l'avesque de Tarbe contre Aucon par comandemant de messieurs les conseulz de Baigneres à Tholose.

Premierement, partis du dict Baigneres le second jour de novembre, alis boire à Lanespède, despandis . . . 1 s. 8 d. t.;

Item, à Gala, à faire colation . . . . 1 s. 3 d. t.;

Item, le dict jour, à sopper à Betbessa. . . . . . 4 s. 9 d. t.;

Item, d'aultant que les dictz conseulz m'avent mandé cheminer nuyt et jour, au dict lieu prins ung homme de companie pour chaminer la nuyt jusques à Poeymaurin, luy baillis . . . . 6 s.;

Item, le dict compaignon et moy despendimes à dict lieu . . . . 3 s. 4 d. t.;

Item, au dict Poeymaurin prins ung autre homme de companie jusques à Boschede; luy baillis. . . . . 2 s. t.;

Item, le dict homme et moy despendimes au dict lieu . . . . 1 s. 8 d. t.;

Item, au dict Boschede prins ung chival à loage jusques à Bragayrac, en pagis. . . . . 12 s.;

Item, au dict lieu disner avec le dict chival . 5 s. 4 diners t.;

Le soir, sopper à Plasence . . . . 3 s. t.;

Item, demuris troys jouors au logis de Mᵉ Bernard Orgas à cause du mauvès tamps; mon frere Freignac pouya la despance;

Item, les dictz troys jouors passés, partis du dict Tholose, allas dissner à Seches. . . . . 2 s. 6 d. t.;

Item, le dict jour à meydy à La Brennose . . . . 9 diners t.;

Item, le jour mesmes, soper à La Fita . . . 1 s. 9 diners t.;

Item, lendemen, à boire au dict lieu. . . . . . . 10 diners t.;

Item, le dict jour, disner à Bauxalot. . . . . . . 2 s. 3 d. t.;

Item, le dict jour, à Saint-Gaudans, colation. . . 8 diners t.;
Item, le jour apprès, disner à Capbern (1). . 1 s. 9 diners t.
Somme, deux livres dix soulz six diners torn.

Nous soubzsignés avons receu dez mains de Jehan de Begolle, tresorier de la ville de Baigneres, quatre escus petitz pour deux journées employées à l'execution d'arrest contre Me Bernard Castilhon. En Baigneres ce .IIIe. sep^{bre} mil .v^c. LXII. — Arn[au]t d'Audiguos.

Pour mesmes cause ay receu quatre escutz petitz les an et jour susd. — Pierre Faur.

Receu de se que dessus troys livres tourn. pour troys journées d'avoir escripte la procedure d'execution les an et jour susd. — Lafleur.

Rolle de despence et forniture faicte par Jehan de Beguolle, thresorier des deniers comuns de la ville de Baignerez, tant le jour dernier du moys d'aoust mil cinq cens soixante deux que Me Bernard Castilhon, recteur d'Asté, Guilhaume Aucon et Domenge Bedera dict Milhet furent de retour au d. Baigneres, que à leur garde et despence de bouche du d. Castilhon ès d. carces, et le jour qu'il fust prins, execution à mort du d. Castilhon, et adduction des d. Aucon et Bedera de Baigneres à Tarbe pour leur faire leur procès, suyvant l'arrest de la court du Parlement de Tholose contre les surnommés, le vingt-sixiesme du d. moys donné.

Premierement, le jour dernier de aoust, advertis de la venue et adduction des d. prisoniers, et que le bruyt comun estoict que

---

(1) On remarquera les deux routes suivies par le voyageur : la première était la plus pénible mais aussi la plus directe et peut-être la plus sûre parce qu'elle traversait des contrées peu fréquentées par les gens de guerre. La seconde suivait le cours de la Garonne.

quelques personnages d'Asté demeuroient au lieu de Merlheu ou aux environs, ceulx qui conduisoient les d. prisonniers, pour les leur ouster (1), furent mandés au d. lieu trente ou quarante homes en armes, qui firent despence au d. lieu ; et à la collation arrivés en Baigneres, tant pain que bin. . . . . 2 l. 5 s. 3 d. t.;

Item, au soupper pour huict homes à chibal et deux à pied qui avoient conduict les d. prisoniers . . . . 2 l. 12 s. 9 d. t.;

Item, lendemain premier du moys de septembre, Bernard Lucia, consul, et Dominicque Ysard, officier de la d. ville, feurent envoyés à mons^r le seneschal de Bigorre pour luy presenter le dict arrest à luy adressant; et estant passés à Tarbe pour sçavoir où estoict le dict s^r, advertis qu'estoict à Bonneffont y allerent ; et estant occuppé les renvoya à mons^r de Villeneufve, son lieutennent (2), pour faire executer le d. arrest, qui fist son debvoyr ; ont vacqué les d. Lucya et de Ysard à cheval deux jours ; et pour lieurs diettes . . . . 3 l. t.;

Item, avant faire la d. presentation, comuniquerent le d. arrest à mons^r de Gamaches, qui leur bailla la forme de le presenter et faire les requisitions necessaires ; luy bailharent quatre realz

---

(1) Ces « personnages d'Asté », qui voulaient enlever l'infortuné curé, étaient probablement les gens d'Antoine de Gramont, seigneur et vicomte d'Asté. On sait que le comte de Gramont était protestant. Fut-il gagné à la Réforme par le zèle de son curé ou celui-ci se laissa-t-il entraîner par son seigneur? Les pièces du procès, si jamais elles se retrouvent, nous l'apprendront peut-être et jetteront quelque jour sur ce drame dont ces comptes de bourreau vont nous donner le tragique dénouement. Il est bon de rappeler qu'Antoine de Gramont et Hélène de Clermont, sa femme, abjurèrent plus tard le protestantisme. Cette dernière inséra dans son testament, fait au château de Séméac, près Tarbes, le 23 mars 1594, une clause touchante qui n'est pas étrangère à la nature de ces documents : « Afin, dit-elle, que le public assistant à mon « enterrement entende en quelle foy je suis morte, parce que d'autres foys « j'ay esté de la religion pretendue reformée, aulcuns pourroint estre escanda-« lisés que je les aye laissés, je veus qu'on aye quelque prescheur qui leur die « que c'est pour avoir par la vertu du Sainct Esprit cogneu que les autres « ont tousiours tenou l'esglise despuis les apostres sans soi interrompre et « que ce retranchement n'estoict le vray chemin de mon salut, je me suis « par la vertu du Sainct Esprit retorné au giron d'icelle esglise ; lequel presche « sera dict au milieu de la messade de mes honneurs comme l'on a acostumé, « et qu'il soit baillé au docteur qui le faira six escus ». (Arch. de l'auteur, fonds Poyanne.)

(2) Arnaud d'Angos, seigneur de Villeneuve, lieutenant du sénéchal. Voir plus loin un document qui le concerne.

valent. . . . . 16 s. 8 d. t.;

Item, estant arrivé le d. s^r lieutennent en Baigneres le premier jour du d. moys, et faict executer le d. arrest en la personne du d. Castilhon, firent despence ensemble mons^r Dufaur, procureur comtal, le greffier et autres de leur suyte au soupper et collation et au boyre lendemain, comprinse la collation des compaignons en armes qui luy assistarent et firent companye au d. Asté, de la somme de . . . . 7 l. 18 s. 1 d. t.;

Item, au d. s^r lieutenent pour deux jours qui vacca à la d. execution, le venir et retour, quatre escutz petitz, montent. . . . . 5 l. 8 s. t.;

Item, à mons^r le procureur comtal . . . . 5 l. 8 s. t.;

Item, à Lafleur, greffier escripvant à la d. execution, comprins le vouyage d'aller en companye des d. Lucya et Ysard pour presenter le d. arrest aus d. s^{rs} seneschal et lieutennent, que sont troys jours à raison de vingt soulz torn. chascun jour, et ung real que luy fornirent les d. Lucya et Ysard. 3 l. 4 s. 2 d. t.;

Item, pour la despence de bouche du d. Lafleur, partant de Tarbe à Bonnefont, et Villenefve, et par les chemins jusques à Bagneres en allant presenter le d. arrest aus d. s^{rs} seneschal et lieutenent, les d. Lucia et Ysard fornirent la somme de treize soulz dix deniers torn . . . . 13 s. 10 d. t.;

Item, au M^e executur de la haulte justice, ung escu pistollet d'or. . . . . 2 l. 8 s. t.;

Item, luy fornirent de cordes prinses de Me Ramond Porgalane pour deux carolus, et de Jehan de Noubet deux, montent . . . . 5 s. 8 d.;

Item, pour ung tranon de abet (1) de la longur de douze arrazas (2), pour faire la potence pour estrangler et brusler le d. Castilhon . . . . 3 s. t.;

---

(1) Un tronc de sapin, *abies* en latin, *abeto* en espagnol. Le bois de sapin, très résineux et très inflammable, se prêtait plus qu'aucun autre au genre de supplice que devait subir le curé d'Asté.

(2) D'après une note de feu M. Paul Raymond, archiviste des Basses-Pyrénées, accolée à un document du xive siècle des précieuses archives de M. le marquis de Gontaut-Biron, au château de Saint-Blancard, la *raza* serait une mesure de longueur d'environ quarante-six centimètres.

Item, à quatre homes de garda, tant de nuyct que jour, sçavoir Pey de Catgières, Arnauld de Bonfilz, Guilhem de La Salle et Auger de Comps, pour troys nuyctz et deux jours et demy, à ung teston pour home. . . . . 2 l. 8 s. t.;

Item, firent despence les d. quatre homes de la somme de quinze soulz six deniers torn., ung denier jacques que Bernard Diudat, bayle, a forny, par quoy . . 16 s. 6 d. t. 1 d. jacques.

Item, au prieur du couvent des Jacopins de Baigneres, et ung frere mineur du couvent de Bayonne qui vaccarent puys Baigneres jusques au d. lieu d'Asté pour exorter le dict Castelhon, le conduisant le dict executeur au supplice, à chascun ung teston . . . . 1 l. 4 s. t.;

Item, le quatriesme jour du d. moys de septembre, le d. Diudat, bayle, en vertu de la requeste presentée au dict s^r lieutennent et appointement par luy donné pour saisir des biens du d. de Castilhon, alla au d. lieu, acompaigné de Bernard Sobille, Arnauld Bonfilz dict Borrassé et Guillem de La Salle, faire la dicte saisie; despendirent ainsin que apert par son rolle. 16 s. t. 1 d. jacques;

Item, le quinziesme aoust que le d. Castilhon fust constitué prisonier en la chappelle de Medos (1) par les d. bayles et mené aux carces de la d. ville à la companie de cinq ou six homes; despendirent. . . . . 5 s. 6 d. t.;

Item, pour la despence de bouche dud. rectur es d. carces, pour huict jours et ung disné, fornye et balhée par rolle par le d. Diudat. . . . . 2 l. 10 s. t.;

Item, à ung home de garde pour sept jours à ung soul et six deniers chascun jour, forni par le d. Diudat et à luy rembourcés, montent . . . . 10 s. 6 d. t.

Somme, quarante deux livres quatorze soulz cinq deniers torn., monte en escutz trente ung escus unze soulz six deniers deux deniers torn.

---

(1) La chapelle de Notre-Dame de Médoux est dans le territoire d'Asté. La présence de ce curé huguenot et sa prise dans ce sanctuaire si vénéré des habitants de Bagnères se rattacheraient-elles à l'un des chefs d'accusation qui le firent condamner à une mort si cruelle?

II.

1567. — 14 décembre. — 1568. — 20 septembre.

[PRISE
ET INCENDIE DE L'ABBAYE DE L'ESCALE-DIEU.]

(Extrait de l'inventaire des archives de l'Escale-Dieu, dressé en 1715. — Arch. des Hautes-Pyrénées, H. 1.)

Acte de remise faite par noble Arnaud d'Antin, chevalier, seigneur et baron d'Antin, Bonnefont, et senechal de Bigorre, entre les mains de noble Geraud de Montserier, capitaine seigneur du d. lieu, d'un nommé Jean Guilhem (1), capitaine, avec certain nombre de ses complices nommez dans ledict acte, prisoniers, qui avoint pilhé et ruiné le monastere de l'Escaledieu et tué et blaissé plusieurs capitaines et soldatz, pour etre par le d. s^r de Montserier conduit et remis entre les mains et au pouvoir de monsieur de Montluc ou de mons^r le premier president de Toulouze, ou bien de mons^r de Bellegarde, pour y subir les peines qu'ils meritent.

Le dit acte passé dans le monastere de l'Escaledieu devant Me Bruno, notaire, à la requete du dit seigneur d'Antin, qui le fit faire pour luy servir de decharge, le 14 decembre 1567.

Certificat ou attestatoire fait par Me Louys Maurelly, juge de Nebouzan, le 20e septembre 1568, du pilhage fait par le susdit capitaine Jean Guilhem et ses complices au monastere de l'Escaledieu, lequel scrit en une feuilhe de papier fort usé, signé par le d. Maurelly, lieutenant, et par d'Allemand, son greffier.

(1) Ce capitaine était de la vallée d'Aure et se nommait Jean-Guillem de Linières. A la tête d'une troupe de huguenots recrutée dans le Béarn, il avait pillé les églises de Ger et de Pintac, s'était emparé de l'abbaye de l'Escale-Dieu et menaçait d'envahir le Comminges. Les habitants de Saint-Bertrand de Comminges, commandés par le seigneur de Palats, auquel se joignirent les seigneurs de Montserier, de Tilhouse et d'Ourout, allèrent l'assiéger dans l'abbaye de l'Escale-Dieu, le défirent et l'amenèrent prisonnier à Saint-Bertrand avec vingt-trois de ses complices. Après quinze jours de prison, ils furent tous conduits à Toulouse et remis entre les mains du Parlement qui les fit exécuter. (« Remonstration des habitants de Saint-Bertrand à monseigneur de Dampville ». Arch. des Hautes-Pyrénées. *Dictionnaire de Larcher*, vol. Comminges, p. 81. — DAVEZAC-MACAYA, *Essais historiques sur le Bigorre*, t. II, p. 174).

III.

[1568. — 18 SEPTEMBRE.]

[DISCOURS
DE M. DE SARLABOUS AUX ÉTATS DE BIGORRE (1).]

(Bibliothèque de Tarbes. Glanages de Larcher, t. XVI, p. 281).

Messieurs, il vous est plus notoire que je ne saurois le dire qu'en toutes les terres de l'obeissance du Roi le feu de division et discorde civile s'est tellement enflammé sous pretexte de la religion, qu'aucuns soi-disans vouloir reformer icelle ont bien osé prendre les armes pour deffendre leurs heresies, lesquelles aboutissent au mepris et contemnement de l'honneur de Dieu, infraction de ses commandemens, aneantissement des saints sacremens, rebellion contre l'autorité royale, trouble du repos public et mille autres fins très-pernicieuses, de maniere qu'ils ont attenté sur la sacrée personne de Sa Majesté et ne cessent journellement d'in-

---

(1) Raymond de Cardaillac de Sarlabous, chevalier de l'ordre du Roi, gouverneur d'Aigues-Mortes, venait d'être chargé par le parlement de Toulouse de mettre le comté de Bigorre en état de défense (Archives du parl. de Toulouse, B. 64). Il réunit les trois ordres des États dans l'évêché de Tarbes et prononça à l'ouverture de la séance le discours qu'on va lire. Deux frères, deux gascons, ont illustré le nom de *Sarlabous* pendant les guerres de la dernière moitié du XVIe siècle. Raymond, dont nous venons de parler, et Corbeyran, son frère aîné, seigneur de Sarlabous (canton de Tournay, Hautes-Pyrénées), chevalier de l'ordre du Roi, gouverneur de Dunbar en Ecosse et du Havre-de-Grace, chambellan du duc d'Alençon, conseiller d'État, etc. Malgré tous ces titres, Brantome estimait plus le cadet que l'aîné. « Ces deux frères Sarlabous, dit-il, « ont eu l'estime d'avoir esté deux fort bon capitaines de gens de pied, mais « l'on estimoit plus le jeune. »

Raymond était manchot ; il avait perdu un bras au siège de Rouen, en 1562 ; mais de celui qui lui restait il tenait une des meilleures épées qui fut en France. Au moment où il fut envoyé dans la Bigorre par le parlement de Toulouse il faisait la guerre dans le Languedoc en qualité de colonel d'un régiment de gens de pied, sous les ordres du maréchal de Damville (voir de nombreux détails dans l'*Histoire des guerres du comtat Venaissin et de la Provence*, et dans l'*Histoire de la guerre civile en Languedoc*, dans les *Pièces fugitives* du marquis d'Aubais, t. II). Raymond mourut à Bagnères-de-Bigorre en 1591, et son frère Corbeyran fut tué au siège d'Oleron en 1586. Le meurtre de l'amiral de Coligny, dans l'horrible nuit de la Saint-Barthélemy, a terni à jamais la mémoire de ce dernier. Des trois assassins de l'illustre vieillard, deux, hélas! étaient gascons, « Caussens et Sarlabous l'aîné. »

quieter ses sujets par meurtres, boutefeux, saccagemens et voleries. Donc, pour aporter quelque remede à tant de maux et reprimer l'audace de ces hardis entrepreneurs, la cour de Parlement de Toulouse a trouvé bon que le païs de Bigorre soit deffendu, regi et gouverné par deux chefs pris de l'ordre de la noblesse, qui soient affectionnés au service de Dieu et du Roi, faisant profession de la religion catholique, apostolique, romaine, et pour les choisir avec vous, lui a plu me commettre, et moi, pour m'acquiter de ma commission, je vous requiers de me donner vos avis sur le choix et nomination de deux seigneurs que vous jugerez etre les plus dignes de cette charge (1), vous exhortant y proceder avec autant de religion et de conscience comme vous desirez vous employer au service de votre Dieu et de votre Roi souverain.

IV.

1568. — 30 SEPTEMBRE.

[LETTRE DES CONSULS DE TARBES AUX CONSULS DE VIC POUR LE SERMENT AU ROI.]

(Bibliothèque de Tarbes. Glanages de Larcher, t. XVI, p. 283.)

Messieurs, vous n'aviez pas grand besoin de nous demander la forme qu'il faut tenir pour accomplir la volonté du Roi notre sire sur le fait de serment que Sa Majesté requiert que ses loyaux et obeissans sujets lui pretent, etant la dite forme prescripte (2).

---

(1) Les États choisirent le baron d'Antin, sénéchal de Bigorre, et le baron de Bazillac. Voir plus bas.

(2) Catherine de Médicis avait envoyé à tous les gouverneurs de province la formule du serment que l'on devait faire prêter à tout le monde. Elle portait qu'on prenait Dieu à témoin et qu'on jurait en son nom, qu'on reconnaissait Charles IX pour son prince et pour son souverain naturel, et qu'on était disposé à lui rendre obéissance et soumission; qu'on ne prendrait jamais les armes sans son ordre exprès et qu'on n'assisterait en aucune manière ceux qui les auraient prises contre lui; qu'on ne ferait aucune contribution d'argent, sous quelque prétexte que ce pût être, sans sa permission; qu'on ne s'engagerait dans aucune entreprise secrète, ni dans aucun traité sans son aveu, et que si l'on apprenait qu'il s'en fit de cette nature on en donnerait avis au Roi ou

Toutesfois, puisqu'il vous plait en savoir comme nous aurons conduit les affaires, il vous plaira entendre que aprez que M͏ʳ notre eveque et nous fumes resolus que nous devions preter le dit serment, et afin que le peuple y comparut, faire procession generale et precher l'edit, chacun de nous en son coustat allames de porte en porte avertir et admonester les habitans de cette ville à ce qu'ils eussent à se trouver le dimanche aprez en l'eglise catedrale de Tarbe, pour illec preter le serment au Roi notre sire suivant la forme par lui prescrite ; et quand nous en treuvions quelques-uns qui disoient pour le devoir de leurs consciences ne se pouvoir treuver au dit lieu, nous leur donnions assignation à la maison de ville à une heure aprez midi pour preter le dit serment. De ce dessus nous prenions memoire des noms des personnes, en presence des temoins, pour en dresser verbal si l'occasion s'en presente. Et advenu le samedi aprez, nous fimes aller le serviteur de la ville par les carrefours accoutumés, commander la procession generale au nom de Dieu et de par le Roi, faisant commandement à un chacun de se treuver le lendemain à la dite eglise pour preter le d. serment, à peine d'etre dits rebelles au Roi et convaincus des crimes de leze-majesté. Le lendemain qui etoit le dimanche la procession fut faite, et aprez icelle M͏ʳ de Calis precha et lut publiquement la forme du serment. Et aprez, pour preter icelui, se presenterent M͏ʳ le senechal et autres gentilshommes avec lui. Nous etions assistans avec nos robes et livrées ; mais la confusion fut telle que ne nous fut possible de rediger par ecrit le nom de ceux qui se presentoient à la fois, où cuiderent etre tués plusieurs pour la grande presse. Là etoient M͏ʳˢ du Chapitre, gens du clergé, les religieux des Cordeliers et des

---

aux gouverneurs établis de sa part; que l'on suppliait Sa Majesté d'user envers ceux qui prêtaient ce serment de sa clémence et de sa bonté naturelle, de les tenir pour ses bons et fidèles sujets et de les prendre sous sa protection, protestant qu'ils prieraient Dieu continuellement pour sa santé et sa conservation et pour celle de sa mère et de ses frères, et qu'ils se soumettaient volontairement à tous les supplices les plus rigoureux si par leur faute il s'élevait des troubles dans la ville de... *(on devait marquer le nom de la ville)* pour la défense de laquelle ils promettaient de sacrifier leurs biens et leurs vies et d'entretenir une amitié sincère et véritable avec les catholiques (Voir de Thou, *Histoire universelle*, liv. XLIV).

Carmes et tous les curiaux de la senechaussée qui sont de la confession chretienne et romaine. Les femmes aussi commandées de venir jurer, ce qu'elles firent, d'autant que Mr de Calis nous attesta que l'on les avoit fait jurer Agen, et aussi que l'on a treuvé en plusieurs lieux qu'elles ont fait d'aussi detestables conjurations que les hommes, joint que celles de la religion pretendue eussent eu occasion de s'en exemter. L'aprez-diner, M^r le senechal nous envoya chercher pour traiter de quelques affaires et tandis, l'heure que nous avions assignée à ceux de la religion pretendue passa. Et bien que par aprez nous nous fussions transportés à la maison de ville aux fins de recevoir le d. serment, personne d'eux ne s'y presenta ; et fumes avertis que la plupart d'iceux, pour ne preter le dit serment, s'etoient absentés, disant que le dit serment seroit contre ceux de la religion contre lesquels ils ne voudroient forfaire. Nous sommes aprez à les contumacer et en avertir M^{rs} les gens du Roi. Nous voulons faire apeler les consuls de notre cartonaige pour leur fere preter le dit serment et les instruire de la forme qu'ils doivent tenir, d'autant que M^r le senechal ne veut entendre, à la charge que dernierement Mr de Charlaboux, par l'avis du païs, lui datta, qu'il ne soit commandé par Monseigneur de Monluc ; on avoit ajusté lui envoyer M^r l'archidiacre de Bazelhaguez, neveu du dit sieur (1), accompagné d'un gentilhomme de ce païs et de deux consuls, afin aussi d'empecher la commission du capitaine Orot (2) ; mais le gentilhomme

---

(1) Probablement Jean d'Antin, protonotaire et chanoine de Tarbes, fils de François-Henri d'Antin, seigneur de Sarraguzan (frère d'Arnaud d'Antin, sénéchal de Bigorre), et de Marie-Anne de Sarraguzan (Archives du château d'Ozon, fonds d'Antin d'Orout). Messire Pierre d'Antin, archidiacre en l'église cathédrale de Tarbes, en 1565, était oncle du sénéchal (Archives Poyanne).

(2) Orout. Ce nom a été illustré dans la dernière moitié du XVIe siècle par Germain d'Antin, seigneur d'Orout, frère du précédent, d'abord maréchal des logis de la compagnie de M. de Gramont, puis de celle du baron de Poyanne, commandant du château de Mont-de-Marsan, gouverneur de Saint-Sever en Chalosse, lieutenant de robe courte du sénéchal de Bigorre, etc. On trouvera d'amples détails biographiques sur ce capitaine et sa famille dans les *Petits Mémoires de Germain d'Antin, seigneur d'Orout, gouverneur de Lourdes*, son petit-fils, publiés par nous, pour la première fois. Le capitaine Orout, dont il est ici question, était Bernard de Majourau, seigneur d'Orout, près Argelès, qui n'eut de Marie de Lavedan qu'une fille, Louise, héritière d'Orout, mariée le 15 juin 1569 à Germain d'Antin, dont nous venons de parler.

qui lui avoit eté choisi a fait des excuses, comme aussi l'un des
dits consuls, de maniere que tout a eté reduit sur le dit archidiacre
et un consul, lesquels voulant partir se sont avisés que en vain
ils iroient chercher la commission au dit sieur senechal et Bazilhac, suivant la nomination du païs, si les dits sieurs n'etoient
d'accord en la dite charge ; qu'à ces fins l'on a eté devers eux,
et les trouve-t-on fort discordans, comme il est vraisemblable,
que l'un seroit en compagnie et l'autre ne voudroit point de
compagnon. Aprez que l'on les a eu sondés, les nouvelles sont
venues que le dit seigneur de Monluc est allé à Cahors, et d'illec
dressé toutes ses forces prez de Montauban pour empecher qu'ils
ne se puissent rejoindre avec les troupes qui vont au païs de
Saintonge et La Rochelle. Ce que etant advenu, le d. seigneur
archidiacre n'est point d'avis qu'on doive aller pour les dangers
qui sont à l'entour du camp dans les terres ennemies. Voilà qui
sera cause que nous n'aurons pas de chef en Bigorre (1) si par
d'autre moïen n'y est pourvu. Cependant, il ne faut point que
nous laissions à faire notre devoir et que chacun en son endroit
ne fasse ce qui est en lui, et que suivant l'association que nous
avons fait ensemble au dit serment nous emploions tout ce que
nous connoitrons etre expedient et necessaire. Nos freres et
compagnons les consuls de Bagneres y ont dejà procedé vivement
et ont 500 arquebusiers tout prets, et dans la maison commune
de la ville on fera forger autres cinq cens. A Campan n'en font
pas de moins. Les messieurs de Lourde ont recouvert des ouvriers
que incessamment ne font que travailler. Et nous sera honte
à voir et à nous que avons le moyen si nous n'en faisons autant.
Car outre que nous en avons si bon moyen que eux, la necessité
et dangers nous sont plus evidens. La guerre que nous avons
à present n'est point pour les fins et limites du royaume ni pour
nos biens et depouilles, mais les corps et biens y vont et ne
se fait plus à forme de guerre, ains à touté barbarie et cruauté (2),
sans difference de age et sexe, contre Dieu, son eglise, le Roi

---

(1) On verra par les documents suivants que les deux gouverneurs finirent
par s'accorder.

(2) Les consuls de Tarbes ne disaient, hélas! que trop vrai, et la Bigorre
allait en faire la triste expérience.

notre souverain seigneur et le repos public et d'un chacun. Toutes les villes, à l'assemblée donnerent charge au secretaire du païs de leur expedier tant la commission du seigneur de Charlaboux que de sa procedure et copie du dit serment. Je crois que vous en avez eu autant que les autres. Toutefois, cela n'a tenu qu'au secretaire, qui presentement n'est en cette ville. Si vous n'avez recouvert ce dessus, en nous avertissant, ferons toute diligence et devoir. Et en cet endroit nous recommandons à vos bonnes graces. Et ferons fin à cette presente, priant Dieu, Messieurs, que vous doint longue et heureuse vie.

De Tarbe, ce 30ᵉ septembre 1568.

Vos bons amis prets à vous faire plaisir,
De Cayret, consul,
Pees de Prat, consul,

V.

1568. — 9 décembre.

[ORDONNANCE

EN FORME D'ARTICLES POUR PRÊCHER ET ORGANISER DANS LE DIOCÈSE DE TARBES LA CROISADE CONTRE LES HUGUENOTS.]

(Bibliothèque de Tarbes. Glanages Larcher, t. XVI, p. 288 et suiv.)

Ce sont les points et articles, lesquels messieurs le senechal de Bigorre et le seigneur de Basilhac, commissaires deputés par monseigneur de Montluc, lieutenant general pour le Roi au gouvernement de Guienne, et aussi par la cour souveraine de Parlement de Toulouse, ont arreté pour le bien, repos et conservation des sujets du dit pais (1).

Premierement, monsieur l'eveque de Tarbe et son vicaire general, gens de son chapitre, abbés, prieurs, curés et autres

---

(1) Cette admirable ordonnance n'a été connue d'aucun des historiens qui ont écrit sur la Bigorre. Elle est sans contredit une des plus belles pages de l'histoire religieuse du diocèse de Tarbes. On retrouve dans ces prescriptions le souffle généreux, la foi ardente qui inspirèrent les grandes croisades.

beneficiers de ce diocese seront exhortés de, selon la volonté du Roi, ses edits et ordonnances, faire residence sur leurs benefices et faire le devoir de leur charge, admonestant le peuple chacun en son endroit par continuelles preches, processions et prieres publiques qu'ils feront les jours de fetes, pour le moins les dimanches, et se disposer chescun de tout son cœur au service de Dieu, du Roi et de sa couronne, sans y epargner leurs biens et leurs vies; et pour bien commencer une œuvre si sainte et louable, ils commanderont à leurs parroissiens de se confesser et recevoir le St Sacrement d'Eucaristie le plutot que faire se pourra, pour le moins à cette fete solenpnelle de Noel, advisant le peuple, et memes en leurs confessions, de se preparer à une guerre si sainte qui est cette ci, en laquelle est question de l'honneur et gloire de Dieu, de sa sacrée Mere et de tous les saints de Paradis, secondement de la vie et corone de notre Roi et souverain prince, et generalement de la perte de leurs personnes, biens et etats.

II. Aussi sera exhorté et commandé le peuple de faire redresser les croix et montjoyes ruinées et abatues par les carrefours, chemins et passages.

III. *Item*, que les revenus et fruits des beneficiers non residens, suivant les edits du Roi, seront pris et saisis soubs la main du Roi, et employés à la garde et deffense du païs, reservé ce que sera necessaire pour faire et administrer le divin service dû et accoutumé desdits benefices et paroisses, sauf à rendre lesdits fruits et revenus quand par le Roi sera ordonné; laquelle saisie des fruits ou deniers d'affermes sera faite au plutot par les consuls des villes ou lieux, qui en rendront le procez verbal devers lesdits s^{rs} commissaires.

IV. Suivant aussi la volonté du Roi facent precher la croisade tous les dimanches, afin que ceux qui auront volonté de servir Dieu et au Roi en cette querelle se retirent par devers le capitaine de la dite croisade pour s'enroller : et que les autres qui ne voudront ou ne se pourront boiger de leur maison donnent de leurs biens ce que bon leur semblera pour la subvention et entretenement de la dite croisade, et ce que voudront à leur gré le mettre entre les mains des consuls ou gens deputés par toutes les villes à faire la recepte des deniers de la dite croisade.

V. Que tous chefs de maisons, avec leurs femmes, enfans et famille, se trouveront aux messes parochiales les dimanches et autres jours recommandés de l'eglise catolique; ensemble aux preches et processions publiques, sur peine ausdits chiefs de maisons de cent sols tournois pour la premiere fois, et pour la seconde du double, et pour la troisieme du triple, et pour la quatrieme de prison et autre amende arbitraire, sauf excuse legitime; et pour y tenir l'œil seront creés des surveillans, à la denonciation desquels sera procedé à la punition et execution desdites amendes, sans depport.

VI. Aussi seront gardées les fetes coulables (1); defendu à tous charretiers de passer et voïager en icelles, à peine de confiscation du betail et charrettes et autres arbitraires.

VII. Que les regens des ecoles ne pourront lire à leurs ecoliers autres livres que ceux qui seront commandés et permis par les gens de justice, ausquels iront declarer les livres de leurs dites lectures, à peine d'être privés de leur regence et d'etre punis autrement, selon l'arbitration de la Cour.

VIII. Lesquels regens seront tenus mener les enfans et ecoliers tous les jours, si faire se peut, à tout le moins quatre jours de la semaine, ouir la messe et sermon, sur semblable peine que dessus.

IX. Que en toutes les villes et chateaux du dit païs sera faite bonne garde, ordonné guets et sentinelles, tant de nuit que de jour; et seront ordonnés capitaines ou gouverneurs particuliers en chacune ville pour commander au fait des armes sur les habitans d'icelle et des lieux du cartonage; lesquels capitaines seront choisis et deputés par lesdits commissaires et gouverneurs, qui soient de bonne et louable vie et de la religion catolique, apostolique, romaine; ausquels les dits habitans seront tenus obeir en tout et partout, sans user de rebellion, resistance ni sedition, sur peine de la vie.

X. Les dits s^{rs} commissaires et gouverneurs feront faire monstres generales, choisiront les hommes qui seront pour faire service, les feront armer et equiper à leurs depens, s'ils ont de quoi, sinon, aux depens communs, en contraignant les communautés d'acheter

---

(1) La forme régulière de ce vieux mot est *colible* (de *colere*).

armes et faire provision de monitions de poudre et de salpetre, et de retirer les vivres dans les villes, icelles fortifier et reparer tant que sera possible ; et à ces fins lesdits s^rs commissaires et gouverneurs les visiteront ou feront visiter par les capitaines particuliers qui par eux seront deputés à la garde et deffense des dites villes et chateaux, pour incontinent faire les dites reparations et fortifications que par eux seront avisées.

XI. Et seront mis en chacune des dites villes et chateaux tel nombre de gens sous le commandement desdits capitaines, comme sera avisé par les dits s^rs gouverneurs, afin de tenir, garderet deffendre les dites villes et habitans sous l'obeissance et fidelité du Roi.

XII. Et pour entretenir lesdites forces sera faite telle cotisation et levée de deniers qui sera necessaire sur tout le païs, le fort portant le foible.

XIII. Ne sera permis à aucun disputer en public ni autrement du fait de la religion ni proposer aucun doute sur notre religion catolique, apostolique, romaine, à peine d'etre puni suivant les edits du Roi.

Arreté à Tarbe le .ixe. decembre 1568.

Arnaut D'ANTIN.
J. BASILHAC.

VI.

1568. — 12 décembre.

[LETTRE DES GOUVERNEURS DU PAYS AUX NOBLES ET VILLES POUR LEUR DÉFENSE.]

(Bibliothèque de Tarbes. Glanages Larcher, t. XVI, pag. 288 et suiv.)

Arnaud d'Antin, chevalier, seigneur baron d'Antin, senechal de Bigorre, et Jean de Baseilhac, seigneur et baron du dit lieu, à noble... (1) Suivant la volonté du Roi et lettres à nous envoyées par monseigneur de Monluc, gouverneur et lieutenant general pour Sa Majesté ez païs et duché de Guienne, que par la court souveraine de Parlement de Toulouse, vous avons commis et ordon-

---

(1) Le nom est en blanc.

nés capitaines et particuliers gouverneurs en chacune des villes du present païs et comté de Bigorre, pour y commander au fait des armes, pourvoir à la fortification, avituaillement de vivres, provisions d'armes, munitions et autres choses necessaires, et à la tuition et deffense du dit pais soubz l'entretenement de l'honneur et service de Dieu, du Roi et repos public; et nous, confians de votre fidelité, devotion et soffisance, vous avons commis et ordonné aus dites fins en la ville et chateau de Vic. Vous mandons et enjoignons de par le Roi de vous transporter en la dite ville et chateau du dit Vic; et illec apelés les consuls, magistrats, officiers, habitans et particuliers d'icelle et des lieux de son carteron, faites et procedez selon que vous est enjoint et commandé, et tout ainsi qu'est porté par les articles ci-attachés (1); lesquels nous vous envoyons signés de notre main, et ausquels volons les habitans de la dite ville et lieux du dit carteron etre contraints obeir par les voies, remedes et sous les peines y contenues, vous administrer gens, vivres et autres choses necessaires pour la garde et deffense, et à ces fins leur seront par vous communiqués et signifiés, ou, tant que besoin seroit, publiés à son de trompe pour eviter toute cause et excuse d'ignorance.

Donné à Tarbe sous nos seings, le .xiie. decembre 1568.

Arnaut D'ANTIN.
J. BASILHAC.

Par mandemènt des dits sieurs gouverneurs,

De Abeuxis.

VII.

1568. — 22 décembre.

LETTRES DE M^r DE MONLUC POUR LA DEFENSE DU PAIS DE BIGORRE.

(Bibliothèque de Tarbes. Glanages Larcher, t. XVI, p. 293.)

Blasy de Monluc, chevalier de l'ordre du Roi, capitaine de cent hommes d'armes de ses ordonnances, son lieutenant au gouver-

---

(1) Voir le document précédent.

nement de Guyenne, au senechal de Bigorre et baron de Baseillac. Comme il soit tres requis commettre un gentilhomme en chaque ville suffisant et capable en votre senechaussée et païs de Bigorre pour commander en icelle sous l'autorité du Roi, prendre garde à toutes les villes de la comté du dit Bigorre, et mettre par rolle le nombre de gens armés et ceux qui n'en sont point et pourront porter armes pour le service de Sa Majesté, et contraindre ceux qui en pourront avoir et acheter selon la portée de leurs biens; à cette cause, etant duement certifiés de vos bons sens, fidelité et diligence, vous avons commis et deputé, commettons et deputons par ces presentes pour ensemble creer et deputer en chaque ville de la dite comté de Bigorre et par les autres lieux d'icelle, si besoin est, un gentilhomme voisin ou autre suffisant et capable pour commander en icelle, chacun en leur distroit, sous l'obeissance du Roi, prendre garde d'icelles qu'il n'y soit rien entrepris contre son autorité, mettre par rolle et nombre les hommes qui seront armés, ensemble ceux qui ne seront armés et pourront avoir armes et faire service à Sa Majesté, pour, le dit denombrement fait, savoir ceux de qui on se pourra aider, si necessité etoit, permettant aus dits gentilshommes qui par vous à ce seront deputés contraindre et faire contraindre tous ceux de leurs villes et lieux de leur gouvernement à avoir à achapter armes chacun selon la portée de leurs biens; ausquels habitans desdites villes commandons vous obeir en tout ce que par vous et leurs gouverneurs leur sera commandé et vous prêter toute faveur et aide, à peine de desobeissance. De ce faire vous donnons plein pouvoir, autorité, commission et mandement.

Donné à Agen, le .xxiie. decembre 1568.

DE MONLUC.

Par mon dit seigneur,
BOERY.

VIII.

1569. — 4 OCTOBRE.

[COMMISSION

DE M. DE LARBOUST POUR COMMANDER, EN L'ABSENCE DE M. DE DAMVILLE, DANS LES PAYS SITUÉS LE LONG DE L'ARROS ET DE L'ADOUR, ET DANS LA JUGERIE DE RIVIÈRE-VERDUN.]

(Archives des Hautes-Pyrénées, série C, 279. États des Quatre-Vallées.)

Henry de Montmorancy s^r de Dampville, mar^{al} de France, gouverneur et lieuctenant general pour le Roy ez provinces de Guienne, Languedoc, Daulphiné et Provence, au s^r de Larboust, chevalier des ordres du Roy, lieuctenant de la compaignie de mons^r de Grandmont (1), salut. Ayant les enemys de Sa Magesté par force d'armes livray par force d'armes *(sic)* le pays de Bear prins par Sa d. Magesté en sa protection et saulveguarde, comectant journellement au d. pays et aulx envyrons, ez comtés d'Armaignac, Bigorre et autres terres du goubernement de Guienne toutes voyes d'ostilité. De quoy ayans esté informés tant par mons^r de Monluc, lieuctenant general de Sa Magesté au d. pays de Guyenne que par plusieurs plainctes qui nous ont esté faictes par les scindicz des d. pays et par les habitans particuliers des villes, nous requerans, suyvant le pouvoir qu'avons de Sa Magesté, de pourvoir à faire cesser les d. violences et oppressions et voyes d'hostilité, ce que nous auroit occasionné et esmeu de nous acheminer au d. pays de Guienne avec l'armée qu'avons dressée dans nostre gouvernement de Languedoc (2) aux fins de reduire les villes et autres lieux du d. pays occuppez par les enemys de Sa d. Magesté; et aurions constrainct et forcez les d. enemys qui auroient desjà coureu et [occupé] une bonne partie du d.

---

(1) Savary d'Aure, baron de Larboust, seigneur de La Peyre, lieutenant de la compagnie d'ordonnance d'Antoine d'Aure, seigneur de Gramont, vicomte d'Aster, est ainsi qualifié dans le contrat de mariage de Philibert de Gramont avec Diane d'Andouins, auquel il assiste en qualité de procureur du vicomte d'Aster, 7 août 1567 *(Hist. de la maison de Gramont)*.

(2) Le maréchal de Damville eut en effet un moment l'intention de rentrer en Gascogne pour arrêter Mongonmery (voir les lettres de Monluc au maréchal, *Comment.* éd. A. DE RUBLE, t. V, p. 226 et suiv.), mais ce bon mouvement fut de courte durée.

pays de Guienne, d'eulx retirer aux villes fortes du d. Bear. Et d'autant que pour le bien et service de Sa Magesté et pourvoir aussi aux grandes et infinies plainctes que avons journellement de ceulx du d. pays de Languedoc des maulx qu'ilz soffrent par le moyen des d. enemys, estantz ruynez et envahiz de toutes partz par eulx et presque exposez en proye; et est à craindre que ceulx du d. Bear prennent occasion sur nostre absence, et pour destourner noz desseings ne se remettent encores en compaignie en continuant les voyes d'hostilité; et que le d. s^r de Montluc est occuppé en autres endroictz de son gouvernement. A quoy desirans pourvoir et prouvoir personaige digne de telle charge qui sçaiche rompre les desseings des d. enemys et obvyer à leurs entreprinses, et nous confians du grand zelle qu'avés au service de Sa d. Magesté, bien et solagement de ses subjectz, en la longue experience que [avés au] faict des armes, pour ces causes vous avons commys, ordonné et depputé, commettons, ordonnons et depputons par ces presentes, en verteu de nostre d. pouvoir, d'avoir la charge et surintendence et gouvernement des pays, villes, bourcs et bourguades estans le long des rivieres de l'Adour et de l'Aros et des envyrons, vous donnant pouvoir par ces presentes, en l'absence du d. s^r de Montluc, de reposser les entreprinses des d. enemys, leur courir sus et les tailler en pieces (1), et à cest effect y employer la compaignie du d. s^r de Grandmont et assembler les gentilhomes du d. pays et toutz les autres catholicques des villes, bourcz et bourgades d'iceluy, leur permettant de s'enroller, prendre les armes, eslire chefz entre eulx et s'assembler à son de tocquesseing soubz vostre aucthorité et commandement; et, si besoing est, vous donnons pouvoir de faire dresser autres compaignies, tant de gens [de] pied que de cheval, et iceulx mettre en guarnison et employer ez lieux et endroictz que treuverez estre de besoing; et vous permettons par ces mesmes presentes pour la nourriteure et entretenement tant de la d. compaignie que des autres soldatz faire contribuer les lieux et endroictz deppendent de la judicature de Riviere et

---

(1) La chose était peut-être plus facile à dire qu'à faire; car le baron de Larboust fut taillé en pièces quelques jours après avec le capitaine Arné, dont il a déjà été parlé, p. 40 (voir *Comment.* de Monluc, t. III, p. 343).

Verdun et leurs associez, et entre autres lieux estantz sur le rivaige des d. rivieres de l'Adour et de l'Aros et de la despendense; en faire deppartement sur les d. lieux, appellez les scindicz, au plus grand solaigement des subjectz du Roy que faire se pourra, et nous en envoyer l'estat aux fins de l'authoriser ainsin que treuverez estre raisonable; et seront les quottizés constrainctz payer leurs quottitez tout ainsin qu'il est acostumé faire aulx propres registres et coffres du Roy. Mandons et commandons à toutz subjectz du Roy à vous en ce faisant obeissent, prestent et donnent faveur, ayde et prison, si mestier est, vous donnant en tout ce dessus plein pouvoir, commission, authorité et mandement special par ces presentes signés de nostre main.

Au camp devant Mazeres, le quatrieme jour d'octobre mil .V^c. LXIX.

DE MOMORANCY.

Par mon d. seigneur,
Hiart, ainsin signez.

LARBOUST.

Par mon d. seigneur,
Montlezun.

IX.

1569. — 18 novembre.

ATTESTATOIRE

D'INCENDIE POUR LE SEIGNEUR DE VILLENEUFVE.

(Bibl. de Tarbes. Glanages Larcher, t. XXI, p. 269.)

Ce jourd'hui 18e du mois de novembre an 1569, en la ville de Tornay, ville royale, et par debant nous Simon de Voisins et Ramond Boerie, consuls d'icelle pour le Roy, s'est presenté noble Arnaud d'Anguos, escuyer et seigneur du lieu de Villeneufve (1), lequel a remontré et requis lui etre fait attestation et sommaire prinse, tant de son aige et temps qu'il est de soixante dix ans, et

---

(1) Le château de Villeneuve, ou Viellenave, est bâti sur le territoire de la commune de Lespouey, au sommet d'un coteau, en face du village de Lhès. Viellenave était autrefois une petite paroisse annexe de Mascaras.

demeuré l'espace de 45 ans continuellement aux ordonnances et service du Roy, et quatre siens enfans, les deux decedés au service de Sa Majesté, et les autres deux le faisant aujourd'hui service en son camp ; et a employé toujours au service du Roi et bien publique ; que aussi etant dernierement et passant les troppes et camp qui menoict le comte Montgommery pour aller en Bearn, il étoit en la ville de Tarbe, ville capitale de la comté et senechaussée de Viguorre, avec plusieurs soldards pour la tuyssion et deffence d'icelle, tout et ainsin qu'il avoit acostumé faire et s'employer, etant aussi lieutenant du senechal en roba corta au dit pays ; ayant eté au pays de Bearn avec les soldards au camp du Roy conduit par le seigneur de Tarride ; dont etant les ennemis de Sa Majesté, et passant au dit comté, en haine de ce dessus lui bruslarent sa maison principale de Villeneufve, sans lui laisser chose que soit en icelle, papiers, titres, insturmens ni documens, ny aussi de ses granges et metairies en nombre de tretze ; et semblablement au lieu et place d'Anguos siens, jusques n'y avoir laissé bache, maison ni habitation tant pour lui que autres ses subjects et habitans ; lesquels subjects, pour raison du dit bruslement, voleries et pilleries, sont et demeurent denués et despoulhés de tout et chacuns leurs biens sans avoir lieu propre où se puissent retirer soit pour l'injure du temps que pour se saulber des ennemis, auquel parpleix et paubreté est le mesme requerant de Villeneufve. Et afin puisse faire aparoir de ce et s'en ayder où et par debant qui il apartiendra, requiert etre ouis les seigneurs nobles Lancelot d'Abraede, seigneur de Peyraube, Arnaud Guillem de Sent Pau, seigneur de Laspoey (1), Jehan de Villepinte, recteur de Montinhac, Jacques d'Ozon (2), Bertrand de Bilheras, seigneur de Bordes au pays de Bearn, Jehan d'Uzer, seigneur du dict lieu et recteur de Lyes (3), Bernard Peré, bayle

---

(1) Saint-Paul, seigneur de Lespouey.

(2) Jacques de Cardaillac, dit le capitaine Ozon, fils puîné de Jean de Cardaillac, seigneur d'Ozon. Il mourut vers 1587, laissant de Suzanne de Caussade deux filles : Claude, mariée à Jean de Lalanne, seigneur de Hagedet et Lascazères, et Paule (Arch. du château d'Ozon).

(3) Lhès, près Viellenave. Jean de Mont d'Uzer était frère de Pierre de Mont, seigneur d'Uzer, dont il est souvent question dans les documents sur Baguères-de-Bigorre. Voir ci-dessus.

de Calabanté, Domenge Duguas, du mesme lieu, Bernard Syre, de Laspoey, Bernard Dabedeilha, de Montinhac, Arnauton Menbielle, consul de Bordes, Gaixarnaud Bauta, d'Anguos, Jacmes Bazet, bayle de Mascaras, Miqueu Duguas, consul du dit Calabanté, et Jehannet Casabat, bayle du dit Anguos, ensemble honorable homme maitre Pierre Dufaur, procureur du Roy en la dite senechaussée de Viguorre. Lesquels l'un aprez l'autre, juré sur les Evangiles de Dieu Notre Seigneur, ont dit et attesté, sçavoir le dit procureur, cognoistre le dit seigneur de Villeneufve depuis 22 ans, faisant l'estat de lieutenant en robe courte en la dite senechaulcée, et etant toujours employé au service du Roy, mesmement puis les premiers trobles avoir eu charge au dit pays de Viguorre et dans la dite ville de Tarbe pour faire teste et resister aux ennemis de Dieu et du Roy que l'on les appelle de la nouvelle religion prethendue ; et que au comansement du mois d'aoust, et huit jours etant auparabant que ceulx du camp du dit Montguomery passant au dit pays de Viguorre bruslarent au dit seigneur de Villeneufve tant sa dite maison seigneriallle que village d'Anguos et granges, le domaige etant de ce dessus de plus de 25 à 30,000 l., tant pour la construction et manificénce du dit batiment de sa maison seigneriallle que du dit villaige d'Anguos et granges, ainsi qu'il sait pour l'avoir veu, y ayant été par plusieurs fois, que par comung bruit des habitans du dit pays, et mesmement des circonboisins des dits lieux. Les dits seigneurs et autres surnommés ont dit d'ung accord etre de valeur de 25,000 l.; et ainsi l'ont dit et attesté etre vrai. De quoy et de tout ce dessus le dit seigneur de Villeneufve a requis acte lui etre retenu et expedier pour s'en aider et serbir en temps et lieu et faire aparoir où il apartiendra, ce que lui avons outtroyé, et comandé à maitre Jehan Trilhe, notre greffier, lui expedier sellées de notre sel.

A Tornay, les an et mois susdits.

X.

1570. — 2 JANVIER.

[SUPPLIQUE

DES HABITANTS DES QUATRE-VALLÉES AU MARÉCHAL DE DAMVILLE POUR ÊTRE EXEMPTÉS DU LOGEMENT DES GENS DE GUERRE EN VERTU DE LEURS PRIVILÈGES. — EXEMPTION A EUX ACCORDÉE.]

(Arch. des Hautes-Pyrénées, série C, 279. États des Quatre-Vallées.)

A Monseigneur Dampville, marescal de France, lieutenant et gouverneur general pour le Roy ez païs de Provence et Guyenne, Languedoc et Dauphiné.

Supplient humblement les sindicz, conseulx, manans et habitans dez lieulx de Chasteneuf et Montleon (1) en la baronie de Labarthe, Aure, Maignoac, Barousse, Nestes, que par transactions et privileges dez feus barons de la d. baronnie et roys de bonne memoyre, apres qu'elle a esté mise en leur oubeyssance, en consideration de l'exterelité et infertilité du païs prochain et abotissant aux terres d'Aragon, et de la charge qu'ilz ont de conserver soubz l'oubeyssance du Roy à leurs coustz et despens quatre places fortes et chasteaulx fortz à la frontiere du d. païs d'Aragon; et par autres plusieurs considerations mouvans les d. feus Roys, ilz ont esté declarés examptz et imunes de contribuer en aucuns deniers de tailles, peaiges, coustumes et autres impositions ordinaires ou extraordinaires quelconques, et sont declarés francz, quites et exemptz d'iceulx, à la charge de poyer au Roy, come ont faict, la somme de neuf cens quarante unne livre tournois pour toutes charges (2). Toutesfoys, le chappitaine Pailhac ayant charge de deulx cens homes de pied se seroyt presenté aus d. habitans de Chasteneuf avec comission du Roy et de vous, mon d. s^r, le vinctiesme decembre; et le s^r viconte de Larboust, ayant

---

(1) Castelnau-Magnoac et Monléon-Magnoac.
(2) C'est en 1475 que les habitants des Quatre-Vallées se donnèrent au roi de France. Le cardinal Jean de Billère-Lagraulas, évêque de Lombez, négocia cette donation aux conditions susdites, qui furent acceptées par Louis XI et ratifiées par ses successeurs et, en dernier lieu, avant la date de cette supplique, par Charles IX, en 1564.

charge de cinquante cebaux-legiers, se seroyt ausi presenté au d. lieu le vinct-huictiesme du d. moys de decembre ; et le chappitaine Chellan (1), ayant charge de deulx cens homes de pied, se seroyt presenté au d. lieu de Montleon, où les d. chappitaines sont avec leurs d. compaignies, et enquore y arive journellement la compaignie de deulx cens homes de pied soubz le chappitaine Bugar (2), et plusieurs autres compaigniees se jactent y aller, que seroyt les priver entierement du profit et comodité des d. transactions et privileges, et leur houster le moyen de les povoir observer en leur endroict. Ce consideré, et que de ce apert par les coppies des troys commissions des d. chappitaines qui sont aus d. lieulx et actes de presentation d'icelles cy attachées, et qu'ilz ont en main les d. privileges, et ont souffert pendent les troubles plusieurs passaiges de gendermerie, au moyen de quoy et de l'esterilité du païs consistans en roches et montaignes ilz sont reduictz en extreme poubreté; vous plese de vostre grace ordonner qu'ilz jouyront des d. privileges, et suibant iceulx les exempter de toutes gens de guerra tant à chebal qu'à pied, avec inhibition et deffense aus d. chappitaines Pailhac, Larboust et Chellan et autres que apartiendra, leurs lieutenans, mareschal de logis, forriers, de y loger ny fere loger, à peyne de desoubeyssance et telle autre qu'il vous plera arbitrer, à la charge de conserver soubz l'oubeyssance du Roy les d. chasteaulx fortz aux d. frontieres d'Aragon nommés Mauleon (3), Tramasaïgnes, Cadeac et Bramabacque. Et les supplians prient Dieu pour l'estat et prosperité du Roy et vostre.

―――

Est inhibé et deffendeu aux chappitaines Pailhac, Larboust et Chellan et toutz autres qu'il apartiendra de ne contravenir aux

―――

(1) Mathieu d'Astarac, seigneur de Chélan (canton de Masseube), en 1572 (minutes des notaires de Castelnau-Magnoac). Il descendait de Raymond-Garcie d'Astarac, auquel le comte d'Astarac fit donation de la terre de Chélan, le 27 mars 1440, à l'occasion de son mariage avec Marguerite de Benque (Glanage Larcher).

(2) Probablement Manaud de Saint-Paul, seigneur de Bugar (canton de Trie). Il était fils de Jean de Saint-Paul, seigneur de Bugar, et de Françoise de Villembits, mariés vers 1530 (Arch. de M. le comte d'Exea, au château d'Ozon, fonds Villembits).

(3) Monléon-Barousse.

privileges et exemptions accourdées par le Roy aux supplians; et leur est enjoinct, sçavoir au d. Pailhac de se retirer en la garnison à luy ordonnée, et aus d. Larboust et Chellan de mener et conduire leurs compaignies devers nous pour les employer au service du Roy comme leur sera ourdonné.

Faict à Tholose, le second jour de janvier mil .v^c. septante.

DAMVILLE.

Par mon d. s^r,
Ruyzt.

Dominicque Rosselle, au propre signés.

XI.
1570. — 19 février.

[ORDRE
DU BARON DE LARBOUST AU CAPITAINE SOULÉ POUR ASSEMBLER DES TROUPES.]

(Bibliothèque de Tarbes. Glanages Larcher, t. XVI, p. 312.)

Savaric d'Aure, baron de Larboust, chevalier des ordres du Roi, commandant pour Sa Majesté le long des rivieres de l'Adour, de l'Aros, Riviere-Verdun et autres lieux circonvoisins en l'absence de monseigneur Damville, marechal de France, gouverneur et lieutenant general pour le Roi ez provinces de Guienne, Languedoc, Provence et Dauphiné, au capitaine Soulé, salut. Comme pour resister aux desseins et invasions que font journellement les ennemis du Roi d'envahir et prendre les places de son obeissance soit besoin de assembler une compagnie de gens de guerre de 200 hommes de pied et que icelle soit necessaire, tant pour le service du Roi, soulagement et defense de son pauvre peuple, mettre en garnison ez villes, chateaux et forteresses le long du païs de notre charge et gouvernement, afin de obvier et pourvoir et à ce que les dits ennemis ne s'en saisissent et emparent, chose que pourroit grandement prejudicier, et pour ce faire y commettre personnage suffisant; nous, à plein confians de vos sens, prudomie, fidelité, dexterité, zele que avez au service de Sa dite Majesté et experience au fait de la guerre, vous avons commis et deputé, commettons et deputons par ces presentes pour faire amas et assemblée desdits 200 hommes à pied les mieux aguerris et experimentés que trouver pourriez, pour lesquels assembler vous avons baillé et baillons par ces dites presentes la ville de Vic-Bigorre, pour illec tenir garnison, jusques a ce que autrement par nous y soit ordonné (1). A cette cause, mandons et commandons aux consuls du dit Vic-Bigorre vous recevoir, ouir, entendre et administrer vivres et logis necessaires et à la dite compagnie, à peine de desobeissance, le tout à la moindre foule que faire se pourra.

Donné à Trie sous notre seing et seel de nos armes, le 19e jour du mois de fevrier l'an 1570.

LARBOUST.

Par mon dit sieur,
Coutrotz.

XII.
1570. — 4 juin.

[EXEMPTION
DU LOGEMENT DES GENS DE GUERRE ACCORDÉE PAR M. DE MONLUC
AUX HABITANTS DES QUATRE-VALLÉES.]

(Arch. des Hautes-Pyrénées, série C, 331. États des Quatre-Vallées.)

Blaise de Monluc, chevalier de l'ordre du Roy, cappitaine de cinquante hommes d'armes de ses ordonnances et son lieuctenant general au gouvernement de Guyenne, aulx consulz des villes de Castetnau, Montleon et villaiges d'Aure, Maignoac, salut. De tant que le Roy auroict exempté de toutes gens de guerre les dictes villes d'Aure et Maignoac moyenant certaine somme de deniers que les dictes villes et pays luy font anuellement, et pacte aussy qu'ilz tienderont quatre places fortes et feront quatre rebues chesque année en armes, et en temps de guerre se tenir armés pour le service de Sa dicte Magesté et deffence du d. pays, et

---

(1) Deux mois après, le capitaine Soulé fut assiégé dans Vic-Bigorre par les barons de Montamat et d'Arros. Il s'y défendit si bien qu'il obligea l'ennemi à rentrer dans le Béarn (Bordenave, *Hist. du Béarn*, p. 304).

moyenant ce ilz estoyent et sont examptz des d. gens de guerre et de toutes charges et subceides tant ordinaires que extraordinaires, ce qu'ilz auroyent toutz jours faict, et que nous ayons esté pryé volloir entretenir de nostre part les d. pactes, se soubzmectant comme ilz ont tousjours faict de garder les d. villes et pays soubz l'obeyssance du d. s^r Roy, et ce faisant, les exampter des compaignies de gens de guerre que passeront et repasseront par le d. pays d'Aure, Magnoac. A quoy desirans pourvoir et entretenir les d. privilieges et les d. habitantz des d. villes et pays en paix et les garder de folle et grand frais, nous vollons et vous permectons jouyr des d. privilieges, et suyvant iceulx vous avons exampté et examptons de toutes garnisons et passaige de gens de guerre tant à chebal que à pied, pourveu que entredienderés le contenu de vous d. privilieges, et garderés les d. villes et pays soubz l'obeyssance du Roy. Et faisons inhibition et deffence à tous cappitaines, leurs lieuctenantz, mareschaulx de lougis, fourriers qui ont eu charge de nous ny auront à l'advenir ne loutger ne faire loutger aus d. villes de Castetnau, Montleon et pays d'Aure, Maignoac aulcuns de ses gens de guerre, sur peynne de desobeyssance, et de nous en prendre sur eulx comme entrerompeurs des d. pactes et privillieges. Vous permectons neanlmoingz pour garder les d. villes et pays constraindre les habitans d'icelles vous prester main forte, faveur, ayde, si besoing est, et faire garder aus d. villes tant de jour que de nuict, aussi à toutz les subjectz du Roy à vous en ce faissant obeyssent.

Donné à Cassaigne près Condom, le quatriesme de jung mil cinq cens soixante et dix.

B. DE MONLUC.

Par mond. s^r,

De Cazanave, ainsin signés au propre.

Extraict vidimé et deuement collationné du propre par nous lieuctenant soubzsigné, le quinziesme jung an et moys susd. En foy des chouses susd.

B. Perès, lieuctenant.

B. Coma, pour le greffier.

XIII.

1573. — 19 novembre.

[SURSIS DE TROIS MOIS ACCORDÉ AUX HABITANTS DE SAINT-SEVER DE RUSTAN POUR LE PAIEMENT DES TAILLES.]

(Arch. des Hautes-Pyrénées, série C, 180. États de Bigorre.)

Charles par la grace de Dieu roy de France. A nostre amé et feal conseiller le general de noz finances en Guyenne estably à Bourdeaulx, salut. Nous, pour les considerations contenues en la requeste cy-attachée (1) soubz le contrescel de nostre chancellerie à nous presentée par noz chers et bien aimez les manans et habitans de nostre ville de Sainct Sever de Rustan, vous mandons, ordonnons et enjoignons que vous les faictes tenir en surceance jusques à troys moys prochains venans, à compter du jour et date des presentes, des sommes qu'ilz nous peuvent devoir pour leur cottité et portion de la contribution à noz tailles et autres subsides de l'année presente, sans qu'ilz y puissent estre constrainctz par les receveurs d'icelles. Et à cest effect faire cesser toutes exequtions et contrainctes contre eulx faictes. Et neantmoins, pendant le d. temps, appellez les officiers des lieux, ayez à informer bien et deuement et le plus tost que faire se pourra, tant sur le contenu de la requeste des d. supplians et attestation cy-attachée que vous sont à ceste fin renvoyez, que generallement sur autres, et semblables domaiges qui peuvent estre advenuz en l'estendue de vostre charge, dont vous dresserez ung estat contenant les sommes en quoy les d. habitans sont demeurez en reste ceste dicte année, et pareillement des sommes que doibvent porter en l'année prochaine, ceulx qui pretendent et sont subgectz à quelque diminution ; et sur ce nous donnerez et envoyerez vostre advis pour icelluy veu en nostre d. Conseil en estre ordonné ce qu'il appartiendra par raison, vous donnant de ce faire pouvoir et mandement special, car tel est nostre plaisir.

(1) Cette requête, qui est perdue, devait sans doute raconter l'incendie et la ruine de Saint-Sever par les Huguenots, au mois de mars 1573. L'enquête qui suit immédiatement répare amplement cette perte.

Donné à Vitry-le-François, le .XIXme. jour de novembre l'an de grace mil cinq cens soixante treize, et de nostre regne le treiz^me.

Par le Roy en son Conseil,

Dubois.

XIV.

1575. — 1er AOUT.

[ENQUÊTE

SUR LA PRISE DE SAINT-SEVER DE RUSTAN LE 10 MARS 1573 ET SUR L'INCENDIE ET LA RUINE TOTALE DE LA VILLE PAR LE CAPITAINE LYSIER.]

(Original. Arch. des Hautes-Pyrénées, série H, 176. Abbaye de Saint-Sever de Rustan).

Information par monsieur de Relongue, doucteur ez droictz, conseiller du Roy nostre sire, son juge de Riviere (1), *commissaire surogé par M^o^sr de Gascq, seigneur de Razac, conseiller du Roy et general de ces finances en Guienne, faicte seur la requeste presantée au Roy nostre sire et atestatoire y ataiché par le scendic dez consulz, manans, habitans de la ville de St Sever de Rustaing, sur la prinze, secquagement et ruinhe de la d. ville, et autres chouses conteneuees ès d. requeste et attestatoire appellé, et avec les tesmoings debant noz produictz par Me Dom[in]icque Lanne, substitué de procureur du Roy en nostre jugerie de Riviere, les an et jours que dessoubz, et au lieu de Mansan, au contée de Vigoure, comme suict :*

Du premier jour du moys de aoust l'an mil cinq cens soixantequinze.

[*Déposition de Bernard Lagons.*]

Bernard de Lagons, laboreur et consul du lieu de Peirun au conté de Viguorre, agé de trante cinq ans ou plus, possedant

---

(1) Charles de Relongue, juge de Rivière-Verdun, fit son testament, le 5 août 1587, en faveur de Gaspard, son fils aîné; fit des legs à Jean, son second fils, à Charlotte, épouse de M. Pierre de Clarac, de Lombez, et à Catherine, ses filles; laissa l'administration de ses biens à Catherine de Reste, sa femme. (Arch. de M. La Plagne-Barris, château de La Plagne, Gers).

comme a dict en biens troys cens escutz, tesmoing adjourné à la requeste du d. procureur, et par serement enquis et interogé seur le conteneu en la d. requeste et attestatoyre, dict estre noutoyre avoyr veu, d'aultant que le d. lieu de Peirun où il habite est prochain de la d. ville de St Sever de demy-leue environ, comme le dixiesme mars cinq cens septante troys, ung petit avant le soureilh levant, par le mouyen et traïzon de ung nommé le cappitaine Lafont, vouezin de la d. ville de une leue environ, icelle frecquantant ordinairement et faizant estat d'amictié et familharité avec les soldatz et plusieurs des habitans de la ville, quy à ceste occasion auroit trubé mouyen de fere obrir les pourtes; et estant avecque luy quelques soldatz de ung nonmé le cappitaine Legier (1), ung dez cappitaines dez gans de la nobelle oppinion et enemis du Roy, se seroit saizis d'unne pourte avant que les habitans de la ville c'en aperçucent. Et soudain, le d. Legier, avecque grande troupe de gans à chebal et à pié quy ce tenoyt caichés dans un boix prochain du d. St Sever appartenant à l'abbé de la d. ville, seroit surbenus, entrés et prinze la d. ville ; et d'antrée auroyt tuhés prescque toutz les habitans quy auroit rencontrés, et saisy de la d. ville l'auroit toute pilhée et sacquagée, faizans enpourter les mubles comme sobant il voyes à grans charetés en Bear, et faict dans icelle toutes cruaultés et actes de houstilicté et l'auroit teneue environ cinq sepemenes ; et pandant ce tamps auroit desfaictes et bruslés toutes les metaries du d. teroyr de St Sever ; premierement les ayant pilhés pour houster tout mouyen de retraicte aulx gans de guere pour le service du Roy, pilhant aussy cependant toutz les vouezins, et constraig[n]ant à fournir grandes sommes de deniers et especes, et quanticté de bledz, vins et autres vivres ; et après avoyr pilhée, empourté tout ce que estoit dans la d. ville, et grand partie dez mublés des vouezins ; cinq sepemenes environ après l'intrée, auroyt mis le feu en la d. ville en plusieurs endroictz, s'en seroict allées ; et à cause de ce, tant le deppouzant que grand troupe des sur-

---

(1) Légier ou Lysier était un soldat de fortune qui, de son vrai nom, se nommait Jean Parisot, fils d'un charcutier de Montauban. La suite de ces documents nous donnera des détails sur les actes et sur la mort de ce terrible huguenot.

conbouezins y seroit acoureus pour cuider estindre le d. feu et
sauber quelque muble de bois de ce que l'enemy n'auroict dainhée
enpourter; mes n'auroit rien advancé, causant que abant leur
depart les enemis auroyent mis le feu en toutz les cantons et
endroictz, et ne s'en seroit boleus despartir sans auparabant avoyr
veue bruslé la plus part de la d. ville; de façon quy n'y seroit rien
demuré sans estre bruslé, juscques près de terre, et grand partie
de murailhes, fours six ou sept maisons escartés dez autres seur
l'ung endroict dez murailhes de la ville de fourt petite valeur,
où à present demurent six ou sept habitans pobres n'ayant de
quoy vivre comodement que à grand trabailh, causant la d. ruinhe,
le demurant estantz toutz mortz par la main dez enemis ou bien
de faim; quelques ungs s'en sunt allés parmy le monde pour
truber quelque occasion de vivre et n'etre inpourtunés dez creanciers desquelz auparabant la d. prinze ilz auroyt enpronté, n'ayant
moyen de le payer; comme n'ont aussy ceulx quy a present demurent en la d. villé mouyens de païer les charges, tailhes, tailhons
et autres subcides inpouzés par le Roy ou ces lieutenantz, demurant grand partie de lieurs bignes et terres hermes et bacquantes
pour n'avoir mouyen de les trabailher. Plus n'a esté interogé.
Recoulée, a perseveré, et ne saict scripre, mais a mercquée sa
depposition (1).

[*Déposition de Pey de Gélameur.*]
Du d. jour.

Pey de Gelameur, laborur, consul du lieu de Peyrun, atgé de
trante ans, possedant en bien deux cens escutz environ, tesmoing
adjourné et produict par le d. procureur, et moyenant serement,
enquis, ouy et examiné sur la d. rubriche;

Dict estre noutoyre entre toutz les sirconvozins du d. St Sever,
mesmes au d. lieu de Peyrun où il fait sa rezidance, prochain
du d. St Sever, de contée de Vigoure, que le dixiesme mars cinq
cens septante troys, ung matin avant le soureilh levant, la d. ville
de St Sever auroyt esté prinze par les enemis du Roy soubz

---

(1) Le témoin a signé sa déposition en dessinant un fer de lance.

ung cappitaine ce nomant Legier, par le moyen de ung cappitaine Lafont, vouezin du d. St Sever de unne leuee environ, quy estant frecquant, amy et familhier dez soldatz et plusieurs autres habitans auroyt trubé mouyen, soubz couleur de voloir passer la riviere (1) par le pont de St Sever, fainhant s'en aler aveque quelques souldatz qu'il avoit en sa conpanie en quelque autre conpanie dez cappitaines quy pourtoit les armes pour le service du Roy, comme il auroyt ouy dire par ung bruit comung, tant [par] les habitans du d. St Sever que dez autres sirconbouezins et à ceste occasion la pourte de la ville auroyt esté oberte; de laquele le d. Lafont, soldatz et sa conpanie ce seroit saizis; mes tout incontinant le d. Legier avec ces troupes à chebal et à pié qu'il tenoit caichés près ung grand bois prochain de la d. ville appartenant à l'abbaye d'icelle seroit surbeneus et entrés dans la d. ville, du premier rencontre faict grand murtre dez habitans; et après tout le reste faictz prisoniers, gainés (2) et rançonnés de tout ce qu'ilz auroyt peu estorcquer, et pilhée et sacquagée la d. ville, faizant pourter à grandz charetes quy fezoit pourter en Bear, comme il [a veu] soubant, et faict dans icelle exercé toutz actes de houstilicté; comme aussy qu'il auroyt veu abateu, bruslé et terré toutes les métaries estant au teroyr du d. St Sever; comme aussy par toutz les environs pilhé tout ce qu'il povoit, constrainhant les vouezins à pourter deniers, bledz, vins et vivres grande quanticté dans la d. ville; et après y avoir demuré environ de cinq ou six sepmenes, s'en seroient departis, auparabant ayant mis le feu en plusieurs endroictz d'icelle, sy qu'ilz [n']en seroit sourtis sans l'avoir veue enbrazée et bruslée la pluspart sans mouyen de y remedier; et combien le depouzant que grand nombre de toutz les surcouvoezins ayant veu partir les enemis y fussent acoureus pour cuider estaindre le feu et garder quelques mubles de bois que les enemis n'auroit peu enpourter, toutesfois n'auroit peu rien advancer, eins ce seroit bruslée toute la d. ville juscques aulx fondementz, fours quelques petites murailhes en quelques endroictz rezervés seulement six ou sept maisons fourt

---

(1) L'Arros, d'où le pays a pris son nom de Rustan, Arrostan.
(2) Gênés, tourmentés.

petites, escartés seur les murailhes en ung endroict de la ville de petite valeur; à cause de ce la d. ville est inhabitée fours de six à sept habitans, les autres masacrés par les enemis et quelques ungs changé de païs pour ne mourir de faim, laissant la partie dez terres hermes incultes, sy que aujourd'huy estant desnués de toutz lieurs biens mubles et mouyens, enprontantz toutz les jours pour lieur vie et nouricteure, ilz n'ont mouyen de soy nourir encours pobrement, mouyens de païer lieurs creanciers ny satisfaire aulx tailhes ordinaires ny extraordinaires inpouzés par le Roy et ces lieutenantz. Plus dict ne savoir. Recoulé, a perseveré; et ne saict escripre, mès a mercqué sa depposition (1).

[*Déposition de Pey de Saint Tubézy.*]
Du d. jour.

Pey de St Tubezy, laboureur, consul du lieu de Mançan, atgé de trente ans, possedant en bien deux cens escutz et plus, tesmoing produict par le d. procureur, enquis, ouy et examiné seur la d. rubriche, moyenant serement, dict estre noutoire que le dixiesme mars cinq cens septante troys, la d. ville de St Sever auroyt esté surprinze par les enemis du Roy soubz la conduicte de ung soy dizant cappitaine Legier, avec le mouyen du d. cappitaine Lafont, comme il auroyt veu estant dans icelle ville lours de la d. prinze; lequel Lafont acompaigné de quatre ou cinq autres [à] chebalz seroit beneu ung peu debant le soureilh lebant à la pourte d'icelle ville, et criéé au pourtier c'on luy obrit, d'aultant qu'il voloit passer le pont au d. St Sever, et passer par la ville pour aler truber quelque companie dez gans quy pourte lez armes pour le service du Roy; à cause de quoy, et pour la grande et anciene cognoisance qu'il avoit avec les habitans de la d. ville, quy passant toutz les jours, le d. pourtier auroyt baissé le pont-lebis et oberte la porte; et dez incontinant, aurroit laccée ung cop de pistole, que le pourtier l'auroit blessé au bisatge (2), comme peu après il auroyt

---

(1) D'un fer de lance.
(2) Cette phrase mal construite laisserait croire que ce coup de pistolet fut tiré par le portier; c'est le contraire qu'il faut entendre. Voir les dépositions suivantes.

veu et ouy le coup, beucoup dez habitans ce seroit lebés, cuidant courir vers la pourte comme il voye de la fenestre de son loutgis; mès incontinant que quelcung archer, comme ilz voye quatre ou cinq armés à chebal quy tenoit la d. pourte, acoureu[nt] avec lieurs pistoules et las delacées (1) contre eulx; mès incontinant, le d. Legier quy estoit dans le d. bois prochain de la ville, et auprès dez hayes où ilz ce povoit caicher comodement, seroit aribé avec sa troupe, surprinze la d. ville et d'antrée tuhé tant d'habitans quy estoit trubés où ce presantoit, et l'instant se seroit mis à çacamanter (2), pilher et derouber toute la ville ; et sur ces entresfaictes, le deppouzant auroyt trubé mouyen avec quelques cordes de sourtir de la d. ville par les murailhes, demurant les d. enemis dedans, quy auroyt faict grandz murtres, sacquementz et toutz actes de houstelicté, non sulemement dans la d. ville, mès par toutz les environs, pilhant et rançonant toutz ceulx quy povoit truber ayant quelque mouyen de bailher deniers et constraigant les vilatges à pourter vivres, et oultre ce en menoit les vetailz qu'ilz truboit, faizand infinicté de boulheries, et sy auroit pandant le d. tampz bruslé et mis par terre toutes les metaries quy estoit au d. teroir de St Sever, sans y en avoyr laissé pas sulement unne pour retrancher la habitacion et retretraicte aulx gans de guere pour le service du Roy, par lesquelz ce doubtoit estre asailhis, et après y avoyr demuré cinq sepmenes environ, ayant cependant faict enpourter toutz les mubles pourtables de quelque valeur en Bear avec charetes, chebaulx et personnes, comme il voys soubant, et avoyr mis le feu en toutz les endroictz de la ville, et veu icelle enbrazée sy qu'il n'i avoit mouyen de estaindre ne arrester le feu, s'en seroit departis et rantrés en Bear. Incontinant, tant le deppouzant que grand troupe dez autres vilatges sirconbouezins y seroit acoureurs pour regarder s'il auroit quelque mouyen de secourir les pobres habitantz et arrester le feu; mès n'auroit esté pousible, causant le grand enbresement; eins auroit tout esté bruslé juscques aux fondementz, hours en quelques endroictz quelques petites murailhes quy seroit demurés debout, rezervés six ou sept petites maisons

---

(1) Les délachent, déchargent contre eux.
(2) Faire le sac. On trouvera plus bas le mot « sacquement ».

escartés de petite valeur en l'ung endroict seur les murailhes
de la ville. A ceste cause icelle demure aujord'huy razée et inhabitée, fours de six à sept habitants, les autres masacqurés par les
enemis ou mourtz de fain, quelques autres escquartés en divers
lieus pour gainher lieur vie, demurant les toutz sy pobres et ruin-
hés, ayant perdeus toutz lieurs mubles et habitacions ; la plus part
dez terres demurent hermes et incultes, n'ayant iceulx habitans
mouyen de les fere trabailher ny de quoy substanter lieur pobre
vie, mouyens de paier les tailhes ny autres subcides inpouzés par
le Roy nostre sire ou messieurs ces liutenantz. Plus n'en dict.
Recoulé, a perseveré, et ne saict escripre, mès a mercqué sa deppo-
zition (1).

[*Déposition de Pey de Saint-Ubéry.*]
Du d. jour.

Pey de St Ubery, consul du lieu de Mansan, atgé de trante
ans ou environ, possedant en bien cent escutz et plus, tesmoing
produict par le d. proc[ur]eur, moyenant serement, enquis, ouy
et examiné seur le conteneu de la d. rubriche.

Dict estre nou[to]yre à toutz les sirconvoy[sin]s du d.
St Sever que le dix^{me} de mars cinq cens septante troys la d. ville
auroyt esté surprinze par le d. Legier, cappitaine de quelque
troupe dez enemis du Roy par le mouyen et adresse du d. cappitaine Lafont, grand amy familhier des habitantz de la d. ville,
que auroyt trubé mouyen fere obrir les pourtes d'icelles soubz
coulheur de volloir passer le pount de la d. ville et passer au
trabers pour s'en aler truber avec quatre ou cinq montés à chebal
et armés quelque companie de gans à chebal ; et en ceste coulheur
auroyt faicte obrir la pourte, entré dans la ville ; quoy faict, ung
de sa troupe auroit donné ung coup de pistoule au pourtier, duquel
auroict esté blessé egrement au bisage. Incontinant, le d. Legier
avec sa d. troupe à chebal et à pié quy demuroit caiché dans ung
bois prochain de la d. ville apartenant au d. abbé, seroit entré
et saissy de la d. ville, et le premier rancontre faictz grandz

---

(1) D'un signe en forme de potence.

murtres des d. habitantz, et aussy ranssonés ceulx quy seroit demurés dez plus grandz sommes qu'il en auroit peu estorcquer, et pilhé, sacquagé la d. ville, comme il auroyt entendeu par les plaintes dez habitantz que rapourt comung dez surconvoezins et voys frecquantement comme les d. enemis prescque toutz les jours faizoit charoier et enpourter avec charetes et chebaux et homes dez mubles de la d. ville dans le païs de Bear d'où ilz estoit veneus. Et samblement faizoit du mesmes, comme il auroyt veu, faizoit aulx surconvoezins, pilhant et derobant tout ce qu'il povoit truber, et faizant prisonniers ceulz quy povoit atraper ayant quelque mouyen de bailher denniers. Et oultre ce, auroyt bruslée à terre toutes les metaries du d. teroyr de St Sever, sans en laisser unne qu'il saiche, ou pour couper toute la retetre aulx gueriers estant de la partie du Roy. Et après avoyr segourné cinq sepmenes ou plus, auroyt mis le feu en toutz les endroictz de la ville. Et voyant icelle enbrazé et sans mouyen de arrester le feu, s'en seroit allés. Ce voyant, la pluspart dez vouezins, le deppouzant mesmes, y seroit allés pour cuider arrester le feu et garder quelque muble de ce que les enemis n'auroit peu enpourter aulx pobres habitantz. Mès n'auroyt esté posible, causant le grand feu quy avoit desjà bruslée prescque toute la ville, de maniere quy n'y seroit demuré rien, juscques aulx fondementz, saufz quelques murailhes quy auroyt demuré lebés en quelques endroictz et six ou sept petites maisons de petite valeur en ung endroict de la ville seur les murailhes où a present demurent cinq ou six pobres habitantz, toute la reste estant masacquré par les enemis ou mourtz de pobrecté, et quelques ungs esgarés en autres terres pour trober mouyen de gainher lieur vie, demurant par dite prinze pribés de toute habitacion et bien muble et sans mouyen de fere trabailher. A cause de quoy la plus part dez terres demurent hermes et infertilhes, sy que les d. habitantz n'ont mouyen de payer les creanciers, mouyens satisfaire aux deniers et charges inpouzés par le Roy nostre sire ou de messieurs ces liutenantz. Plus dict ne savoyr. Recoulé, a perseveré; et ne saict escripre.

[*Déposition de Pey de Sourbets.*]
Du d. jour.

Pey de Sourbet, laboureur, consul du lieu de Montegeut, atgé de cinquante ans, tesmoing produict par le d. procureur, possedant en bien troys cens livres, moyenant serement, enquis, ouy et examiné seur la d. rubriche.

Dict estre noutoyre tant au d. lieu de Montegut (1) d'où il est habitant, quy est acys au conté de Pardiac, toutesfoys contigeu du d. teroyr de St Sever, que le dix^{me} mars cinq [cens] septante troys, le d. Legier, enemy du Roy, avec grand troupe de gans enbuchés ou d. bois de l'abbaye, par le mouyen et adresse du cappitaine Lafont faizand grand estat d'amyctié avec les d. habitantz, auroyt trubé mouyen faire obrir les portes, feinhant s'en aler à autre part en quelque comppanie dez gans quy estoit au service du Roy. Et incontinant oberte la pourte auroyent donné ung coup de pistole au pourtier. A cause de quoy le d. Legier entandant le d. seinhal seroit veneu à grand course de chebal, et seroit entrés, prins et fourssé la ville, et tuhée du premier rencontre toutz les habitantz quy ce seroit presantés debant, pilhé, sacquagé toute la ville et ransonné toutz ceulx quy avoit quelque mouyen de fournir quelques deniers ; comme il avoyt entandeu par les plainctes comunes des d. pobres habitantz ; et tout le pilage comme il voye soubant faizoit apourter et conduire dans le païs de Bear. Et oultre ce, par dehours auroyt bruslé prescque toutes les metaries de tout le teroyr du d. St Sever, fours deux ou troys fourt petites distantes de la d. ville, pour empecher toute la retraicte aux geriers du Roy, comme aussy auroict faict en pliseurs maisons du d. lieu de Montegeut, la mes anciencé (2) et pilhé tout ce que povoit rancontrer et charoier le tout, comme dict est,

---

(1) Montégut-Arros, canton de Miélan, Gers.

(2) Peut-être le clerc a-t-il voulu écrire *ensacher*, mettre dans un sac. On trouve dans les vieux auteurs les variantes *ensaicher* et *ensaichier* (voir LITTRÉ). La forme gasconne est : *ensaca*. La singulière orthographe de ce mot ne surprendra pas le lecteur, après les spécimens si bizarres et si variés que lui a déjà offert le clerc de campagne qui a rédigé cette enquête.

au d. païs de Bear. Et après avoyr demuré en la d. ville cinq sepmenes ou plus, voyantz à son avis quy ne trobet plus à pilher en la ville ny environs, auroyt mis le feu par toutz les cantons de la d. ville. Et la voyant toute enbrazée et prescque bruslée sans y avoir mouyen de arrester le feu, s'en seroit alés et rantrés dans le d. Bear. Le deppouzant enssamble la pluspart dez sirconvoezins y seroit allés, cuidant savoir (1) quelque chouse aus d. habitantz de bastimentz ou mubles que l'enemy n'avoit peu enpourter. Mes n'auroit peu bien proficter, causant, comme dict est dessus, que toute la ville estoit par toutes partz enbrazée, et tout auroyt esté bruslé sans y rien demurer, fours six ou sept petites maisons de petite valeur et contenance, où à present demuret six ou sept habitantz, tout le reste estant masacquré de l'enemy ou mortz de fain ou pobrecté, et quelques ungs quy ont changé de païs, demurant par ce mouyen la d. ville inhabitable prescque deserte et la pluspart dez teres et vignes hermes et vacquantes, n'estant demuré aulx habitantz habitacion dedans ny dehours que se que habitoit, ny muble aulcung. Et occasion de la d. extreme pobrecté n'ont à son avis mouyen de païer tailhes ny aulcungs deniers inpouzés par le Roy ou ses liutenantz. Plus n'en dict. Recoulé, a perseveré, et ne saict escripre, mès a mercqué sa depposition (2).

[*Déposition de Pey de Boneu.*]
Du d. jour.

Pey de Boneu, laboureur, consul de Montegut, atgé de trente deux ans, possedant en bien deux cens escutz, tesmoing produict par le d. proc[ur]eur, moyenant serement, enquis, ouy et examiné sur la d. rubriche.

Dict estre comung et noutoyre, tant au lieu de Montegut où il habite que autres sirconbouezins que la d. ville de St Sever auroyt esté surprinze le dix^{me} mars cinq cens septante troys par le d. Legier, cappitaine de quelques troupes dez enemis, quy

---

(1) *Corr.* sauver.
(2) D'un signe en fer de lance.

c'estoit mis en enbuche dans le d. bois apartenant à la d. abbaye
de St Sever. Et ayant praticqué et corompeu ung nonmé le cappitaine Lafont, grand amy et familhier dez habitans du d. St Sever,
quy premier avec quatre ou cinq hommes harmés se seroit
presanté à la pourte de la d. ville, et demandé au pourtier de faire
obercteure, d'aultant que luy failhoit passer le pont de la d. ville
pour s'en aler en quelque companie de cappitaine de ceulx quy
faizoit service au Roy ; et soubz ceste coulheur, le d. pourtier
seroict desandeu, et oberte la pourte, pansant que les habitans
de la d. ville, atandeu que de long tampz il estoit grand amy
et familhier et estoit ord[inairemen]t dans icelle ville, ne le
heuscent voleu refuzer l'entrée, auroyt faict oberture ; et dez
incontinant, et que la d. pourte auroyt esté oberte, ung de la
troupe du d. Lafont luy auroyt donné ung coup de pistolec au
trabers de la testée ; mès ne sauroict dire certenement s'il est mort
ou non ; et les autres se seroit mis à garder la pourte et ruher
pistolades contre ceulx quy faizoit samblant de venir au secours.
Toutesfoys, bien toust après seroit veneu le d. Legier avec ces
troupes tant à chebal que à pié ; et entrés dans la ville, furieuzement tuhée, masacquré toutz ceulx qu'ilz trubet debant, et après
saizie la ville, ransoné toutz les hommes quy seroit demuré en
vie, et faict finher (1) à foursse de turmantz tout ce qu'ilz auroit
peu recoubrer par le mouyen dez amis ou autres, et exercé dedans
toutz actes de cruaulté et houstelicté desquelz ilz se seroyent
peu advizer, comme il entandoit comunement par les plainctes
comunes dez habitans quy sourtet de la d. ville après avoyr païé
la ranson, par dez autres quy entroit dans la d. ville, par le
commancement dez enemis, pour y faire quelque service à quoy
les constraignet ; et cepandant voye sobant comme les d. enemis
faizoit charoier avec charetes, chebalz et parsonnes le butin
pilhage de la d. ville. Et pandant ce tampz aussy par dehours
auroyt veu comme les d. enemis auroyt bruslé et razé toutes les
metaries et habitacions de tout le terroyr du d. St Sever, ayant
premierement pilhé et retiré ce que estoit dedans, voilhant par
ce mouyen enpecher que les gans de guere du Roy n'eusent

---

(1) Vieux verbe remplacé fort peu élégamment par son dérivé *financer*.

aulcune retraictée par tout les environs; et samblement auroyt bruslé plusieurs maisons au d. lieu de Montegut et faict par toutz les environs toutz les pilhages, ransons et bouleries, desquelz ilz ce povoit estre advizer. Ayant reduict presque toutz les environs et ruinhé, et ayant teneue la d. ville cinq sepmenes environ, et voyant à son avis qu'il n'i avoit rien plus à pilher, ung jour seur le tart qu'il ne sauroit especifier, le d. enemis auroyt mis le feu par toutz les cartiers de la d. ville; et la voyant bien enbrazée et prescque demy-bruslée qu'il n'y avoit mouyen de estaindre le feu, s'en seroit retournés en Bear. Et ce voyant, grand partie des surconvouezins, tant les habitans du d. Montegut que autres, cuidant arrester le feu ou garder quelque chouse aulx pobres habitans, y seroit alés; toutesfoys n'auroit peu rien advancer, car le feu auroit bruslé toute la d. ville jusques aulx fondementz, fours six ou sept petites maisons de petite valeur et contenance, lesquelz pour estre escartés dez autres en ung cartier sur les murailhes de la ville se seroit saubés; où à present demurent six ou sept habitans; les autres estantz masacqurés et admurtris ou mortz de pobrecté, unue partie s'en alées en divers lieus pour gainher lieur vie, delaisant lieurs terres hermmes, incultes, pour n'avoyr moyen de les trabailher, demurantz les toutz pribés de habitacion dedans et hours la ville et de toutz lieurs biens mubles et comodictés, sy que à son avis ilz n'ont mouyen de vivre que fourt pobrement et à grand trabailh et mouyens; n'ont de quoy païer tailhes, tailhons ny autres subcides inpouzés par le Roy nostre sire ou desd. s^{rs} ces liutenantz. Plus dict ne savoir. Recoulé, a perseveré, et ne saict escripre, mès a mercqué sa depposition (1).

[Déposition d'Arnaud de Castaing.]
Du second aoust.

Arnauld Castaing, laboureur du lieu de Montegut, atgé de soixante ans, possedant en bien cinq cens escutz, tesmoing produict, et moyenant serement ouy et examiné sur la d. rubriche.

(1) D'un signe en forme de fer de lance.

Dict d'aultant que sa maison est prochaine de St Sever de ung demy cart de leuee environ, et acize au hault de ung coutau, en l'an mil cinq cens septante troys, le jour ne sauroict certenement especiffier, bien que à son avis est environ le dix^{me} mars, peu debant le soureilh levant il auroyt ouy ung grand bruict de arcabouzes et pistoles, trompetes de gans à chebal et grand hurtement contre les pourtes de la d. ville; et peu après il auroit veu dez habitans hommes et fammes quy auroit peu eschaper quy s'en fuis quelques ungs en chemises (1), par lesquelz il auroyt entandeu la prinze de la d. ville de St Sever et comme par la traizon du d. Lafont quy auroyt fainct voloir passer pour aler en quelque part part avec troys ou quatre souldatz pour le service du Roy, la pourte de la ville auroyt esté overte et par luy reteneue a fourrse, atandant que la troupe du d. Legier qu'estoict en enbuche illec près dans le bois du monestaire vindroit, ce que bien tost auroit esté faict; et à l'entrée tuhée, masacquré ce qu'ilz auroit trubé en en la ruhe; et après pilhée, sacquagée toute la ville, faictz prisonniers, gainés et ransonés à grandz tormantz toutz ceulx quy auroyt heu quelque mouyen de recoubrer quelques deniers, et après exercé toutz actes de houstelicté et cruhaulté qu'ilz auroit peu avizer tant dedans que dehours, mesmes au d. Montegut ilz auroit pilhé tout le vilatge, bruslé les plus principales maisons, tuhée quelques hommes; et a veu aussy comme ilz auroyt bruslé jusques aulx fondementz toutes les maisons et metaries où il avoict mouyen de quelque habitacion en dehours la ville ni terroyr du d. St Sever, pour à son avis que les gans du Roy n'eussent quelque mouyen de c'y retirer; et pandant lieur demure en icelle ville, comme soubant il voyet, faizoit ord[inairemen]t charoier et enpourter le butin et pilatge dans le païs de Bear; et n'y trobant plus à son avis à pilher, après avoyr demuré cinq sepmenes environ dans la d. ville, y auroyt mis le feu par toutz les endroictz d'icelle; et après l'avoyr veue bien enbrazée sans mouyen de y arrester le feu, s'en seroit departis et rantrés dans le d. païs de

---

(1) C'est avant le lever du soleil, par conséquent à une heure où les habitants dormaient encore, que la ville fut surprise. — Cette heure matinale explique cette fuite « en chemise ».

Bear. Et après, dez sirconvoezins tant du d. Montegut que autres lieurs sirconvoezins y auroyt acoureu, cuidant arrester le feu ou garder quelque chouse ausd. habitans; mès ne lieur auroyt esté poisible, eins auroyt esté bruslée toute lad. ville, murailhes et tout, fours quelques unnes fourt petites quy sont encours debout, exceptée six ou sept petites maisonetes que ce seroit saubés pour estre escartés en ung endroict sur les murailhes de la ville, où font a present lieurs habitacions six ou sept pobres habitans, tout le demurant tant masacquré ou mortz de fain et pobrecté, quelque partie escartés par les vilatges pour gainher sa vie de lieur trabailh comme ilz peubent, delaisant les terres et vignes la pluspart hermes, incultes et sans aulcung trabailh. A cause de quoy et pour ne lieur estre demuré habitacion, bien muble ny mouyen ne sauroict à son avis satisfaire à lieurs creanciers, mouyens païer les tailhes et deniers royaulx inpouzés par le Roy ou mess^{rs} ces lieutenantz; plus toust à son avis changeret de terre et royaulme comme font plusieurs autres. Et plus n'en auroit dict. Recoulée, a perseveré, et ne saict escripre.

[*Déposition de Bernard Castaing.*]

Du d. jour.

Bernad Castaing, laboureur du lieu de Montegut, atgée de quarante ans, possedant en bien cinq cens escutz et plus, comme dict, tesmoing produict par le d. procureur, et moyenant serement, enquis, ouy et examiné.

Dict que au moys de mars mil cinq cens septante troys, certenement ne sauroit dire le quantiesme estoit, que ung matin sur le ponent (1) du jour, il estoit à la fourge du lieu de Montegut distant du d. St Sever ung quart de leuee, et d'illec ilz auroit ouy ung grand bruict d'arcabouzes et pistoules à l'entour du d. St Sever; et pour savoir la vericté de ce qu'estoit, le man[e]chal (2) et luy estoit montés hault seur ung coutau; et d'illec

---

(1) *Corr.* le levant du jour; « ponant du jour » signifierait le coucher du soleil. Or, c'est au lever du jour que la ville fut surprise.

(2) Le maréchal-ferrant. En gascon : manescal.

auroit veu grand nombre de gans de guere tant à pié que à chebal à l'entour de la d. ville, quy entroit dedans. Peu après auroyt veu certains habitans, hommes et fammes quy estoit eschapés de la d. ville quy c'en fuis; par lesquelz auroyt entandeu que la d. ville auroyt estée traïée et surprinze par le d. Lafount, qui de longtampz faizoit estat d'amictié avec les habitans de la d. ville; toutesfoys, praticqué et corompeu par le d. Legier, ce seroit presanté aulx pourtes d'icelle ville acompaigné de quatre ou cinq homes à chebal, armés et dizant avoyr à faire passer pour aler en quelque part pour le cervice du Roy; la pourte de la d. ville luy auroyt esté obertée. Et après incontinant l'ung de la d. troupe auroit donné unne pistoladée au pourtier et ce seroit saizie de la pourte. Bien toust après, comme il auroyt aussy veu du d. cotau, le d. Legier avec sa troupe de cabalarie et enfanterie seroit entrés dans la d. ville, et du premier rancontre tuhée et masacquré toutz les hommes qu'ilz auroyt rancontrés. Et peu après se seroyent mis à pilher et sacquager la d. ville, à ransoner et gainer tout la reste dez hommes quy auroit esté saubés de la premiere fureur, et tiré à grand foursse toutz les deniers qu'ilz auroit peu finher par lieurs mouyens ou de lieurs amis, et exercé après toutes cruaultés, faictz de houstelicté qu'ilz auroit peu advizer, non non sulement dedans mes aussy dehours; car quatre ou cinq jours après lieur beneue, après avoyr pilhé toutes les maizons dez environs et teroyr de la d. ville, y auroit mis le feu, comme il auroit veu, et quant ilz voiet que les murailhes demuroit encours debout hus mesmes avec grandz pieces de bois les esbranloit, et après faizoit metre par terre pour les razer et combler entierement pour evicter que aulcune troupe dez companies de gans du Roy quy estoit ez environs ne peusent la loutger ny fere aulcune retraicte; et du mesmes pilhoit, sacquagoit toutz les vilatges dez environs, mès principalement le d. Montegut, pour ce qu'il estoit plus prochain et comode; et ung autre dict Moumolous (1); lesquelz deux vilatges ilz auroit pilhée et bruslé toutes les beles maisons où ilz voyet avoyr quelque comodicté de povoir boutger. Et cepan-

---

(1) Montmouloux (Hautes-Pyrénées), sur la rive gauche de l'Arros, presque aux portes de Saint-Sever.

dant, comme soubant il voyet, ilz faizoit enpourter dans Bear toutz les mubles pourtables de quelque valeur, tant du d. St Sever que d'ailheurs en Bear, avec charetes, chebalz, hommes et fames quy venoit expresement pour ce fere du d. Bear, sans y rien laisser. Et après avoir buidé tout lieur butin, voyant à son avis qu'ilz ne povoit plus pilher ez environs, ayant demuré cinq sepemenes ou plus en la d. ville, ung jour seur le tart, après le soureilh couchant, auroyt mis le feu, comme il auroit veu de louing, par toutz les cartiers de la d. ville, et l'ayans veue bien enbrazé sans experance de y povoir metre aulcung remedée, estaindre ny arrester le feu, s'en seroit retournés en Bear. Mès après, tant le deppouzant que plusieurs autres vouezins y seroit acoureus pour y haider quelque chouse aulx habitans, s'il heust esté ponsible mès lieur beneuee n'auroit de rien cervy, car le feu avoit déjà tout bruslé prescque juscques aulx fondementz, sans rien estre demuré hours quelques petites maisons de petite valeur ou à present se sunt acomodés et habitent sept huict pobres habitans, vivans pobrement comme ilz pubent de lieur trabailh, le restee estantz mortz prescque de fain et pobrecté, la reste estant esgarés parmy les autres vilatges, gainhautz lieur pobre bie à grand trabailh, demurant lieurs terres et vignes hermes et incultes sans aulcung mouyen de païer lieurs creanciers ny deniers inpouzés par le Roy ou mes^{rs} ces liutenantz ou deputés. Plus dict ne savoir. Recoulé, a perseveré, et ne saict escripre, mès a mercqué sa depposition (1).

[*Déposition de Vidau Douléac.*]
Du d. jour.

Vidau Douleac, laboureur, consul du lieu de Moumolos, atgée de cinquante ans, possedant en biens deux cens escutz et plus, tesmoing produict par le d. procureur, et moyenant serement, enquis, ouy et examiné, sur la d. rubriche,

Dict que le d. teroyr de Moumolous est acys au teroyr et

---

(1) D'un fer de lance renversé.

jur[idicti]on de Comenge (1), toutesfoys est joignant et contigeu à celuy de St Sever, et à raison du voezinatge il auroyt ouy ung jour du moys de mars en l'année mil cinq cens septante troys, mes certenement ne sauroit especiffier le jour, seur le soureilh levant, qu'il auroit ouy grand bruict de tambourins de Souice, trompetes de gans à chebal, à l'entour de la d. ville de St Sever; à cause de quoy, pour entandre que c'estoit, il seroict montée hault seur ung coutau d'où il povoit voyr la d. ville, à l'entour de laquelle il auroit veu foursse gans à chebal et à pied armés, quy entroit dans icelle, et grand bruict de pistoles et arcabouzes c'on desbandoit leans; à cause de quoy il se seroit arresté; debantage et veu aulcungs desd. habitans, hommes et fames quy s'en fuis parmy les champz, par lesquelz il auroit entandeu comme la d. ville avoit esté surprinze par les enemis du Roy soubz la conduicte du d. Legier soy-disant cappitaine de la d. troupee quy estoit sourtis de Bear, quy auroyt praticqué et corompeu le d. Lafount, lequel soubantes foix et mesmes troys ou quatre jours debant il l'auroit veu dans la d. ville, où à son avis il tramoit deyà la d. traïzon; et le jour de la prinze, grand matin, acompaigné ou quatre autres, soy presanta à la pourte et demande oberture luy estre faicte pour passer en quelque part où il dizoit voloir aler pour le cervice du Roy; et pour l'amictié qu'il avoyt avec les d. habitans et anciene cognoisance, la pourte luy auroit esté oberte par deux pourtiers qu'il y avoit ce jour. Toutesfoys, d'aultant que l'on n'obre enticrement la pourte, mes sulement le guichet, l'ung de la troupe du d. Lafount auroit donné une pistolade au trabers la teste du pourtier, duquel coup il en seroit despuis mort, comme il auroit ouy dire, et par forsse l'auroyt toute oberte et teneu bon contre toutz ceulx quy voloit aprocher. Et cependant, le d. Legier, ces troupes quy estoit illec près en enbuche dans le d. bois seroit aribés et entré dans la ville de grand fureur, et du premier rancontre tuhé toutz ceulx que ce presantoit debant; et après ce seroit mis à piller et sacquager la d. ville, et fere prisonniers,

(1) Il y a évidemment ici une erreur ou du déposant ou du clerc. Par quelle singularité ce petit village, situé sur l'extrême limite du comté de Pardiac, relèverait-il du Comminges? Tout au plus serait-il dans la juridiction de Rivière-Verdun.

gainher et ransonner toutz les autres habitans qu'ilz auroit peu truber, les constraignants par infinicté de turmantz de bailher les deniers qu'ilz avoit en main ou povoit recoubrer par le mouyen de lieurs amys. Et ayant pilhé la ville, ce getoit toutz les jours seur les vilages prochains comme Montegut, Moumolous et autres environs, et mesmes cinq ou six jours après la d. entrée auroyt pilhés et buidés toutes les metaries et maisons du teroyr de St Sever, et après y auroit mis le feu. Et quant voyet que quelques murailhes demuroit debout, avec grand pieces de bois hus mesmes les faizoit tomber et conbler, pour à son avis enpecher que aulcung dez gueriers du Roy ne peusent fere aulcune retraicte ny demure. Et mesmes es faict à son avis au d. Momolous auroit faict brusler vingt et deux maisons et aultant ou plus au d. lieu de Montegut dez plus beles maisons où l'on ce povoit loutger. Et pandant lieur d. demure, comme soubant il voiet, faizoit toutz jours charoier les mubles et butin avec charetes, beufz, vetailh de labouratge qu'ilz avoit toutz prinz, tant du d. St Sever que ce qu'ilz auroit peu atraper dez autres vilatges, le tout enpourté dans le d. païs de Bear. Et voyantz à son jugement que plus n'y trubet que pilher après y avoir segourné cinq sepmenes ou plus, ung souyer seur le tart auroyent mis le feu en toutz endroictz de la d. ville, comme de louing il auroit veu. Et là bouyans à demy bruslé sy qu'il n'y avoit mouyen de y arrester ny estaindre le feu, s'en seroit departis. Quoy aparceu par les vouezins, y seroit acoureus; toutesfoys n'auroit peu rien proficter, causant le grand feu quy avoit dejà prescque tout bruslé sans que les pobres habitans troubacent aucung moyen de rien sauber de ce que les enemis n'auroit peu enpourter; et toute la ville auroit esté bruslé juscques aulx fondementz, fours quelques murailhes petites quy seroit demurés debout, et en ung endroict seur la murailhe six ou sept petites maisons lours inhabités pour lieur peu de valeur et ruinhe, que puis le depart des enemis six ou sept pobres habitans auroit quelque peu acomodés sulement de touet et couberte, où ilz demurent pobrement; la reste, unne partie sunt mortz de fain et maubès tractement, et autres esgarés par les vilatges, gainhant lieur vie de lieur trabailh sans avoyr à son avis mouyen de ce remetre, n'estant demuré en lieurs mains

aulcung bien muble ; et la pluspart endestés pour lieur ranson
ou alimantz ; demurantz à ceste occasion, comme il voyt, les terres
la pluspart inutiles et infertiles, sans trabailh ny culteure, à cause
de quoy, à son jugement, ilz n'ont aulcung mouyen de païer les
tailhes et subcides inpouzés par le Roy ou ces comis et deputés.
Plus dict ne savoir. Recoulé, a perseveré, et ne saict escripre,
mes a mercqué sa depposition (1).

[*Déposition de Pierre Cénac.*]

Du d. jour.

Piere Cenac, laboureur, consul de Momolos, atgé de soixante
ans, possedant en bien cent escutz et plus, comme dict, tesmoing
produict par le d. procureur, moyenant serement, enquis, ouy
et examiné seur la d. rubriche,

Dict que au moys de mars quy vient seront passés deux ans
que luy estant au d. lieu de Momolos, ung matin seur le ponent
du jour (2), auroyt ouy grand bruict de pistoles et arcabouzes
à l'entour de la ville de St Sever, à cause de quoy, tant luy
que certains autres habitans du d. Moumolos seroit montés seur
ung hault coutau d'où il povoit voir ezement et prochain de
la d. ville ; d'illec ilz auroit veu la d. ville environné de fource
gans à chebal et à pié harmés, quy entroit avec grand bruict
de tabours de Souice, trompetes de gans de guere et dezlaicement (3) d'arcabouzes et pistoles, et grand bruict de gans quy
crioyt : « *Tue tout!* » ; et peu après auroyt veu quelques habitans,
hommes et fames, les uns bestus, autres en chamises, qui s'en
fuis. Entre les autres, son metre duquel il tenoit la metarie
où il demuroit quy ce seroit saubé dans icelle en chamise, par
lequel et autres il auroit entandeu la prinze de la d. ville, et
comme la traïzon avoit esté faicte par le d. Lafount, reputé de
long tampz grand amy des d. habitans ; toutesfoys corompeu,

---

(1) D'un fer de lance.
(2) Voir la note 1 de la page 146.
(3) Le clerc de M. de Relongue, m^{re} Gerbaudy, rédacteur de la présente
enquête, emploie constamment la forme « laicer » pour lâcher un coup de
pistolet. Il écrit ici pour la même raison *dezlaicement* pour *deslachement*.

comme l'on presumet par le d. Legier ou sa troupe, ung matin debant le jour, acompaigné de quatre ou cinq homes harmés, auroit trubé mouyen de ce faire faire oberture au pourtier; mes incontinant avoyt tuhé ung home et donné ung de pistolade au pourtier quy ne voloit entierement obrir la d. porte. Et après, s'et saicy d'icelle. Bientost après, du bois dez mouyenes (1) illec prochain seroit sourty de l'anbuche le d. Legier avec ces troupes, et entré furieuzement dans la d. ville criant comme dict est : « *Tuhe, tuhee!* », et du premier rancontre auroyt masacquré tout ce que se seroit presanté, et après pilhé, sacquagé le monestaire (2) et la d. ville, et faict prisonnier tout la reste de ceulx quy ce seroit trubés leans; desquelz, comme il auroit entandeu par plusieurs de ceulx quy avoit passé par lieurs mains, qu'ilz avoit pilhé et estourcqué tout ce qu'ilz auroit peu recoubrer, tant de culx mesmes que par l'adresse ou secours de lieurs amis, exerçant toutz actes cruelz et de houstelicté qu'ilz povoit pansser. Et après avoir pilhé la ville, du sanblant auroynt faict par le dehours, mesmes au d. lieu de Moumolous et Montegut, prochains et contigens, desquelz ilz desroboent tout ce quy ce povoit pourter, betailh et tout. Et après de nuict les faizoit tout charoier et enpourter au d. païs de Bear. Et quelque jour après la d. veneue, crainhant, comme ilz dizoyent, estre asailhis par les troupes dez gueriés du Roy, auroyt pilhés toutes les metaries de l'entour et teroyr du d. St Sever; et ce faict, y auroyent mis partout le feu; et où les murailhes n'auroit esté bruslés et consumées et demurés debout, heus mesmes et paisantz les premiers qu'ilz povoyt rancontrer les fourcet avecque houes et autres ferementz fere tuniber toutes les paroitz murailhes, sans y en laisser pas unne, que le teut ne feust couglé (3) par terre. Du samblée en auroyt faict au d. Moumolos et Montegut, ou du mesmes ilz auroyt bruslé

---

(1) Moines.
(2) On s'étonnera peut-être de ne trouver dans cette longue enquête que cette brève mention du pillage et de l'incendie de l'abbaye de Saint-Sever; il ne faut pas oublier que les habitants de Saint-Sever font informer de leurs ruines dans le but d'obtenir du Roi exemption ou diminution des tailles, et que l'abbaye étant exempte de cet impôt il était inutile de la mettre en cause. On trouvera les détails de l'incendie de l'abbaye dans l'enquête générale qui suit celle-ci.
(3) Couché ?

et abatues toutes les maisons où il sambloit que les gans de guere pusent fere quelque retraicte. Et après toutz les mubles pourtoit dans la d. ville, et toutz vetailhz qu'y trobet de labouratge, avec lesquelz la nuict, parfoix de jour, faizoit charoier tout le butin et pilhatge en Bear. Et voyant qu'ilz avoit depublé tout le païs de vetailhz de labouratge et autres, et que plus n'y avoit rien à pilher, après avoyr teneue la d. ville cinq sepmenes ou plus, ung jour seur le tart auroyent mis le feu en toutz les endroictz de la d. ville, comme il auroit veu de louing; et voyant la d. ville enbrazé et sans mouyen de la povoir sauber, arrester ny estaindre le feu, s'en seroit allés et rantrés en Bear. Et l'endemain, tant le deppouzant que plusieurs autres vouezins y seroit allés pour panser sauber quelque chouse aus d. pobres habitans, mes n'auroit peu rien faire, jouint qu'il y seroit aribé quelque troupe de soldatz quy estoit en garnizon en ung vilatge illec prochain quy en auroit tiré quelques vivres, muble ; mes le tout auroyt esté pilhé et deroubé aulx pobres habitans et enpourté où bon lieur auroit samblé, sy que toute la d. ville auroyt esté bruslée juscques aulx fondementz, exepté quelques petites murailhes quy auroyt demuré droictes en quelques endroictz, et six ou sept petites mesonetes inhabités auparabant quy ne cervoit que d'establerie, estant en ung cartié de la ville seur les murailhes, desqueles l'enemy n'auroict dainhé fere aulcung compte ; esqueles six ou sept pobres habitans s'y seroit acomodés, et coubertes quelque peu de touet, où ilz vivent pobrement, la reste dez habitans estant murtris ou mortz de fain et pobrecté, et quelques unngs escartés par les vilatges dez environs, vivantz miserablement de lieurs trabailh et peynes, occasion de la d. ruinhe, prescque toutes les terres et vignes demurent hermes et infertiles, toutz les habitans que bien peu ayent mouyen de les trabailher, mouyens de païer tailhes, subcides ny autres inpouzicions du Roy nostre sire, mess^{rs} ces liutenantz ny autres ces comis et deputés. Plus ne dict. Recoulé, a perseveré, et ne saict escripre.

[*Déposition de Bernard d'Antras.*]

Du tiers jour de aoust.

Bernad d'Antras, laboureur du lieu de Jacque en Vigourre, atgée de qurante ans, possedant en bien cent escutz et plus, tesmoing produict par le d. procureur, et moyenant jurement par luy presté, enquis, ouy et examiné,

Dict que du d. lieu de Jacque, acys ou conté de Vigoure où il habite, est distant du d. St Sever de demy leuee environ, et à raison du voezinatge, auroyt ouy ung jour du moys de mars en l'an cinq cens septante troys, ne sauroit certenement especiffier le jour, avant le soureilh levant, auroyt ouy, luy et plusieurs autres, grand bruit de tambors de Souice, trompetes de gans à chebal, bruit d'arcabouzes et pistoles, à l'endroict, comme il lieur sembloit, de la ville de St Sever. Et peu d'elheurs après auroyt veus quelques habitans, hommes et fammes de la d. ville, par lesquelz auroit entandeu comme la d. ville auroyt esté surprinze par les enemis du Roy, par le mouyen de quelque-ung qu'ilz nomet le cappitaine Lafount, quy auparabant dizoit grand amy de la d. ville, quy auroyt trubé mouyen ce faire obrir les pourtes. Mes bien peu après, les d. enemis conduictz par ung qu'ilz apeloit le cappitaine Legier estant en quelque enbuche seroit surbeneu et de grand fureur et houstelicté d'antrée auroyt tuhé toutz les habitans quy auroit trubés par les ruhes; et après pilhée et sacquagée toute la ville, faict prisonnier toute la restée dez hommes quy auroit trubé leans et faict finher à foursse toutz les deniers qu'ilz avoyt ou auroyt peu recoubrer entre lieurs amis; et ayant pilhée et sacquagé tout le dedans comme il entandoit soubant par ceulx quy par ranson ou autrement estoit eschapés, auroyt faict le samble par dehours, ayant pilhé toutz les vilatges dez environs comme Moumolos, Montegut et le d. Jacques où ilz ne laisoit vivres, aulcuns vetailhz de labouratge ou autres ny muble pourtable d'aulcung pris ou balheur; le tout enffermoit dans la d. ville, et après enpourté en Bear avec charetes, chebaulx, hommes chargés et fammes aussy que venoit de Bear tout exprecement pour venir chercer le pilhatge. Et neantxmoings, comme peu après il auroyt veu, auroyt bruslé toutes les metaries estans au teroyr du d. St Sever de fons en comble, sans y en laisser pas unne qu'il saiche; et auroyt bruslé aussy toutes les maisons où sambloit avoyr quelque mouyen de faire lougis et habitacion, tant au d. lieu de Montegut que Moumolous. Et voyant à son avis qu'ilz ne trobet rien plus à pilher, après avoyr teneue la ville et ruinhé toutz les environs l'espace de cinq sepmenes ou plus, ung souyer seur le tart et commancement de la nuict, ilz auroyt mis le feu dans la d. ville; et après l'avoyr veue bien enbrazée, s'en seroit departis et remis dans le d. païs de Bear, et icelle ville auroyt entierement esté bruslée juscques aulx fondementz sans que rien y soict demuré fours quelques petites muralhes en quelques endroictz, et cinq ou six petites mezonétes auparabant inhabités comme despuis il a veu, et que les despuis se sunt retirés quelque petit nombre de habitans qui demurent ordinairement de present, comme il voyt y alant parfouyes, vivantz à grand peyne et dificulté, et toutz les autres sunt mortz, la pluspart ou aulcungs ce sunt retirés comme ilz ont peu seur les vilatges dez environs, gainhantz à grand peyne lieur pobre vie, delaissant les vignes et terres en friche et sans trabailh ny culture, à cause de quoy, à son avis, ne peubent tirer profict ny rebeneu suffizant pour unne partie de lieurs vivres seulement, mouyens à son avis pour païer les charges inpouzés par le Roy ou ses deputés, et le feront mouyens sy après, d'aultant que la plus part du teroyr du d. St Sever est tout en vignes subjectes, à raison de l'acietée du païs, aulx gelées, grelées et autres ingures du sciel, et sy la culture lieur mancque, sunt dans peu de tampz perdeues ou infertilhes. Plus dict ne sçavoir. Recoulé, a perseveré, et ne saict escripre.

[*Déposition de Domenge Lalanne.*]

Du d. jour.

Domenge Lalanne, laboreur et consul du lieu de Jacque, atgé de soixante ans, possedant en bien cent escutz, tesmoing produict par le d. procureur, moyénant serement, enquis, ouy et examiné,

Dict deux ans seront passés au moys de mars prochain, ne

sauroit certenement speciffier le jour, que estant au d. lieu de Jacque, audebant le soureilh lebant il auroyt ouy ung grand bruict de tabours de Souice, trompetes et d'arcabouzes et pistoles à l'entour, comme il luy sambloit, du d. St Sever, et peu après auroyt veu dez habitans de la d. ville quy estoit eschapés quy s'en fuis, par lesquelz auroyt entandeu la surprinze de la d. ville par le mouyen du d. Lafount, qu'il auroit trubé mouyen faire obrir les pourtes de la ville ; et incontinant seroit aribés les enemis du Roy soubz la conduicte du d. Legier, quy d'antrée auroyt tuhée et masacquré tout ce qu'ilz auroyt trubé en ruhe; et après pilhé, sacquagé la ville et faict prisonniers et ransonés toutz les autres habitans quy seroit eschapés de la premiere fureur, et extourcqué tant d'argant qu'ilz les auroit peu fere finher ; et après avoyr pilhée la d. ville, quelques jours quy ne sauroit speciffier, auroyent aussy pilhés toutes les metaries de la d. ville et vilatges vouezins, et retiroit tout dans icelle; et après le faizoit tout enpourter de jour et nuict comme il voyet parfois au d. Bear ; auroyt mis le feu en toutes les metaries du d. St Sever et razées jusques aulx fondementz et aussy bruslées les maisons dez lieus de Moumolous et Montegut, où il sambloit avoyr loutgis pour fere quelque retraicte de gans; et après avoyr depublé tout le païs de l'entour de betailh de labouratge et autres et de tout ce qu'ilz auroyt peu enpourter, après avoyr teneuee la d. ville cinq sepmenes environ, ung souyer seur le tart y auroyent mis le feu en toutz les endroictz de la ville, comme il auroyt veu de louing, s'en seroit allées, comme l'on dizoit et rantrés au d. Bear. Despuis il auroyt veu la ville bruslée fours quelques petitz fondementz en quelques endroictz et en ung cartié de la ville six ou sept petites maisons de fourt peu de valeur où ce sunt retirés six ou sept habitans vivantz pobrement dans icelle de lieur trabailh; les autres habitans quy sunt demurés en vie ce sunt retirés seur les vilatges esgarés, pour trober quelque mouyen de vivre, demurant les terres, la pluspart desqueles sunt en vignacgles, sans trabailh ny cultheure, et par consecquant ne pubent donner que peu de profict, que ne sauroict suffire à la moytié de la vie, et beaucoup mouyens moins à païer les charges ny autres subcides inpouzés par le Roy nostre sire, ces liutenantz et deputés. Plus dict ne savoir. Recoulée, a perseveré, et ne saict escripre ; a mercqué sa depposition (1).

[*Déposition de Bernard de Lagons.*]

Du d. jour.

Bernad de Lagons, laboureur, consul de Marseilhan, atgé de cinquante ans, poussedant en biens cent escutz et plus, tesmoing produict par le d. procureur et moyenant serement par luy prestée, enquis, ouy et examiné,

Dict que au moys de mars prochain seront passés deux ans, que ne sauroict especifier le jour, que luy estant au lieu de Marseilhan en Vigoure distant du d. St Sever de demi leuee environ, ung jour debant le soureilh lebant auroit ouy grand bruict de arcabouzes ou pistoles, tanbours de Souice, trompetes, auprès, comme il luy sembloit, du d. St Sever, et peu après auroyt veu les habitans de la d. ville quy seroit eschapés et fuhys parmy les champz, les unns betus, les autres en chamise, par lesquelz il auroit entandeu la prinze de la d. ville, et comme par la traïzon de ung nonmé Lafount les pourtes luy auroit esté obertes, et incontinant les enemis quy estoit illec prochains seroit entrés de grand fureur et tuhé ceulx quy auroit esté trubé en ruhe, toute la ville sacquagée et pilhée, les autres habitans quy puis auroit esté trubés, quelques-ungs tuhés, toutz les autres mis à ranson et extourcqué d'eulx tout ce qu'ilz auroyt peu finher. Et après ce seroit mis en canpaigne et pilhoit, comme il voyet bien ordinairement par les plainctes comunes dez vouezins, ilz pilhoit et deroubet betailhz de toutes sourtes et mubles de quelque valeur, le tout aportoit dans le d. St Sever, et la nuict et jour, comme il voyet soubant et ouyet dire, faizoit le tout charoier dans Bear. Et après auroyt bruslé toutes les metaries dez entours du d. St Sever et faict tonber toutes les maisons du d. teroyr de St Sever ; et aussy grand nombre de celles du d. Momolous et Montegut, où ilz vouyet y avoir quelque mouyen de retraicte de gans de guere. Et voyans après à son avis qu'ilz n'y trubet rien

(1) D'une croix.

plus à pilher, ayant teneue la d. ville cinq ou six sepmenes, ung soueyer seur le tart y auroyent mis le feu par toutz les endroictz et s'en seroit alés en Bear; et quelques jours après il y seroit allé, et veue toute la d. ville bruslée sans y estre prescque rien demuré juscques aulx fondementz, sy ce n'est quelques petites murailhes et cinq ou six mezonetes où les habitans, partie quy restent, se sunt acomodés, vivantz pobrement comme ilz pubent; les autres se sunt esgarés par les vilatges dez entours, gainhaut lieur vie à grand trabailh, laisant lieurs vignes, en quoye git la pluspart de la terre, sans trabailh ny cultheure ; et par ce estant desnués de toutes comodictés, ilz n'ont mouyen de vivre que à grand trabailh et grand peyne, mouyens de païer les deniers royaulx, cins seront constrainctz, à son avis, plustout de quicter et abandoner la terre. Plus dict ne savoyr. Recoulée, a perseveré, et ne saict scripre, mes a merqué sa depposition (1).

[*Déposition de Sansolou Dautran.*]

Du d. jour.

Sansolou Dautran, laboureur et consul de Marsseilhan, atgé de trante ans, possedant en bien cinquante escuts, comme dict, tesmoing produict par le d. procureur, moyenant serement par luy presté, enquis, ouy et examiné,

Dict quy seront passés deux ans au mouyes de mars prochain, ne sauroit certenement speciffier le jour, que luy estant au d. lieu de Marsseilhan avec certains autres, auroyt ouy grand bruict de delaicement d'arcabouzes et pistoles, de tambourins de Souice et trompetes, ez environs, comme il luy sambloit, du d. St Sever, ce que peu après il auroyt cong[n]eu beritable, d'aultant que bien toust il auroyt veu dez habitans du d. St Sever fuiant parmy les champz, les unns beteus, les autres en chamise, par lesquelz il auroyt entandeu la prinze du d. St Sever par la t[r]aïzon du d. Lafount; et comme dez l'antrée ilz auroyt donné unne pistolade à ung pourtier, tuhé, masacquré ceulx quy de premiere

---

(1) D'un fer de lance.

entrée auroyt esté trubés seur la ruhe, les autres faictz prisonniers et gainés et ransonnés de tout ce qu'ilz auroyt peu finher, après toute la ville pilhée et sacquagée ; et le mesmes en auroit esté faict par toutes les metaries du teroyr et toutz les vilatges vouezins mesmes au d. Marseilhan où samblement ilz pilhoit et enpourtoit vivres, vetailhz et tout ce qu'ilz povoit truber ; mesmes ung jour auroit saissy le deppouzant, mes il auroyt trubé mouyen en l'amenant de ce fere eschaper et s'en fuihir ; et tout le pilhatge et butin ilz admenoit dans le d. St Sever, et puis la nuict et jour, comme il ouyet dire comment fezoit charoier le tout dans Bear. Et quelques jours après auroyt aussy mis feu et bruslé entierement jusceques aulx fondementz toutes les metaries et habitacions du d. St Sever, sans rien laisser pas unne qu'il saiche, comme du mesmes auroyt bruslé foursse maisons et habitacions des d. Moumolous et Montegut, et la part où il sambloit que les gans de guere peusent faire quelque retraicte ; et ayant teneue la d. ville cinq ou six sepmenes environ, à son avis, et pour ce, comme il pensse n'y truber rien plus à pilher ez environs, ung soueyr seur le tart auroyent mis le feu en la ville et s'en seroit alés. Et l'endemain, le deppouzant y seroit allé, et veu comme toute la d. ville avoyt esté bruslé jusques aulx fondementz fours quelques petites murailhes quy seroit demurés debout et quelques petites meisonetes quy n'estoit rien extimés ; toutesfoys pour la necesicté quelque petit nombre de habitans ont acomodée lieur habitacion, y vivant pobrement et à grand trabailh, et la reste de ceulx quy vivent sunt parmy les vilatges dez environs, vivant de lieur trabailh, laiçant lieurs terres, consistant la pluspart en vignes, sans culteure et trabailh, pour n'avoyr mouyen de icelles fere culthiver, et consecquement n'en repourtant prescque aulcung profict ; à cause de quoy n'ont aulcung mouyen de se nourir, mouyens d'en païer tailhes ny subcides au Roy ny mess^rs ces liutenantz. Plus dict ne savoir. Recoulé, a perseveré, et ne saict escripre, mes a mercqué sa depposition (1).

La present infourmacion contenans les deppositions de quatourze

(1) D'une croix.

tesmoings, escriptes en vingt et neufz feuilhetz de pappier, auroyt esté faicte par noz susd. commissaire. Et en foy de ce, noz serions soubzsignés enssamble nostre clerc.

A. RELONGUE, juge commissaire.

De mandement de mond. s^r commissaire,
J. GIRBAUDY.

XV.

1575. — 5, 6, 9 ET 10 SEPTEMBRE.

[ENQUÊTE

SUR LES RAVAGES FAITS PAR LES HUGUENOTS DANS LE COMTÉ DE BIGORRE (1).]

(Archives de Mademoiselle Guichard, à Tarbes.)

Information faicte par mons^r Guillaume Abbaye, lieutenant principal en la court de monsieur le seneschal de Bigorre, de la partie du sindic du clergé du diocese de Tarbe et sur le conteneu de l'Intendit baillé par led. sindic et suivant les appointemens escripts aux requestes y liées et cy attachées, des teneurs :

INTENDIT que baille par devant vous très honorés seigneurs mons^r le seneschal de Bigorre, vostre lieutenant et court, la partie du sindic du clergé du diocese de Tarbes, pour sur icelluy appellés mons^r le procureur du Roy ou son substitut, suyvant vostre appoinctement, estre enquis sur les degats, saccagemens, ruynes

---

(1) L'original de cette enquête a péri, avec les archives du chapitre de Tarbes, dans le malheureux incendie qui dévora l'hôtel de la préfecture de Tarbes au commencement de ce siècle. La copie que nous reproduisons a été faite sur l'original, au siècle dernier, par un membre du chapitre de Tarbes, le chanoine Girard. Elle est renfermée, avec plusieurs autres documents intéressant le chapitre, dans un cahier *in-quarto* de 96 pages. Le bon chanoine copiste a pris soin de nous dire que l'original « estant un peu endommagé par la caducité « du papier », il a voulu en tirer une copie pour conserver ce document à la postérité. Cette copie offre tous les caractères de l'authenticité ; l'auteur déclare qu'il l'a faite « mot pour mot sans y rien changer » ; d'ailleurs, il a pris le soin de la collationner avec l'original ; son manuscrit porte une foule de corrections orthographiques qui indiquent jusqu'à quel point il a poussé ses scrupules de copiste exact. Inutile de dire que nous avons pris modèle sur le bon chanoine et que le texte que nous donnons est en tout conforme à celui de son manuscrit.

des villes et massacres, bruslement, gresles et autres incomodités et miseres adveneues en la dite diocese.

I.

Premierement dit et entend prouver que en l'an mil cinq cens soixante neuf et le sixiesme du mois d'aoust, le comte Mongomery accompagné des viscomtes passa par lad. diocese pour aller faire lever le camp du Roy qui estoit devant la ville de Navarrens, au pays de Bearn, et commençant à l'esglise de Lanemesan, icelle brularent et pillarent, comme aussy les maisons des ecclesiastiques, et de là avant Capbern, Mauvesin, Lutilhos, Begole, Burg, Campistrous, Lanaspede, Ricau, Ozon, Tournay, Peyraube, Clarac, Goudon, Clarens, Galaes, Laspalu, Sinso, Bordes, Bourg, Sarrabeyrouse, Sarramea, Pouts, l'esglise archipresbyterale de Chelle, les esglises parochialles de Marceillan, Castelvieilh, Troley, Labarthe, Lameac, Marcarie, l'esglise archipresbiterale de Ciutat, Pomaros, Aurignac, Fite, Chelle-dessus, Luc, Abeilhous, Antist, Ordisan, Bernac-dessus, Bernac-debat, Vielle, Calabanté, Lespoey, Viellenove, Mascaras, Montignac, Barbazan-debat, Soes, Forgues, Momeres, Salles-Adour, Arcisac, St-Martin, Mongallart, Visquer, Odos, Benac, Orincles, Julos, Pareac, Astugue, Pouts, Scoubes, Semeac, Aurellan, Jullan, Borderes, Aserix, Ossun; l'esglise archipresbiterale et collegialle d'Ybos, les parouchialles de Loey, Lanes, Ours, Gayan, Siarroy, Andrest, Baset, Aurensan, Pintac, Oroix, Escaunets, Seron, Luquet, Garderes, Lamarca, Lobajac,

---

Bien que cette enquête ait été connue, consultée et mise à profit par tous les historiens qui ont parlé des troubles religieux dans la Bigorre (Duco, Poeydavant, Davezac-Macaya, Monlezun, Lagreze, etc.), nul n'avait songé à la publier; cet honneur était réservé à la Société Historique de Gascogne.

Nous ne saurions dire s'il existe ailleurs d'autre copie *complète* de ce précieux document. Le fragment le plus important que nous connaissions est celui du chartrier du Grand Séminaire d'Auch, une copie des dépositions de onze témoins. Nous n'avons pas vu cette copie, mais elle ne nous paraît pas très sûre, à en juger du moins par les quelques erreurs de noms et de faits que renferme le résumé donné par M. l'abbé Cazauran, archiviste du Grand Séminaire, dans le *Souvenir de la Bigorre*, revue historique de Tarbes. L'infatigable glaneur Larcher a également résumé cette enquête dans le tome XVI de son *Glanage* (Bibliothèque de Tarbes).

Poeyferré, Pontac, Ger, Ponsson-dessus, Ponsson-debat, Montaner, Castaede, Aast, Ainx, Sanos, Orberes, Lasserre, Tarasteix, Maur et Villanauve, Abedeille, Lucarré, Abos, Ventayou, Peyraube, Pontiac, Labatut, Seré et plusieurs autres esglises.

II.

En retournant dud. Navarrens et le premier du mois de septembre, aud. an mil cinq cens soixante neuf, la ville et cité de Tarbe feut prinse par led. comte Mongomery et ennemy du Roy, l'esglise cathedrale où il y avoit ung orgue sy beau qu'il y en eust en la Guienne, ung cœur sy bien garny de livres et bibliotecque, les chambres capitulaires et documens de lad. eglise, chapelles et autels, le tout bruslé, pillé et ruyné, de sorte que du grand feu qu'estoit dans lad. esglise et cloucher d'icelle les cloches se fondirent ; et non content avoir faict la d. ruyne dans la d. esglise bruslarent et pillarent la maison episcopale, celles des chanoines, archidiacres, prebendiers et chapellains, aussy bruslarent et pillarent les convents des cordelliers et carmes, les esglises collegialles de St Jean et celle de Sainct Martin et une bonne partie des maisons de la ville; et de lad. ville, convents et esglises, maisons des ecclesiastiques en tirarent ce qu'il y estoit, de sorte que par trois cens mille livres ne se sçauroit remettre en estat qu'il estoit auparavant led. bruslement et saccagement, et la perte des documens et archives est inestimable.

III.

Et partant de lad. ville, bruslarent plusieurs esglises, tant collegialles, archipresbyterales que parochialles, comme sont Orleix, Dourst, Chiis, Bours, Souyeaulx, Laslades, Loyt, Frechet, Lizos et Oleac, Poeyastruc, Toustat, Basillac, Unohas, Villanove, Sarniguet, Artanihan, Puyo, Camalès, Talasac, l'esglise collegiale de Vic-Bigorre, Caixon, La Reule, Sauvaterre, Auriebat, Maubourguet, Estirac, Villafranque, Plasence, Galiax, Prechac, Ju, Belloc, Baulat, Labatut, Montus, Castelnau, Fichac, Sublacause, Gouts, Causac, Canet, Caussade, St Lane.

IV.

Et outre a prins les monasteres de St Lezer, maison du prieur du prieuré de Madiran, l'abbaye de Tasque, où ils bruslarent et pillarent lesd. esglises abbatialles, prieurales et maisons des religieux, lesquelles ne se sçauroient remecttre en leur premier estat pour deux cens mille livres.

V.

En mesme temps, partant l'armée des enemys du Roy et nouvelle opinion vers la ville de Lourde, prindrent la ville de Sainct Pé de Generès, l'esglise et l'abbaye, là où par après ayant pillé tout bruslarent tant lad. esglise, maison abbatiale et habitation des religieux, lesquelles estoint ung beau et riche ediffice, de sorte que aujourd'huy l'on ne les sçauroit remectre au premier estat et deue pour cent mille livres tournois.

VI.

Et de là advant prinrent le chasteau et ville de Lourde, bruslarent l'esglise collegiale dud. Lourde et une partie d'icelle, ensemble les maisons des ecclesiastiques, de sorte que pour autres cent mille livres ne se sçauroit refaire ; laquelle par autre foys ont ruynée et bruslée (1).

VII.

Non contans d'avoir faict les precedents malheurs, le vingt deusiesme du moys de janvier mil cinq cens septante, le capitaine Montamat, les barons de Ros et Basian envahirent lad. ville de Tarbe, tuarent et massacrarent plusieurs gens ecclesiastiques que autres habitans de lad. ville et autres circumvoisins, pillant et empourtant grands biens au pays de Bearn que l'on ne sçauroit estimer.

---

(1) Le 8 juin 1573, la ville, après une vive résistance, fut prise d'assaut, pillée et saccagée par le baron d'Arros (DAVEZAC-MACAYA, *Essais historiques sur la Bigorre*, t. II, p. 202).

VIII.

Entendant par après que le capitaine Bonasse s'estoit mis avec certains souldats pour le Roy en lad. ville, de rechef le quinsiesme avril an susd. assiegarent lad. ville de Tarbe avec canon, dont après avoir icelle battue et faicte grande bresche entrarent dedans, dont tuarent et massacrarent tant led. capitaine Bonasse, plusieurs chanoines, prebendiers et gens d'esglise que consuls, bourgeois, manhauts et autres habitants de lad. ville, que circumvoisins, de sorte que quatorze cens cinquante corps ou plus se trouvarent morts et n'y estoit qui les peut et ausast enterrer, estans mis en proye aux chiens et oiseaux de rapine. De laquelle ville avant et au loin de la d. diocese pillarent tout à leur souhait, dont la ruyne et perte est inestimable.

IX.

Comme aussy, en l'an mil cinq cens septante, les capitaines Güerlin et Ladoue s'estoint emparés du chateau et ville de Rabastens, en laquelle ville il y avoit une belle esglise collegialle et ung beau convent des carmes ; le tout feust pillé, ruyné et bruslé, et dans led. chateau tinrent fort, prenoint les fruicts des ecclesiastiques, se saysirent et rançonnarent plusieurs personnes, empechoint les courses et praticques, faisoint courses à tout le long dud. diocese, aiant intelligence avec le capitaine et soldats qui estoint dans le chateau de Montaner au pays de Bearn et l'aprochoient, de sorte qu'ils tinrent en crainte tous les habitants dud. diocese jusques à tant que mons^r de Monluc, lieutenant en Guienne pour le Roy, vint et assiegea led. Rabastens, et après avoir long temps canoné et avec perte de plusieurs bons hommes il feit rendre le dict chateau à l'obeyssance du Roy nostre sire, mais non sans domaige de sa personne, qui à la bresche feust blessé d'une arquebusade travers le nés, et plusieurs capitaines tués ; dont lad. diocese en endura grands fraix, de sorte que la presente domage et ruyne elle est inestimable, car toute la ville feust bruslée.

X.

Continuant encore leur malice et cruauté, le capitaine Legier, le dixiesme mars mil cinq cens septante troys, se seroit emparé de la ville royale de Sainct Sever de Rustaing, aud. diocese, en laquelle y avoit une belle abbaye de religieux de saint Benoit, icelle ville, esglise, maison abbatialle, maisons monacalles que autres pilla, brusla, et massacra plusieurs personnes, tant de religieux que autres ecclesiastiques, consuls et autres habitants d'icelle; et de la d. ville avant pillarent et bruslarent les esglises de Senac, Cabanac, Averede, Montagut, Villacomtal, Faget, Teulé, Monfaucon, Estampes que plusieurs autres esglises. La ruyne de laquelle ville de Sainct Sever ne se pourroit reparer pour cent cinquante mile livres.

XI.

Icelluy capitaine Legier, en l'an mil cinq cens septante quatre, et le dousiesme de mars, de rechef print la ville de Tarbe, là où sur la pointe du jour accompagné dud. baron de Basian, Sarrasiet, Maupas et autres, saisit tant lad. ville que l'esglise cathedralle, tua et massacra plusieurs habitants, comme aussy des gens d'esglise, chanoines, prebendiers que autres, enferma et tint assiegés dans le clocher de la d. esglise la pluspart des chanoines, archidiacres, prebendiers et beneficiers; auxquels aiant donné l'escalade et mis feu, et essayé les avoir par famine que par force d'armes, après avoir enduré le pillage tant de lad. esglise que ornemens, documens, livres, joyeaulx et autres choses inestimables que de leurs maisons et massacres de leurs compagnons, seroint esté constraints pour sauver leur vie de promectre plusieurs rançons, et pour icelle payer deteneus prisonniers avec continuelle crainte de la mort, estans menacés d'heure à autre d'estre arquebusés et massacrés comme les autres, jusques à tant que aiant vuidé la prison par plusieurs jours et par le moien de leurs bons amys, ains auroint payé la rançon de troys mile livres et plus, et par la grace de Dieu seroint echappés, aiant deus quitter leurs biens et habitations et se rendre fugitifs, estaut encore menacés par led. Legier là part où il les trouveroit qu'il les feroit mourir.

XII.

Depuis, ung nommé le capitaine S^t Pé, de la d. opinion, avec ses compagnons s'empara du chateau de Caixon, où il y a faict des grandes ruynes et lieux circumvoisins dud. diocese, avec plusieurs bruslemens et saccagemens pour plus de dix mille livres.

XIII.

Tandis que ledit Legier tenoit Tarbe et après sa mort, lesdits enemys occupoint les biens tant des ecclesiastiques que autres dud. diocese, tant dixmes, reveneus que autres devoirs, jusqu'à tant que par le camp du Roy et après la mort dud. Legier, lequel avoit tué inhumainement le sieur de Beaudean, bruslé les villages de Trebons, Sarniguet et autres, par force d'armes, canons et assaut de ville, avec perte de plusieurs gens d'esglise, la dite ville feust reprinse, ruynée, et encore à present il y convient garnison.

XIV.

Au moyen desquels malheurs, ruynes, massacres, bruslemens et pillages les pauvres gens d'esglise sont sy pauvres qu'ils n'ont de quoy s'entretenir; joint que le pauvre peuple estant sy foulé des charges ordinaires et extraordinaires il denie et ne peut payer les droits, dixmes et devoirs aux dits ecclesiastiques, n'ayant d'autre moien de pouvoir ensemencer leurs terres et possessions, le dict diocese estant la plus part aux monts Pirenées, terres hermes et montagne; pour la propinquité desdictes montagnes la pluspart des années les fruicts sont gastés par la gresle, meme cette année presente, de sorte que les pauvres gens sont constraincts de laisser leurs maisons et s'en aller mandier, parce que le dict diocese est de fort petite estendue et fort populeux et n'aiant que le nourrissage des bestiaux, dont mesme il y a eu grande mortalité ceste année.

XV.

En dernier lieu le scindic dit et est fort veritable que les dixmes appartenant tant aux d. m^rs l'evesque que chappitre de Tarbe, abbés de S^t Pé de Generès et La Reule, prieurs de St Lezer et Madiran, et archipretres de Montané, Pontac, et curés de

Labatut-Higuere, Mongaston, Castera, Monsegur, Castaide, Ainx, Orberes, Lasserre, Pouts, Ponsson-dessus, Ponsson-debat, Saubolle, Maure, Villenave, Abedeille, Lucarré, Benttayou, Abos, Peyraube, Pontiac, Lamarque, Labatut, Seré, puis le passage du comte de Mongomery, en l'année 1569, comme estant en pays de Bearn, sont empechés et destitués de reveneus; le d. chapittre y en a 500 escus et plus; led. sieur evesque y perd ses droits des collations, vacans, autres fiefs et pensions; lesd. abbés, prieurés et monasteres la plus grande partie de leurs reveneus; les archipretres et les curés le tout : dont sont constraints de mendier, n'aiant autre moien de vivre et n'osant demeurer au dict pais de Bearn et y faire l'exercice de la religion catholique, apostolique et romaine.

Conclud à ce que par vous, ou commissaire par vous deputé, soit enquis au present *intendit*.

G. COTTURE, sindic.

ANTOINE DE RIVIERE, chevalier, seigneur et vicomte de Labattut, baron d'autres places, gentilhomme ordinaire de la chambre du Roy, seneschal de Bigorre (1), à l'huissier et sergent comtal, bayle, leurs lettres ou autres sur ce prises, requis, salut :

Nous vous mandons et commandons à la requeste des sindics du clergé de Bigorre adjourner tous les temoings bas escrits à comparoir par devant M⁰ Guillaume Abbaye, licentier es droits, lieutenant en nostre court, à jour, lieu et heure certains, pour estre ouys et porter tesmoignage de verité sur le conteneu en l'*intendit* baillé, à peyne de cent livres, et pour iceux voir, produire, jurer et recevoir le procureur du Roy aud. comté, avec intimation et...

---

(1) Il avait succédé en 1572 au baron d'Antin. Il était fils de Jean de Rivière, vicomte de Labatut, tué malencontreusement à Tarbes, au mois de mars 1570, par les troupes catholiques qu'il passait en revue (voir BORDENAVE, *Hist. de Béarn et Navarre*, p. 300), et de Philippine d'Espagne. Antoine mourut deux ans après la date de cette ordonnance, dans des circonstances également tragiques, ayant été tué en duel par le seigneur de Saint-Lane (voir *Mém. de Jean d'Antras*).

Donné à Tarbe, le premier de septembre l'an mil cinq cens septante cinq.

GEBRARD.

Premierement, noble Dominique de Lavedan, dit le cappitaine Forgues;

Item noble Francois d'Ybos, bourgeois de la ville de S^t Pé;
Item noble Dominique Abbaye, bourgeois de Tarbe;
Item Joannet Briget, marchan;
Item Arnaud Guillem de Darré, marchan;
Item Bernard Sallefranque, marchan et consul dud. Tarbe;
Item M. Jacques Abeuxis, notaire de la ville d'Ybos;
Item le seigneur baron de Basillac;
Item noble Ramond Puyol;
Item M. Bertrand Regis, licentier;
Item M. Ramond Plantis, bachelier.

INFORMATION faite par mons^r Guillaume Abbaye etc., à la confection de laquelle et comme plus à plain appert par le procès verbal sur ce fait, appellé le procureur du Roy aud. comté, escrivant Antoine Gebrard, enquesteur annuel et greffier en ladicte court, a esté procedé comme s'en suyt :

[TARBES, 5 SEPTEMBRE.]
[Déposition de Jean Briget, marchand.]

En la ville et cité de Tarbe, le cinquiesme jour de septembre mil cinq cens septante cinq.

Jean Briget, marchant, habitant de la ville et cité de Tarbe, agé de quarante sept ans ou environ, possedant en biens cinq cens escus petits et plus, temoing adjourné et moienant serment par luy presté aux saincts evangiles Nostre Seigneur :

Interrogé sur le contenu aud. *intendit*, à luy leu et declaré, contenant quinze articles positifs, ensemble le seisiesme signé G. Cotture, sindic, a dit du contenu en iceulx sçavoir qu'il arriva en la presente comté et seneschaussée de Bigorre, en l'année mil cinq cens soixante neuf et au moys d'aoust, le jour autrement ne sçauroit expeciffier (1), le comte Mongomery accompagné, comme l'on disoit par voix publicques, de certains viscomtes et beaucoup de personnages tenant camp et suyvant le parti de la pretendue opinion ; bien les veit il deposant passans tout auprès de lad. ville de Tarbe, allans vers la ville de Navarrens pays de Bearn, pour faire lever, comme firent, le camp estant au devant pour le Roy nostre sire, sous la charge du seigneur de Tarride, lequel y feut fait prisonnier avec plusieurs cappitaines, qui despuis feurent les aucungs tués, ensemble grand nombre de soldats en la ville d'Orteix où s'estoint retirés. Et en faisant le dict passage et chemin brusloint tant d'esglises qu'ils trouvoint en passant, comme firent aussy en s'en retournant, ayant prinse et occupé lad. ville de Tarbe, icelle pilhée, ruynée et saccagée entierement, mesmes bruslé l'esglise cathedrale dud. Tarbe qui avoit ung beau chœur, grande quantité de cappes, pluviaulx, archibaulx, grands joyeaulx, comme encensoirs, chandelliers d'argent, bordons aussy garnis d'argent, grande quantité de libres, ung orgue fort beau ; de sorte que à cause dud. feu et bruslement les cloches qu'estoint au clocher de lad. esglise se fondirent, comme il deposant veit le metteau fondu dans lad. esglise et audessous du clocher d'icelle, où estoit tombé.

Pendant lequel passage luy deposant, dud. Tarbe en hors, veit brusler plusieurs esglises des villages et lieux prochains dud. Tarbe ; qui depuis et entre autres, il qui depose, en usant de son office et estat de marchant, il en a veu de bruslées, pillées et toutelles (2) ruynées ung grand nombre, à sçavoir, et entre autres, lad. esglise cathedrale de Tarbe, maisons eppiscopales, de messieurs les chanoines et prebendiers de lad. esglise estant au circuit de la Cede (3) ; l'esglise parochialle St Jean de la d. ville, autre esglise de St Martin, les convents des Carmes et Cordel-

---

(1) L'*intendit* donne la date du samedi 6 août, mais les troupes de Mongomery commencèrent à défiler devant Tarbes le vendredi 5 août.

(2) Pour *totales*, dans le sens de *totalement*.

(3) C'est le nom que porte l'église cathédrale de Tarbes. Ce nom dérive évidemment du mot latin *sedes*, siège, le siège épiscopal.

liers (1) de lad. ville mis toutellement en ruynes et abbattuts, les autels prins et pillés, les joyeaulx et ornemens d'iceulx; comme aussy les esglises de Lannemesan, Capbern, Mauvesin, Begolle, Burg, Lanespede, Oson, Peyraube, Clarac, Godon, Sinsos, Bordes, Sarramea, Marceilhan, Castelbieilh, Troley, Labarthe, Lameac, Mercarie, Ciutat, Tournay, Chelle-dessous, Chelle-dessus, Poumarous, Aoeilhan, Fite, Antist, Ordisan, Bernac-dessus, Vielle, Calabanté, Mascaras, Montignac, Barbasan-dessous, Soues, Forgues et toutes les autres suivans mentionées et expeciffiées au premier et second article dud. *intendit*, où sont comprins les convents du lieu de Momeres de l'ordre des nonains de Fontevrault, les convents et maisons abbatiales de la ville de Sainct Pé, Sainct Lezer et autres; de sorte que dans lad. diocese en ont laissé bien peu d'esglises qui n'ayent esté pillées, bruslées et ruynées, sauf quelques unes au cartier des montagnes et vallées de Lavedan, où ne passarent à cause est en pais hault. Le tout reduit en telle pauvreté et misere qu'à present n'y a moien de faire le service divin s'il fait maulvais temps, sy non en aucune que l'on comence à couvrir comme l'on peult. Lesquelles ruynes et desgats ne sçauroit il deposant aucunement estimer, comme ne fairoit aussy le grand domaige porté à la plus grande part de la ruyne des maisons de la ville de Tarbe, et presque entiere la ville de Rabastens.

Et du semblable feut fait des esglises et convents mentionés es troisiesme et quatriesme article dud. *intendit*. Le domaige et ruynes desquelles ne sçauroit il deposant estimer, comme aussy de la ruyne de la ville de S^t Pé y mentionnée et au cinquiesme article suyvant, tant grand est-il.

Au quel temps aussy bruslarent et ruynarent l'esglise de la ville de Lorde, comme aussy une partie d'icelle ville et maisons possedées par gens ecclesiastiques, non que la sceu il deposant estimer.

Et quelque temps après, veille de la feste sainct Vincens (2),

---

(1) L'église des Cordeliers fut d'abord conservée pour servir de temple aux protestants, mais en quittant Tarbes les soldats de Mongonmery y mirent le feu.

(2) Vendredi, 21 janvier.

au moys de janvier mil cinq cens septante, s'estant plusieurs habitans de lad. ville tant d'esglise qu'autres repatriés et remis dedans icelle ville de Tarbe, y arrivarent sur la crepuscule de la nuit le capitaine Montamat, lors lieutenant general au pays de Bearn (1), accompagné des barons d'Arros, de Basian, avec grand nombre de gens, lesquels sur la pointe du jour envahirent lad. ville de Tarbe, tuarent et massacrarent plusieurs habitans d'icelle tant ecclesiastiques qu'autres habitans de lad. ville de Tarbe et des lieux circomvoisins estant ceste nuit dans lad. ville, quelque resistance qui feut faite, pillarent icelle, empourtarent le butin au pays de Bearn à leur souhait et comme bon leur sembla, et luy deposant, qui ceste nuit estoit dedans la ville, feut constraint saulter par les murailles pour se saulver et garentir.

D'avantage, s'estant le capitaine Bonasse mis avec ung nombre de soldats en garnison dedans lad. ville de Tarbe, pour icelle tenir sous l'obeyssance du Roy et garder que les ennemys de Sa Majesté et du repos publique ne feissent course par led. pays de Bigorre, au moys d'avril après en suyvant mil cinq cens septante, lad.

(1) Bernard d'Astarac, seigneur et baron de Montamat (canton de Lombez, Gers), frère de ce baron de Fontrailles, sénéchal d'Armagnac, si célèbre dans notre histoire de Gascogne. « Monsieur de Montamat estoit son second frère, « qui certes estoit un homme de belle façon, et qui montroit bien ce qu'il estoit, « et bon capitaine, et mesmes pour l'infanterie qui avoit esté sa première « profession, et avoit esté l'un des capitaines de Monsieur de Grammont, du « temps du roy Henry, lorsqu'il commandoit à quatre compagnies. Ce brave « capitaine fut tué au massacre de la Saint-Barthélemy, mort certes très indigne « de luy. » C'est l'éloge qu'en fait Brantome, *Vie des hommes illustres*, t. I. Ailleurs (t. IV, p. 176, édit. SAMBIX), parlant de Montamat, « de la brave « et noble maison de Fontrailles », il affirme qu'il « estoit un fort honeste, doux, « gracieux et brave gentilhomme ». Qui reconnaîtra le « doux et gracieux » capitaine dans les horribles scènes auxquelles ces dépositions vont nous faire assister? La vie militaire de Montamat est assez connue; on en trouvera les détails dans Aubigné, Dupleix, Monluc, Bordenave, Olhagaray et tous les auteurs qui ont écrit sur les guerres du XVIe siècle. Il avait épousé Isabeau de Solan, sœur de ce capitaine Solan dont nous avons parlé dans une note, page 64, et que nous retrouverons cité un peu plus bas dans la déposition de Jacques Abeuxis, notaire d'Ibos. Cette alliance lui avait donné un château dans les montagnes du comté de Foix. S'il faut en croire Monluc, le « doux et gracieux » capitaine transforma son château en repaire de brigands, en 1567, répandit la terreur et fit mille insolences dans tout le haut Comminges (voir une lettre de Monluc au Roi, *Commentaires*, édit. DE RUBLE, t. V, p. 77, et *Archives curieuses* de MM. CIMBER et DANJOU, t. VI). Il mourut sans postérité.

ville de Tarbe feut assiegée par led. de Montamat avec grand nombre de gens venant dud. pays de Bearn, conduisant canon et avec icelle battue commencée un jour de jeudy le samedy après, y aiant grand breche, entrarent dedans, tuarent et massacrarent iceluy cappittaine Bonasse (1), plusieurs chanoines, prebendiers, gens d'esglise que cinq consuls de lad. ville, avec plusieurs marchans et autres habitans de lad. ville et circomvoisins d'icelle. Et estant lad. ville pillée et saccagée autrefois, prindrent et empourtarent tout ce que bon leur sembla et pleut, et lad. ville habandonnée desd. ennemys y feurent trouvés de corps morts environs de douse à treise cens, ainsy que feut reffait par Mr Pierre Madiran, notaire, qu'avoit charge de les faire enterrer, après avoir demeurés quelque temps morts sur terre, tant par les rues de lad. ville, focés et environs.

En laquelle année ungs nommés les capitaines Guerlin et Ladoue s'estans emparés et saisis du chateau de la ville de Rabastens, où l'esglise parochielle, collegialle d'icelle, ensemble les convents des Carmes feurent entierement ruynés et saccagés, comme dit est, et y demeurarent et tinrent bon certain temps en icelluy, dont en hors mesmes, et à cause de la proximité d'icelle au chateau de Montané (2), troubloint le public pillant et saccageant le peuple, iceulx constituant prisonniers, les faisant rançonner, destournant entre autres les comerces et traffiques à cause des courses qui faisoint ordinairement, prenans et à eulx approprians le bien et reveneu des ecclesiastiques, et jusques à ce que le sieur de Monluc, lieutenant pour le Roy en Guienne, assiegea

---

(1) François de Béarn, seigneur de Bonasse, en Béarn, fut dans le parti catholique un capitaine redouté des huguenots à l'égal de Monluc. Tous, amis et ennemis, s'accordaient à lui reconnaître les qualités d'un grand capitaine. Brantome l'appelle le « bon et vaillant Bonnasse », et Bordenave n'hésite pas à le nommer « un homme de guerre, un bon guerrier ». Il est impossible de donner dans une note même un simple aperçu des nombreux et brillants exploits de ce capitaine. On les trouvera racontés en détail dans les divers auteurs qui ont écrit sur la Gascogne au xvie siècle. Pour ce qui concerne le siège de Tarbes, voir DAVEZAC-MACAYA, *Essais sur la Bigorre*, t. II, p. 188.

(2) Le château de Montaner avait pour gouverneur un capitaine protestant nommé Laborde, sur lequel on lira, à la fin de ces documents, une excellente notice due à M. Gaston Balencie.

lad. ville et chateau de Rabastens. Après leur avoir fait tirer de grands coups de canon feut le tout prins et mis a l'obeyssance du Roy, iceulx qu'estoint dedans tués et massacrés, non toutesfois sans pertes et desgats d'aucungs personnages estant à la troupe du dict sieur de Monluc, et luy blessé d'ung coup d'arquebusade au nés (1). Pour quoy entretenir feut grande foule aud. pays et diocese, à cause de quoy lad. ville feut presque du tout bruslée et entierement pillée, de maniere que le domage y porté luy deposant ne le sçauroit expeciffier ny estimer.

En outre, le cappitaine Legier, aussy tenant le party de la opinion, au mois de mars septante trois, entra par surprinse en la ville de Sainct Sever de Rostang, dependant dud. diocese, où demoura tant que bon luy sembla avec ses troupes, et jusques à ce qu'il l'eut saccagée et pillée à son plaisir et souhait; et après a faict en la quittant brusler l'esglise et maisons abbatialles et monachalles de St Sever, estant de l'ordre de St Benoit; aussy brusla ou feit brusler lad. ville qui est royalle entierement, restant quelques petites maisons de peu de valleur, que pour lors faisoit servir d'estable, où feurent tués et massacrés plusieurs personnages tant religieux que habitans dud. St Sever, et les esglises de

(1) Il faut lire dans les *Commentaires* de Monluc le récit plein de verve et d'entrain, comme du reste tout ce qui est sorti de la plume du roi des gascons, du siège de Rabastens. Voir aussi ce qu'en dit Jean d'Antras dans ses *Mémoires*, p. 51. La blessure que reçut Monluc à ce siège eut de fatales conséquences pour la Bigorre. Le brave capitaine fut obligé de rentrer chez lui, et son armée, qui devait chasser les huguenots du pays, se débanda. Ce coup d'arquebuse dévisagea Monluc pour le reste de ses jours. « Je luy ay ouï dire, rapporte « Brantome, que s'il n'eut eu cette blessure, qui estoit fort grande, il eut pensé « estre invincible jusques à cent ans! » Il raconte à ce sujet cette curieuse anecdote : Au siège de La Rochelle (1573), un soldat gascon qui se trouvait dans la ville vint un jour sur les remparts et demanda « s'il n'y avoit point là quel-« qu'un de son païs à qui il pust parler ». Le duc de Guise ayant envoyé le capitaine Bernet, « gentil soldat parmi nos bandes », le gascon lui demanda « quels « seigneurs et princes il y avoit là et si Monsieur de Monluc y estoit? L'autre « luy respondit qu'ouy. Soudain il repliqua : *Et lou naz de Rabastain comment « va?* L'autre luy respondit que bien, et qu'il estoit encore assez gaillard pour « faire la guerre à tous les huguenots, comme il avoit fait. Ah! dit l'autre, « tousjours en son gascon, nous ne le craignons plus guere en son toure de naz, « car le bonhomme en portoit tousjours un comme une demoiselle, quand il « estoit aux champs, de peur du froid et du vent, qu'il ne l'endomageast « d'avantage » (*Vie des Hommes illustres*, t. II, p. 252, édit. SAMBIX).

Cabanac et autres, mentionnées à la fin de l'article disiesme dud. *intendit*, pillées, saccagées et bruslées ; lesquelles ruynes il ne sçauroit estimer tant sont elles grandes et d'importance.

Neantmoings le mesme Legier avec sa troupe advenant dud. pays de Bearn, le vendredy dousiesme jour du moys de mars l'an mil cinq cens septante quatre, par surprinse, s'empara et print la ville de Tarbe environ la pointe du jour, accompagné dud. baron de Basian (1) et Sarrasiet (2), Maupas (3) et autres, et saisie que feut lad. ville alla à l'esglise cathedrale où tua et massacra aucungs chanoines et prebendiers de lad. esglise, comme feirent aussy plusieurs habitans de lad. ville, où s'estans plusieurs autres chanoines et prebendiers retirés au clocher de lad. esglise, comme aussy aucungs archidiacres d'icelle avec autres beneficiers, après tous efforts faicts de les avoir, n'aiant eu de quoy vivre ny chose que ce feut pour boire et manger, vinrent à composition et traitarent de leur rançon, comme il a ouy dire, trois mille livres, oultre ce que pour lors feut derobé à lad. esglise et maison des chanoines et beneficiers, de sorte que jusques à ce que lad. rançon feut payée aucungs desd. prisonniers tinrent soubs la charge dud. Legier. Et lad. rançon payée, encore pour garantir leurs vies feurent constraints s'en aller les aucungs vers Toulouse, les autres aux montaignes où ils demourarent long temps, et lad. ville pillée et saccagée au souhait du d. Legier et de ses troupes, pendant que y demeurarent; et durant ce temps faisoint contribuer

---

(1) Jean de Bourbon, baron de Bazian (canton de Vic-Fezensac, Gers), fils de Gaston de Bourbon, baron de Bazian, et petit-fils de Charles de Bourbon, baron de Malause, avait épousé, le 6 juin 1564, Françoise de Saint-Martin, fille de Jean, vicomte de Biscarosse, dans les Landes. Cette branche protestante de la maison de Bourbon ne fut jamais admise à la cour à cause de sa religion. Elle a vécu sans éclat et s'est éteinte au commencement du xviiie siècle, au château de Bazian.

(2) La baronnie de Sarraziet, canton de Saint-Sever (Landes), appartenait, à la fin du xvie siècle, aux La Salle, seigneurs de Bordes, plus tard marquis de Roquefort. Voir l'*Armorial général* de D'HOZIER, registre II.

(3) Bertrand de Toujouse, seigneur de Maupas, fils de Pierre de Toujouse et de Louise de Monlezun-Baratnau, épousa, le 19 janvier 1578, Madeleine de Birac. Pierre, cadet des seigneurs de Toujouse, avait acquis, en 1545, la terre de Maupas d'Etiennette d'Aydie (Inventaire des titres de la maison de Toujouse, dans nos archives).

plusieurs villages circomvoisins pour l'entretenement des soldats; et dura ce jusques au huictiesme de may en suyvant, qu'ils en feurent tirés par les catholiques conduicts et gouvernés par le seigneur de Grammont (1).

Et tandis que icelluy Legier feut et demoura aud. Tarbe feit une course en la ville de Bagneres quidant aussy la surprendre, tua le seigneur de Beaudean, capitaine aud. Bagneres, qu'il trouva hors de la ville (2), brusla ou au moings la plus grande part des villaiges de Trebons, de Sarniguet.

A cause desquelles inhumanités et cruautés les habitans desd. villes et comté son reduits en telle pouvreté qu'ils n'ont presque moyen de vivre, joint le frequent domaige et desgat que faict annuellement la gresle en ung coin ou autre dud. diocese, mesme ceste année au pied des montaignes et environ lad. ville de Tarbes, en a pourté en certains endroits les bleds, seigle et froment.

(1) C'est avec quatre pièces de campagne, amenées de Marciac par le brave Jean d'Antras, qu'Antoine de Gramont délogea de Tarbes les soldats de Lysier. Voir dans les *Mém. de Jean d'Antras*, p. 54, quelques détails sur cette affaire; la lettre suivante nous en fournit également quelques-uns. Elle est écrite par le capitaine Ozon, dont il a déjà été parlé, à Guillaume de Bossost de Campels, seigneur de Mazères, près Castelnau-Barbarens, Gers : « Dernierement j'estois
« pret à monter à cheval quand les huguenots se saisirent de Tarbe et les
« trouvois qui fesoint ordinere jusques aux portes de ma maison, et m'ont
« constraint d'y fere residance avec une troupe de mes soldats... Je croys
« avez entendu comme Lyzier a esté defaict, et luy avons donné un stratageme
« avec cent de ses complices, sur quoy le seigneur de Gramont est arrivé
« et sommes allés assieger le reste, qui sont resolus de tenir bon dans Tarbe,
« actendant du secours du baron d'Arros, qui faict ce qu'il peult pour leur
« en donner, mais ne s'ose presenter. Nous sapasmes devant-hier le Bourg-
« neuf d'escalade, et ceux qui eschapperent se retirerent au Bourg-vieulx,
« et fismes tomber le pont, et nos gens se logerent au soir contre ledit ravelin.
« Aujourd'huy on devoit battre l'autre porte, pour les assaillir de tous costés.
« Je arrivoi au soir du camp et m'en retorne à l'heure presente. Le capitaine
« Pepieux (Pierre du Garrané, seign. de Pépieux, marié en 1580 avec Françoise
« d'Esparbès) y a esté blessé; l'on ne sçait encore s'il y aura danger. Je prie
« Dieu pour luy, comme aussy faict, Monsieur mon cousin, vous tenir en sa
« saincte garde, me recommandant très humblement en vos bonnes graces. De
« Ozon, chez vous, ce 9e may 1574. Vostre très humble, etc., JEAN DE CARDAIL-
« LAC. *A mon cousin M. de Campels, à Maseres en Astarac* » (manuscrit DUCO).

(2) Arnaud de Beaudéan, gouverneur de Bagnères, fut tué par Lysier, le 23 avril (DAVEZAC-MACAYA, *Essais sur la Bigorre*, t. II, p. 207). Voir dans la première partie, p. 16, une notice sur le baron de Beaudéan, et dans les *Mémoires de Jean d'Antras*, p. 55, le récit de sa mort et de celle de Lysier.

Et dit qu'il y a beaucoup de benefices au dit diocese, comme sont aucungs membres du chapitre de Tarbe, archidiacre de Montanere en Bearn, archiprêtre de Pontac aussy aud. Bearn, et autres mentionnés au quinsiesme article dud. *intendit*, qui son dependans du d. diocese, des dixmes desquels les ecclesiastiques ne jouissent aucunement parceque aud. païs n'y a exercice de la religion catholique, apostolique et romaine puis la veneue dud. comte Mongomery, non qu'il sçache dire la perte ny reveneu combien se peult monter. Et ce dessus sçavoir pour aussy l'avoir veu et entendu, aiant esté dans lad. ville de Tarbe aux assaults qui luy ont esté faicts, sauf au massacre dud. Bonasse; avoir veu la pluspart desd. esglises, aiant esté sur les lieux, en retournant aud. Tarbe, trouvé lesd. pillemens et saccagemens, et des autres en estre la voix et fame publicque et teneu pour chose nothoire. Recollé, a perseveré et s'est soubs signé.

JEHAN BRIGET, tesmoing.

[*Déposition de Arnaud-Guillem de Darré.*]

Arnaud-Guillem de Darré, marchant, natif et habitant de la ville de Tarbe, agé de quarante ans ou environ, possedant en bien mille escus et plus, tesmoing adjourné, produit et juré de la partie dud. sindic.

Interrogé et enquis sur le conteneu aud. *intendit*, et seise articles y mentionnés, ensemble accollés, à luy leus et declarés de mot à mot, l'ung après l'autre, a dit du contenu en iceulx tout en sçavoir que à cause de la venue du comte Mongomery, que feut environ le mois d'aoust mil cinq cens soixante neuf, accompagné des viscomtes traversant parmy lad. diocese de Tarbe, allant au pays de Bearn pour oster et faire lever le camp qu'estoit audevant la ville de Navarrens pour le Roy, en estant chef et conducteur le seigneur de Tarride. Ce qu'il feit : led. seigneur de Tarride prins avec plusieurs autres capitaines, depuis tués et massacrés par lesd. ennemys, comme feurent aussy ung grand nombre de soldats en la ville d'Orteix, où led. Tarride, avec son camp, s'estoit retiré. Que depuis, led. comte de Mongomery, venant dud. pais de Bearn (1), arriva en la ville de Tarbe avec ses trouppes, où comit de grandes cruaultés et massacres, pillemens, saccagemens et bruslemens.

Et après, s'estans une partie desd. habitans de lad. ville de Tarbe retournés et retirés en lad. ville delaissée par lesd. ennemy, le vingt deusiesme jour du moys de janvier en suyvant mil cinq cens septante, le cappitaine Montamat, les barons de Ros (2) et Basian vindrent en lad. ville de Tarbe, et entrés que feurent dedans tuarent et massacrarent aucungs habitans de lad. ville, tant ecclesiastiques que autres, le nombre desquels ne sçauroit dire, pillarent et emportarent ce que bon leur sembla de ce que y estoit dameuré et les habitans y avoient apourtés, delaissant la ville en tel estat que l'on n'avoit ung seul meuble et linge pour se reposer; estant led. deposant, lorsque led. Montamat se

---

(1) Larcher dit, dans son histoire manuscrite de Vic-Bigorre, que « Mongon-« mery sortit du Béarn par le Vic-bil. Il se rendit à Maubourguet comme s'il « vouloit prendre la route de Condom ».

(2) Bernard, baron d'Arros, fut un des partisans les plus ardents de la Réforme dans le Béarn. Pendant l'espace de trente années, de 1550 à 1580, il prit part, en qualité de capitaine ou de général en chef, à toutes les expéditions. Son nom revient sans cesse sous la plume des écrivains qui ont retracé l'histoire de nos troubles religieux. On peut consulter Bordenave, Olhagaray, Monluc, Antras, Aubigné, etc. Ce dernier historien a bâti autour du nom de d'Arros une légende que la critique moderne a envoyé rejoindre chez les conteurs de fables celle de la fameuse lettre du vicomte d'Orthe à propos de la Saint-Barthélemy. Tout le monde a lu dans Aubigné ce récit dramatique, commencé d'ailleurs à la manière des conteurs : « Il y avoit [une fois] un vieil seigneur « nommé Arros qui ayant passé 80 ans estoit devenu aveugle... » Cela se passe au mois d'août 1573. Le vieillard, apprenant que le comte de Gramont est entré dans le Béarn pour y rétablir la religion catholique, mande le baron son fils, lui adresse le discours le plus pathétique, lui remet sa vieille épée, et, après lui avoir donné l'accolade, l'envoie avec une poignée de braves contre le comte de Gramont. — La surprise et la défaite de Gramont à Hagetmau par le baron d'Arros est le seul point historique du récit de d'Aubigné ; tout le reste est de pure imagination. — Le « vieil seigneur », âgé de 80 ans et aveugle, père du vainqueur de Gramont, était mort depuis plus de dix ans. Les frères Haag, dans *La France protestante*, et M. L. Soulice, dans ses *Documents pour l'histoire du protestantisme en Béarn*, ont réduit à ses justes proportions la légende de d'Aubigné. On trouvera des détails inédits sur le baron d'Arros et plusieurs lettres de lui dans un prochain fascicule, qui sera le pendant de celui-ci, préparé par M. Communay, sous ce titre : *Les Huguenots dans le Béarn et la Navarre.*

presenta, au dedans la d. ville. Et la nuit environ le jour (1) estant crié que l'ennemy estoit dedans que se sauvast qui pourroit, il, avec autres, sortirent de lad. ville et se sauvarent. Et quelques jours après retournant en lad. ville veit lesd. pillemens.

Et voyant les courses que l'on faisoit par lad. diocese et païs de Bigorre, le cappitaine Bonasse avec ung nombre de soldats se mist en garnison en lad. ville de Tarbe, pour icelle tenir en l'obeyssance du Roy et obvier ausd. courses. Et de rechef, environ le moys d'avril en suyvant aud. an mil cinq cens septante, led. Montamat retourna assieger lad. ville de Tarbe, icelle battue par trois jours à coups de canon, entra dedans y aiant faite grand bresche et comirent grands massacres, tant dud. Bonasse, chanoines, prebendiers et autres gens d'esglise, cinq consuls de lad. ville, marchans et habitans d'icelle et autres circonvoisins, et les soldats dud. Bonasse ; de maniere qu'il en y feurent trouvés de part ou d'autre de douse à treise cens corps morts, comme il ouyt dire à feu M. Pierre Madiran, notaire, qu'aiant dameuré sur terre à la discretion des chiens et oiseaulx eust charge de les faire enterrer. Ça le dit deposant pour le sçavoir par ce qu'il veit une boune partie de ces corps morts estant venen aud. Tarbe l'endemain que led. massacre feut fait en lad. ville, delaissée par lesd. ennemys qui emportarent tout ce que bon leur sembla aud. païs de Bearn (2).

En laquelle année les cappitaines Guerlin et Ladoue tenoint fort au chateau de la ville de Rabastens, comettans plusieurs maulx, prenans les biens des ecclesiastiques, faisans prisonniers ceulx que pouvoient attraper, les faisans rançonner, empeschans les comerses et trafficques à cause des courses que ordinairement

---

(1) Un peu avant le point du jour.

(2) Montamat était entré à Tarbes dans la soirée du samedi 15 avril. Il quitta la ville le lendemain 16, « avant quasi d'avoir achevé de fouiller les maisons », et dirigea ses troupes vers Vic-Bigorre, pensant y surprendre les capitaines Mansan et Soulé. Le soir même de ce jour, il investit la ville et somma les capitaines de se rendre ; ceux-ci lui répondirent par une décharge d'arquebuses qui ne laissa pas de l'intimider. Le lundi 17, voyant qu'il n'obtenait rien et entendant que La Valette était parti de Gimont pour lever le siège de Tarbes et que Montespan venait du côté de Marciac, il regagna en toute hâte le Béarn (BORDENAVE, *Hist. du Béarn*, p. 304).

faisoint, tenant en crainte la plus part des dioucesains et autres circonvoisins, et eussent fait d'avantage n'eust esté que le seigneur de Monluc, lieutenant pour le Roy en Guienne, les assiegea ; et aiant battu tant lad. ville que chateau, où s'estoint retranchés, à grands coups de canons rendit le tout à l'obeyssance du Roy, non que le dict sieur de Monluc ne y feust blessé d'un coup d'arquebusade en son nés, et plusieurs de ses gens tués et massacrés (1). Qui feust cause de grands fraix et despens aud. diocese et habitans.

En oultre, le cappitaine Legier, au moys de mars mil cinq cens septante trois, s'empara de la ville royale de Saint Sever de Rustang, laquelle il pilla et saccagea à son souhait; et y aiant demeuré tant que bon luy sembla, brusla l'abbaye, esglise, maison abbatialle, monacalle, voire toute la ville, reservées quelques petites maisons, comme il sçait pour avoir esté en icelle et veu le bruslement. Où il avoit aussy commis plusieurs massacres tant de gens d'esglise que autres.

Un an après, le dousiesme mars mil cinq cens septante quatre, le mesme Legier print et se rendit maistre de lad. ville de Tarbe, environ la pointe du jour, avec led. baron de Basian, Sarrasinets, Maupas et autres, où tuarent et massacrarent aucungs chanoines et prebendiers que habitans de lad. ville de Tarbe, et tindrent assiegés la plus grande partie des autres chanoines, archidiacres, prebendiers et autres beneficiers du chapitre dud. Tarbe, qui s'estoint remis dans l'esglise et clocher d'icelle, et en y aians demeurés jusques au samedy, n'aians de quoy manger et sauver leurs vies, baillarent certaine rançon, et comme il a ouy dire feut de troys mille livres. Les maisons desquels feurent entierement pillées et saccagées, et eulx garantys et echappés de la main de leurs ennemys encore feurent constraints s'enfuyre et rendre les ungs aux montaignes, les autres à Tholose, comme bon leur sembla.

(1) Il faut rapprocher du récit de Monluc (*Comment.*, t. III, p. 401 et suiv.) celui d'un contemporain protestant, Nicolas de Bordenave (*Hist. de Béarn et Navarre*, p. 307 et suiv.) ; on aura ainsi tous les détails de ce siège mémorable. Bordenave accuse les soldats de Monluc de s'être portés, dans l'ivresse de la victoire, à des excès tels que notre plume se refuse à les écrire.

Durant lequel temps que led. Legier dameura aud. Tarbe, feit une course en la ville de Bagneres, ou aiant rencontré le sieur de Beaudean, gouverneur d'icelle, ne se volant rendre à luy, le tua d'ung coup ou deux de pistole; feit brusler la pluspart des villages de Trebons et Sarniguet, à cause que ne voloient paier les cottisations qu'il faisoit sur les villageois.

Laquelle ville [de Tarbe] feut reprinse et mise sous l'obeyssance du Roy, au moys de may en suyvant, et auparavant led. Legier feut tué et massacré.

Auquel temps ung nommé S^t Pé, de lad. nouvelle opinion, occupa le chateau de Caixon appartenant à monsieur l'evesque de Tarbe, qui a esté cause de la toutelle ruyne d'icelluy.

Et à cause de ce dessus, veneue dud. Mongomery, l'esglise cathedralle dud. Tarbe, maisons episcopalle, canonialles et autres ont esté bruslées, de sorte que à cause du grand feu que y avoit les cloches se fondirent. Laquelle esglise estoit ornée de beaux et notables reliquaires, vestemens, tant cappes, missaulx, pluviaulx que autres garnimens d'autel, ungs orgues bien grands, beaucoup de livres, qu'il ne sçauroit estimer. Aussy ont esté ruynés les convents des Carmes et Cordelliers de lad. ville, comme aussy les maisons, et rendeus inhabitables. Les esglises parochielles Sainct Jehan dud. Tarbes et St Martin pillées et saccagées, et la pluspart de lad. ville bruslée, comme sont les bourgs du Portal-devant et Maubourguet, ensemble lesd. esglises.

Du semblable a esté faict du monastere de la ville de S^t Pé et maison abbatialle et maison monacalle avec tout le circuit dud. monastere; autre monastere et maison abbatialle et monacalle de St Lezer; l'esglise parochialle du convent des Carmes de la ville et ensemble toute lad. ville de Rabastens; esglise de l'abbaye de La Reule ; les esglises de Lanamesan, Capbern, Mauvesin, Lutilhous, Begolle, Burgs et Campistrous, Lanaspede, Ricau, Oson, Tournay, Peyraube, Clarac, Godon, Clarens, Sinsos, Bordes, Gourgues, Sarramea, Chelle-dessoubs, Marceilhan, Castelbieilh, Labarthe, Bernac-dessus, Bernac-debat, Vieille, Mascaras, Barbasan, Soues, Forgues, Momeres, tant l'esglise parochielle que monastere des nonains y estans, Salles-Adour, Arcisac, Sainct Martin, Mongaillard, Visquer, Odos, Semeac, Aureillan, Borderes,

Ossun, Asereix, Ibos, Lane, Benac, Ours, Gayan, Siarroy, Andrest, Baset, Aurensan et autres mentionnées au premier article dud. *intendit;* Orleix, Dours, Chiis, Bours et autres mentionnées et expeciffiées au troisiesme article dud. *intendit;* comme aussy celles qui sont mentionnées à la fin du disiesme article dud. *intendit.* Toutes lesquelles esglises ont esté pillées et saccagées par les ennemys tenant le party de la nouvelle opinion, de maniere que non contens de ce ont esté bruslées et toutellement saccagées jusques abbattre les autels. Ce dessus dict sçavoir pour l'avoir veu, ouy et entendeu, et luy estre sur les lieulx, et estre chose nothoire et manifeste entre les habitans dud. diocese et comté.

Dict en oultre que à cause de ce et gresles que ordinairement tombent aud. pays les gens estoint si pauvres qu'ils n'ont presque moien de vivre, moings de cultiver et conserver leurs terres, ains une partie, voire ceste année, ont quitté leurs maisons; et que led. chapitre de Tarbe, seigneur evesque, messieurs les abbés de S^t Pé de Generès, La Reulle, prieurs de St Lezer et Madiran et leurs chapitres, archipretre de Pontac, Montané, curés de Samouset, Labattut-Figuiere, Mongaston, Castera et maisons de plusieurs autres, que ne sçauroit expeciffier, sont aud. pays [de Bearn], où ne se fait, puis la veneue dud. Mongomery, aucun exercice de la religion catholique, apostolique et romaine; et depuis messieurs les ecclesiastiques n'en ont tiré aucune dixme ny autre reveneus, ainsy qu'il sçait pour ainsin l'avoir ouy dire et tenir pour chose nothoire et manifeste, non qu'il sçache dire combien peult valoir le reveneu, moings estimer led. domage porté aud. diocese et comté, ny autre chose depposer du contenu ausdits articles et *intendit,* mais ce dessus sçavoir pour avoir veu les dites ruynes, et estre chose nothoire. Recollé, a perseveré et s'est soubsigné.

J. DE DARRÉ, tesmoing.

[*Déposition de noble François d'Ybos.*]

Noble Francois d'Ybos, bourgeois, natif et habitant de la ville de Saint Pé, agé de quarante ans ou environ (1), possédant en biens troys mille escus et plus, tesmoing adjourné, produict et juré de la partie que dessus :

Interrogé sur ce que les precedens, à luy leus et donné entendre de mot à mot, a dit sçavoir du contenu aux articles dud. *intendit*, ensemble accollés, que en l'année mil cinq cens soixante neuf et au moys d'aoust, du jour autrement ne luy recorde, arriva en ce pays de Bigorre et diocese de Tarbe le comte Mongomery, avec les viscomtes et une bonne troupe de leurs complices rebelles et ennemys du Roy et repos publicque, allant au pays de Bearn, pour faire lever et oster le camp qui pour lors estoit pour le Roy au devant la ville de Navarrens, conduict et chef le seigneur de Tarride. Lesquels en faisant tel voyage commençarent aud. diocese de mettre en combustion, piller et saccager à l'esglise du lieu de

(1) M. Gaston Balencie nous a transmis sur ce personnage et sa famille les renseignements aussi complets qu'intéressants que l'on va lire :
Noble François d'Ibos, issu d'une famille de Saint-Pé très ancienne, se maria deux fois : 1° avec Clarmontine de Pujo, de Vic-Bigorre ; — 2° le 19 décembre 1588, avec Suzanne de la Porte, veuve de Bonnecase, fille de Jean de la Porte et de Raymonde de Cautet (Arch. de M. Balencie). Il n'eut pas d'enfants du second mariage. Du premier était né noble Jean d'Ibos, sieur de Lagarde (canton de Tarbes) et de Pouey (métairie à Saint-Pé), qui épousa, en 1596, Jeanne d'Antin, fille de Germain, seigneur d'Ourout, et de Louise de Majourau (*Petits Mémoires de Germain d'Antin*, publiés par M. J. DE CARSALADE DU PONT, dans le *Souvenir de la Bigorre*, t. I. p. 205). Noble Jean-François d'Ibos, seigneur de Lagarde et de Loubajac, en Bigorre, eut pour femme demoiselle Jeanne de Labarthe, fille de noble Daniel de Labarthe, sieur de Rébénac (Basses-Pyrénées), et sœur d'Arnaud. Le contrat de mariage, passé par maître Jean de Casedebat, notaire coadjuteur du lieu de Rébénac, le 17 novembre 1627, a été insinué au Sénéchal de Tarbes, le 4 octobre 1638. Leur fille unique, Louise d'Ibos, fut mariée (contrat du 27 novembre 1650, retenu par Antoine de Lajusan, notaire de Nay) avec maître Jean d'Esquille, conseiller du Roi, avocat général au Parlement de Navarre, fils de messire Jean d'Esquille, président au même Parlement, et de dame Jeanne de Lannevielle. Ce contrat fut insinué à Tarbes, le 17 juillet 1651 (Arch. des Hautes-Pyrénées, Reg. des insinuations, série B, années 1628-1630 et 1648-1655). Voir pour la branche cadette d'Ibos, le *Dictionnaire hist. et généal.* de Larcher, v° *Ibos* (Arch. des Hautes-Pyrénées).

Lanamesan dud. diocese avec les maisons des fidelles catholiques ecclesiastiques; et continuant la furie le semblable feit au lieu de Capbern et autres esglises mentionnées au premier article dud. *intendit*, comme il sçait pour avoir esté en une partie d'icelle et estre chose nothoire et luy veues lesd. ruynes, entre autres es esglises de Barbasan, Soes, Forgues, Momeres, Salles-Adour, Arcisac, Saint Martin, Mongaillard, Visquer, Odos, Benac, Orincles, Jullos, Pareac, Astugue, Pouts, Escobès, Semeac, Aureillan, Borderes, Juillan, Azereix, Ossun, Ybos, Loey, Lane, Ours, Gayan, Siarroy, Andrest, Baset, Aurensan, Pintac, Oroix, Escaunet, Seron, Lucquet, Garderes, Lamarque, Lobajac, Poeyferré, Pontac, Ger, Ponsson-dessus, Ponsson-debat, Montané, Castaide, Anst, Sanoes, Orberes, Lasserre, Tarasteix, Maure, Viellenove, Abedeille, Lucarré, Abos, Ventayou, Peyraube, Pintac, Labattut, Seré.

Et ayant faict led. voyage lever led. camp du Roy qui s'estoit retiré en la ville d'Orteix, où led. sieur de Tarride feut prins, qui par depuis mourut et plusieurs autres cappitaines aussy prins, tués et massacrés avec plusieurs soldats, au moys de septembre en suyvant, vint en la ville et cité de Tarbe où il sejourna quelques jours avec lesd. ennemys rebelles et seditieux. Quoy faisant, l'esglise cathedralle, en laquelle auparavant avoit ung orgue fort beau et riche, comme avoit aussy un chœur bien garny de livres, en laquelle esglise avoit neanmoings de fort beaux ornemens, cappes, pluviaulx, devant d'autels et autres semblables, des grands calices, croix, encensoirs, bordons tant d'or que d'argent et plusieurs reliques, qui feut le tout mis en combustion, pillé et saccagé. La chambre capitulaire bruslée avec tout le reste de l'esglise cathedralle, où eut telle abondance de feu que l'on trouva les cloches qu'estoint au clocher fondeues dessoubs. Aussy feut bruslée et mise en combustion la maison episcopalle, ensemble celles des chanoines, archidiacres, prebandiers et chapellains de lad. esglise, le tout pillé et saccagé. De semblable feut faict des convents des Carmes et Cordelliers de lad. ville, iceulx rendeus inhabytables et entierement ruynés, tant esglises que maisons et autres ediffices, y estant les esglises de St Jehan et St Martin. Et pour ce jourd'huy tant à cause de ce que autres invasions faictes de lad. ville, icelle est presque ruynée et une bonne partie bruslée, comme les maisons de dehors les rues et bourgs du Portal-devant et Maubourguet ; les maisons desquelles feurent mises à fleur de terre, le tout pillé et saccagé à discretion, ainsin qu'il dict sçavoir pour avoir veu lesd. ruynes et bruslemens, et le reste estant chose nothoire à ung chascung. Perte et desgat sy grands et notables qu'il deposant ne sçauroit estimer.

En laquelle ville aians demurés et sejourné à leur discretion, que partans d'icelle et s'en retournans vers le pays de Gascoigne (1), aussy saccagarent, pillarent et bruslarent les esglises d'Orleix, Dours, Chiis, Bours, Soyeaulx, Laslades, Luyt, Frechet, Lisos, Oleac, Poyastruc, Toustat, Basillac, Gnoas, Viellenave, Sarniguet, Artaignan, Puyo, Camalès, Talasac, Vic-Bigorre, Caixon, Lareule, Sauveterre, Auribat, Maubourguet, Estirac, Villefranque, Plaisance, Gaillac, Prechac, Ju, Belloc, Beaulac, Labattut, Mons, Castetnau, Fixac, Soublacause, Gouts, Cahusac, Canet, Caussade, St Lane, les monasteres de St Lezer, maison du prieur de Madiran, l'abbaye de Tasque avec les esglises et maisons des religieux.

L'abbaye de la ville de S^t Pé, esglise, maison monacalle et abbatialle feurent pillées et saccagées, bruslées et rendeues inhabytables ; ensemble quatre vingt maisons de lad. ville ou environ, tant des ecclesiastiques que autres bruslées et toute la ville saccagée (2). Et partant d'icelle allarent en la ville de Lorde où bruslarent aussy l'esglise, les maisons des ecclesiastiques et

---

(1) Après la prise et le sac de Tarbes, Mongonmery se rendit à Lafitole où il établit son camp (LARCHER, *Hist. manuscrite de Vic-Bigorre*, Glanage. Voir les documents de la première partie).

(2) On s'attendait à trouver plus de détails sur la prise de Saint-Pé dans la déposition d'un témoin qui pouvait dire comme le héros de Virgile : *Quæque ipse miserrima vidi*. Il est regrettable que François d'Ibos n'ait pas donné la date de la prise de sa ville natale et les noms des capitaines huguenots qui la pillèrent et l'incendièrent. Un document, transmis par M. G. Balencie, nomme le capitaine Laborde comme auteur de la prise et du sac de Saint-Pé (voir à la dernière pièce de ce fascicule), et garde le même silence sur la date. Nous croyons qu'il faut rapporter cet événement aux premiers jours du mois de septembre. Remarquez que le témoin, bien en mesure d'être renseigné, après avoir dit que les huguenots prirent et brûlèrent la ville de Saint-Pé, ajoute : « *et partant d'icelle allarent en la ville de Lorde* » ; or, l'historien Bordenave

plusieurs autres et pillés tant icelles que lad. ville (1), comme dict sçavoir pour avoir veu lesd. ruynes et pillemens et estre chose nothoire, que il deposant ne sçauroit aussy estimer.

Dict d'avantage qu'estant veneu il deposant en lad. ville de Tarbe pour aucungs ses affaires particuliers, le vingt deusiesme jour du moys de janvier l'an mil cinq cens septante, y arrivarent le cappitaine Montamat, les barons de Ros et de Basian, lesquels, avec grand nombre de gens estans à leur suyte, entrarent en lad. ville de Tarbe, en laquelle tuarent et massacrarent plusieurs gens habitans de lad. ville, ecclesiastiques et autres circomvoisins, pillarent et saccagarent lad. ville, où le deposant perdit son cheval et eut assés à faire de garantir sa personne.

Et quelques temps après, au mois d'avril en suyvant, aud. au, du jour autrement ne luy recorde, estant en garnison aud. Tarbe le seigneur de Bonasse pour le Roy avec ung bon nombre de soldats, led. Montamat retourna avec grands forces aud. Tarbe et assiegea lad. ville. Laquelle aiant faict battre du canon et faict grand bresche, entra dedans où feut faict grand massacre tant dud. Bonasse, chanoines, prebendiers et gens d'esglise de lad. ville, plusieurs habitans où avoit cinq consuls et plusieurs circonvoisins, regiment dud. Bonasse, où en feurent trouvés de

---

place la prise de Lourdes immédiatement après celle de Tarbes : « Tarbes, dit-il, « se remit à sa volonté (de Mongonmery) et le sieur de Bénac fut envoyé « sommer Lourde et le chasteau, mais il trouva que le capdet Bertrand d'Antin « l'avoit ja abandonné ». Mongonmery étant entré à Tarbes le 1er septembre, il faut placer la prise de Saint-Pé et de Lourdes entre le 1er et le 10.

(1) Une circonstance qui pourrait peut-être faire excuser le « capdet Bertrand « d'Antin » d'avoir lâchement abandonné Lourdes (voir la note précédente), est qu'il était tout fraîchement marié, depuis un mois à peine. Les archives de M. le marquis de Castelbajac, au château de Barbazan, renferment le contrat de mariage de noble Bertrand d'Antin, capitaine, sieur de Labarthe, avec Gabrielle de Cardaillac, fille de Jean de Cardaillac, seigneur d'Ozon, passé le 3 août 1569 par Jean Bruno, notaire de Tournay. Les protestants, d'ailleurs, ne firent pas long séjour à Lourdes. Bordenave nous apprend que la prise de Mont-de-Marsan par Monluc (14 septembre) « remit le cœur au ventre aux « catholiques tellement que ceux de Bigorre reprinrent la ville de Lourde, et « le chasteau leur fut rendu fort laschement par Lestrem, lieutenant de Caseban, « qui pour ceste lascheté fut pendu à Pau » (*Hist. de Béarn et Navarre*, p. 288). Le capitaine Caseban avait été nommé gouverneur de la ville et du château. (*Ibid.*, p. 286.) Voir sur la trahison de Lestrem la lettre écrite par Mongonmery au baron de Lons, p. 46.

morts de douse à treise cens, comme estoit tenen pour chose nothoire, voix et fame publicque, non que autrement le sçache ; et le reste de lad. ville que les habitans y avoient pourté feut tout pillé et saccagé et lad. ville ruynée, dont il a veu depuis et voit journellement.

Auquel temps estoint et tinrent fort au chateau et ville de Rabastens les cappitaines Guerlin et Ladoue, avec autres soldats de la pretendeue opinion ; dont en hors, pour les courses qu'ils faisoint tenoint le peuble dud. de Bigorre et diocese, mesmes de la plaine, en crainte ; de sorte qu'il n'y avoit personne qui osat traffiquer, aller ny venir aux champs pour traffiquer ; prenans et rançonnans ceux que pouvoint attraper, et de telle façon de faire usans jusques à tant que le seigneur de Montluc, lieutenant general pour le Roy en Guienne, y conduict le canon, et enfin en demeura maistre, l'aiant faict battre long temps ; où il feut blessé à l'assault d'ung coup d'arquebusade au nés, et aucungs de ses gens tués et blessés. Que dict sçavoir pour estre chose nothoire et avoir veu toutale ruyne de lad. ville de Rabastens, reservé quelques maisons qui sont demeurées assés ruynées.

Dict d'avantage que le capitaine Legier, au mois de mars septante trois, s'empara de la ville de Sainct Sever de Rustang, diocese de Tarbe, où il tint fort avec plusieurs ses adherans environs deux moys, y commist plusieurs massacres, pilla et saccagea icelle, et comme le deposant a ouy dire pour chose nothoire ; y feurent tués plusieurs habitans tant ecclesiastiques que autres. Et durant lad. demeure brusla aussy les esglises de Senac, Cabanac, Aberede, Montagut, Viellecontau, Faget, Teulé, Montfaucon, Estampes. Et à son partement et de ses complices mist le feu aux quatre coings de lad. ville et icelle avec le monastere feit brusler, de sorte que il ne y demeura presque rien, synon en ung coing quelques petites maisonnetes de peu de valleur.

Et environ ung an après et le dousiesme jour du moys de mars mil cinq cens septante quatre, arriva en lad. ville de Tarbe, estant vendredy, sur la pointe du jour, par intelligence et trahison, avec led. baron de Basian et de Sarrasinet, Maupas et plusieurs autres leurs complices, ennemys du Roy et repos publicque, preindre et entrarent dans lad. ville où tuarent et massacrarent plusieurs habitans d'icelle, tant ecclesiastiques que autres, en preindre et constituarent prisonniers plusieurs, ensemble bonne partie desd. chanoines, prebendiers que autres qui s'estoient enfermés dans le clocher de leur esglise cathedrale, ausquels feirent payer trois mille livres de rançon pour garantir leurs vies, et aussy feurent rançonnés plusieurs autres desd. habitans; pillarent lad. ville, mesme les deniers du Roy, et du Roy de Navarre cinq mille livres et plus, desquels luy deposant avoit charge, constraint les abandonner voyant les cruaultés et inhumanités que comettoint, tuans et massacrans les hommes, et luy deposant saulta les murailles de lad. ville pour garantir sa vie.

Et tint fort led. Legier environs six semaines durant lesquelles feit de grandes extorsions contraignant les villages à contribuer pour leur entretenement. Et ne le vollant faire les villages de Trebons et Sarniguet brusla la pluspart d'iceulx, et à une course qu'il feit tua le seigneur de Beaudean, gouverneur pour le Roy de la ville de Bagneres, tout auprès d'icelle; tenant le peuble et tout le pays plat dud. diocese en crainte; et illec usa-t-il jusques à ce que le seigneur de Mun (1) et autres gentilshommes (2) et soldats l'attraparent allant au pillage où il feut tué avec une partie de ses soldats; et les autres encore tindrent bon aud. Tarbe, jusques à certain jour où estans assiegés s'en sortirent de nuit sans pouvoir estre attrapés à cause de l'intemperie du temps, et par ce moien lad. ville feut remise en l'obeyssance du Roy.

---

(1) Barthélemy de Mun, seigneur de Mun, guidon de la compagnie d'hommes d'armes du capitaine de Sarlabous (Raymond de Cardaillac), assistait en 1576 au siège de Mirande (*Mém. de Jean d'Antras*, p. 55).

(2) Le *Mémoire du comté de Bigorre*, manuscrit attribué par les uns au sieur de Mauran, par d'autres à l'avocat Mezieres, et dans tous les cas rédigé par un auteur contemporain des événements qui nous occupent, cite parmi ces gentilshommes : Mun, « Asson de Bagnères » (Germain d'Asson, seigneur d'Argelès, près Bagnères), Lubret (Arnaud de Chelles, seigneur de Lubret), « La Barthe « de Castelnau de Maignouac » (noble Arnaud de La Barthe de Castelnau de Maignoac et Dominique son frère, chirurgien, font le partage des biens de noble Arnaud de La Barthe, leur père, 12 mars 1572; Vimort, notaire de Castelnau, étude de M. Arieu), « Orouth » (Germain d'Antin, seigneur d'Orout), « Forgues » (Dominique de Lavedan, seigneur de Horgues). On verra dans la déposition suivante que Dominique d'Abbaye, homme d'armes de la compagnie de Sarlabous, revendique l'honneur d'avoir fait partie de cette expédition.

Comme feut aussy le chateau de Caixon apartenant à monsʳ l'evesque de Tarbe, occupé par ung nommé Sᵗ Pé, huguenault, et autres avec luy, duquel en hors cometoint aux lieulx circomvoisins plusieurs ruynes.

De maniere que à cause de ce dessus, frequent danger de tempete et gresle que tombe ordinairement en une part ou autre dud. diocese, pour la proximité des montaignes, charges ordinaires et extraordinaires que leur convient porter, les pauvres peubles sont constraints abandonner le pays.

En oultre dit que led. sieur evesque et chapitre de Tarbe, abbé de Sᵗ Pé de Generès et religieux de La Reule, prieurs de Sᵗ Lezer et Madiran et leurs chapitres, archipretres de Pontac, Montané [ne perçoivent rien] de plusieurs membres qu'ils ont au pays de Bearn, comme sont aussy les curés de Samouset, Labattut-Figuiere, Mongaston, Castera, Monsegure, Castaeide, Ains, Orberes, Lasserre, Pouts, Ponsson-dessus et dessoubs, Saubolle, Maur, Viellenave, Abedeille, Lucarré, Abos, Ventayou, Peyraube, Pontac, Labattut, Seré ; ains y a tresorier exprès aud. Bearn pour recevoir le bien des ecclesiastiques ; non qu'il sçache combien se monte ny estimer lesd. domages et ruynes, moins autre chose depposer. Ce dessus sçavoir pour les raisons susdites et ainsin l'avoir veu et estre chose nothoire et manifeste. Repetté, a perseveré et s'est soubsigné.

F. Ybos, tesmoing.

[Déposition de noble Dominique d'Abbaye.]

Noble Dominique d'Abbaye, homme d'armes de la compaignie du seigneur de Sarlabous, natif et habitant de la presente ville de Tarbe, agé de trente six ans ou environs, possedant en biens deux mille escus petits et plus, tesmoing adjourné, produit de la partie que dessus, après avoir juré aux saincts evangilles Nostre Seigneur :

Interrogé sur ce que les precedans, à luy leu et declaré de mot à mot, estre recorde et memoratif que environ le moys d'aoust l'an mil cinq cens soixante neuf, le comte Mongomery avec les viscomtes ses complices, rebelles et ennemys du Roy, passa par le present diocese es fins faire lever le camp du Roy estant pour lors devant la ville de Navarrens, pais de Bearn ; et començant à l'esglise du lieu de Lanemesan dud. diocese, icelle mit en combustion et pillage avec les maisons des fidelles ecclesiastiques. Et continuant sa furie, le semblable feit au lieu de Capvern, Mauvesin, Lutilhous, Begole, Burg, Campistrous, Lanespede, Ricau, Oson, Tournay, Peyraube, Clarac, Godon, Clarens, Galès, Lapalu, Sinsos, Bordes, Gourgues, Sarramia, Sarrebarouse, Pouts, Chelle-dessoubs, Marceillan, Castelvieilh, Troley, Labarthe, Lameac, Ciutat, Pomaroux, Aurignac, Fitte, Chelle-dessus, Luc, Aveilhous, Antist, Ordisan, Bernac-dessus, Bernac-debat, Vielle, Calabanté, Lespoey, Viellenave, Mascaras, Montignac, Barbasan-debat, Soes, Forgues, Momeres, Salles-Adour, Arcisac, St Martin, Mongaillard, Visquer, Odos, Benac, Orincles, Jullos, Pareac, Astugue, Pouts, Escobes, Semeac, Aurellan, Julhan, Borderes, Asereix, Ossun, Ybos, Loey, Lane, Ours, Gayan, Siarroy, Andrest, Baset, Aurensan, Pintac, Oroix, Escaunet, Seron, Lucquet, Garderes, Lamarque, Loubejac, Poeyferré, Pontacq, Ponsson-dessus, Ponsson-debat, Montané, Castaeide, Anst, Sanoes, Orberes, Laserre, Tarasteix, Maur, Villenave, Abedeille, Lucarré, Abbos, Ventayou, Peyraube, Pintac, Labattut, Seré, ainsy que dit sçavoir pour avoir veu les feux feumer desd. ediffices, et depuis avoir esté sur les lieux respectivement, et estre nothoire et public aud. comté de Bigorre.

Disant en oultre que iceluy Mongomery avec ceux de sa faction ennemys de Sa Majesté, retournans de lad. ville de Navarrens, au moys de septembre lors suyvant, print la ville et cité de Tarbe, mit en combustion l'esglise cathedrale d'icelle où y avoit ung orgue fort beau, riche, ung cœur garni des grands livres, les chambres capitulaires et documens de lad. esglise, chapelles et autels pillés et ruynés, de façon que du grand feu qu'estoit dans lad. esglise et clocher d'icelle, les cloches se fondirent ; et bruslarent et pillarent la maison episcopalle, ensemble celle des chanoines, archidiacres, prebendiers et chapellains de lad. esglise cathedrale. Aussy pillarent et bruslarent les convents des Cordeliers et Carmes de lad. ville de Tarbe, l'esglise collegiale St Jehan et St Martin, et la plus grande partie des maisons de lad. ville, dont en tirarent ce qui estoit dedans, et y portarent tel domage que il deposant ne sçauroit estimer tant est-il grand.

De là en hors s'en allant et abandonnant lad. ville, feirent de semblable des esglises d'Orleix, Dours, Chiis, Bours, Soyeaulx, Laslades, Luyt, Freischet, Lisos, Oleac, Poyastruc, Toustat, Basillac, Gnoas, Villanave, Sarniguet, Artaignan, Pujol, Camalès, Talasac, Vic-Bigorre, Caixon, Lareule, Saubaterre, Auriebat, Maubourguet, Estirac, Villefranque, Plasence, Juilhes, Prechac, Ju, Baulac, Belloc, Labattut, Montus, Castelnau, Fixac, Soublacause, Gouts, Cahusac, Canet, Caussade, Saint-Lane, lesquelles aussy pillarent et saccagarent et semblablement bruslarent. Comme aussy dit sçavoir pour estre chose nothoire et luy avoir veu les edifices bruslés, n'y aiant que les vestiges. Du semblable envers les monasteres de Sainct-Lezer, maison du prieur de Madiran, l'abbaye de Tasque, et pillarent et bruslarent lesd. esglises et maisons abbatialles et des religieux.

Suyvant lequel temps lesd. ennemys allarent en la ville de Lorde, et passant en la ville de S^t Pé mirent icelle en combustion, pillarent l'esglise, maison abbatialle et habitation des religieux, et le tout bruslé et rendeu inhabitable; comme feirent aussy de l'esglise de la ville de Lorde et plusieurs maisons des ecclesiastiques et autres habitans dud. lieux, qu'il aussy, despuis, a veu lesd. bruslemens et ruynes.

En oultre dict que le vingt deusiesme jour du moys de janvier, l'an mil cinq cens septante, le capitaine Montamat avec les barons d'Arros et de Basian envahirent et se saisirent de lad. ville de Tarbe, en laquelle tuarent et massacrarent plusieurs gens ecclesiastiques et autres habitans, tant de lad. ville que lieux circomvoisins, pillarent et emportarent ce que y trouvarent aud. pays de Bearn.

Oultre et environ le moys d'avril en suyvant, aud. an, le mesme Montamat assiegea lad. ville de Tarbe, où estoit lors le capitaine Bonasse en garnison pour le Roy, avec une bonne troupe de soldats, et l'aiant battu de coups de canon et faite grande bresche l'espace de trois jours, entrarent dedans (1) où feut comis grand

---

(1) Monluc s'apprêtait à aller rejoindre Bonasse à Tarbes pour servir aux

cruaulté et massacre tant dud. Bonasse, chanoines, prebendiers, que autres gens d'esglise, cinq consuls, manans et habitans de lad. ville, circomvoisins d'icelle et plusieurs autres, où feurent trouvés de corps morts de douse à treise cens, ainsin qu'il sçait, tant pour en avoir veu une bonne partie lendemain dud. massacre que l'avoir ouy dire à feu m^re Pierre Madiran, qui, comme aiant charge de les faire enterrer, il en avoit faict le rolle. Et dit sçavoir pour avoir veu la troupe dud. Montamat, estant sorty du mandement dud. Bonasse la recongnoistre, et ne luy feut possible pouvoir rentrer, la cause qu'il en auroit audevant ouy les coups dud. canon, veu lad. bresche et les maisons pillées et saccagées.

Au mesme temps, dans la ville et chateau de Rabastens les capitaines Guerlin et Ladoue et plusieurs autres de la nouvelle opinion tenoint fort dedans led. chateau duquel s'estoint emparés. Et feut bruslé entierement l'esglise parochialle et le convent des Carmes, comme aussy presque toute la ville bruslée, le tout pillé et saccagé, prenans et percevans plusieurs fruicts d'ungs et d'autres, tant de gens d'esglise que autres, faisans courses parmy led. diocese et empeschans tout commerce et traffique, tenant en crainte les habitans; de sorte que personne n'osoit passer, aller ny venir es environs dud. Rabastens sans grand danger de leurs personnes et biens. De quoy et façon de faire par iceulx et leurs complices feut adverty le sieur de Montluc; y feit conduire le canon, comme lieutenant du Roy en Guienne, et ayant assiegé led. Rabastens et long temps canoné y entra dedans et extermina ceux qui feurent trouvés dedans. A laquelle

---

protestants « un souper » de sa façon. Montamat et Arros, avertis de son dessein, résolurent de le rompre en tombant à l'improviste sur Tarbes. Ils quittèrent le Béarn le 10 avril et arrivèrent le 12, sur le midi, devant Tarbes (BORDENAVE, *Hist. de Béarn*, p. 302). Bordenave et Olhagaray ont raconté en détail ce troisième siège de Tarbes, mais leur récit est surpassé par celui d'un contemporain, l'auteur d'une chronique inédite intitulée : *Mémoire sur le comté de Bigorre*. On trouvera ce récit dans les *Essais* etc., de M. DAVEZAC-MACAYA, t. II, p. 188 ; il complète ceux de Bordenave et d'Olhagaray. Le premier de ces deux historiens protestants termine sa narration par cette phrase pleine d'une fausse et amère pitié : « Ainsi Tarbes fut quasi tout bruslée, et tout ainsi qu'elle s'estoit réjouie
« au sac, povreté, destresse et pleurs du Bearn et enrichie de ses despouilles,
« elle fut misérable, saccagée et souillée dans son propre sang par les Bearnois »
(*Hist. de Béarn*, p. 303).

faction et allant à l'assaut led. sieur de Montluc feut blessé d'ung coup d'arquebusade travers du nés, où plusieurs de ses gens et personnes notables aussy blessés et tués. Toutesfoys luy en demeura le meilheur, et rendit le tout à l'obeyssance du Roy. Pour quoy faire y convient fort de grands fraix et despens et pourta grands pertes et domage ausd. diocesains.

En oultre dict que en l'année mil cinq cens septante trois et au moys de mars, le jour autrement ne sçauroit expecifier, ung nommé Legier, soy disant capitaine, de la pretendue nouvelle opinion, avec plusieurs de sa suite et faction, se saisit et s'empara de la ville royale de St Sever de Rustang, qui est aud. diocese, où demeura quelque temps, pendant lequel pillarent lad. ville qu'estoit riche, à leur souhait, emportarent leur butin aud. pays de Bearn, et vollant icelle abandonner, aiant tué plusieurs religieux et gens d'esglise et autres habitans dans icelle, bruslarent le monastere et abbaye, comme aussy les maisons abbatialles, monacalles, ensemble toute la ville, reservé quelques petites maisons de peu de valeur, come il deposant a veu. Durant le temps que demeurarent dans lad. ville de St Sever bruslarent les esglises de Senac, Cabanac, Abaraede, Montagut, Villecondau, Faget, Teulé, Montfaulcon, Estampes et autres que il deposant ne sçauroit presentement expecifier.

Et s'estant lad. troupe retirée aud. Bearn, le dousiesme mars en suyvant mil cinq cens septante quatre, led. Legier avec plusieurs autres print et se saisit de lad. ville de Tarbe, là où, environ la pointe du jour, avec led. baron de Basian, Sarrasinet, Maupas et autres, entra ; et après avoir gaigné le bourg vieulx, come plus fort, par surprinse et sans resistance, à cause que les habitans feurent effrayés, allarent assieger les archidiacres, chanoines, prebendiers et autres qui s'estoint retirés au clocher de lad. esglise ruynée, où feurent tués et massacrés plusieurs chanoines, prebendiers et autres gens d'esglise, comme aussy plusieurs habitans de lad. ville ; les maisons desd. ecclesiastiques pillés et saccagées, et enfin lesd. chanoines, prebendiers et autres retirés aud. clocher, n'aiant de quoy eux defendre ny moien de vivre, pour garantir leurs vies, feirent promesse de rançon de trois mille livres qui payarent, come l'ouyt dire, et jusques à ce en demeurarent prisonniers les aucungs. En laquelle ville lesd. ennemys demeurarent long temps ; pendant et durant lequel faisoint contribuer les villages et quand ne le volloint faire bruslarent la plus grande part desd. villages de Sarniguet et Trebons, commettans plusieurs autres maux, empeschans entierement le commerse et trafficque, et jusques à ce que led. Legier feut tué avec autres et lad. ville remise à l'obeyssance du Roy, come il deposant dict sçavoir pour avoir esté à la faction et compagnon de suite du seigneur de Mun. Qui feut cause de la ruyne totale de lad. ville. Aussy feut-il souvent à la guerre durant led. temps et tandis que led. Legier demeura aud. St Sever, pour le tenir en crainte et qu'il ne pourtat domage aux villageois ny autres allans et venans.

Comme feut aussy au chateau de Caixon appartenant à monsieur l'evesque de Tarbe, occupé au mesme temps par ung nommé Sainct Pé, de lad. opinion, qui semblablement cometoit plusieurs maux es lieux circomvoisins dud. diocese, avec saccagemens et pillemens sur le comun peuble et ceux que luy et ceux qui luy adheroint pouvoint attraper, dont enfin feut jetté hors.

Durant lesquelles occupations les ecclesiastiques ne jouirent aucunement de leurs dixmes et reveneus, ains lesd. ennemys à cause des courses qu'ils faisoint, en l'une desquelles tuarent le seigneur de Beaudean, gouverneur de Bagneres, tout auprès de lad. ville, qui tenoint le peuble en crainte et le faisoint porter tout ce qu'ils demandoint. Actes qui ont amené grand pauvreté aud. diocese, accompagné de la frequentation de la gresle, qui ordinairement tombe en une partie ou autre dud. diocese, à cause de la proximité des montagnes, mesme la presente année au pied d'icelles montagnes, qui en a emporté au cartier de Campan une partie des granages, et audessous et tout auprès de lad. ville de Tarbe entierement gasté les granages ; de maniere que le tout accumulé, avec les charges ordinaires et extraordinaires pour le payement des tailles du Roy et entretenement des garnisons, qui sont aud. pais, le peuble n'a de quoy vivre et la pluspart constraints d'abandonner leurs maisons et aller au pays d'Espagne.

D'avantage dict que tant led. sieur evesque que messieurs du chapitre de Tarbe, abbés de St Pé de Generès, de La Reule, prieurs de St Lezer et de Madiran ont plusieurs membres despendans de leurs benefices aud. pais de Bearn, auquel pais aussy sont dependans dud. diocese de Tarbe, archipretré de Montané, cure de Samouset, Labattut, Figuiere, Mongaston, Castera, Monsegur, Castaede, Ains, Ast, Orberes, Lasserre, Pouts, Ponsson-dessoubs, Ponsson-dessus, Saubole, Maur, Villenave, Abedeille, Lucarré, Abos, Ventayou, Peyraube, archipretré de Pontac, Labattut, Seré, desquelles puis la veneue de Mongomery les ecclesiastiques n'ont aucunement joui et n'osent y habiter à cause que en ce pais ne se faict exercice de la religion catholique, apostolique et romaine, ains sont esté constraints abandonner led. pais, come il sçait tant pour avoir esté en aucungs lieux, veu les cures et le pais de Bigorre et ailleurs, où sont lesd. ruynes sus mentionnées, qu'il ne sçauroit en aucune façon estimer tant grandes sont, pour les avoir veues, ensemble ce dessus ouy dire et estre chose nothoire, conque et manifeste à ung chascun, et autres raisons susdites. Plus n'a dit. Recollé, a perseveré et s'est soubsigné.

DE ABBAYE, tesmoing.

[*Déposition de maître Jacques Abeuxis, notaire d'Ibos.*]

Maitre Jacques Abeuxis, notaire, natif et habitant de la ville d'Ybos, agé de quarante huit ans ou environ, possedant en biens mille escus et plus, tesmoing adjourné, produit et administré de la partie que dessus :

Interrogé sur le contenu aud. *intendit*, icelluy leu et entendu, a dit qu'en l'année mil cinq cens soixante neuf, au moys d'aoust, il, estant en la ville de Toulouse, entendit que le comte Mongomery avec son armée passoit la riviere de Garonne (1) pour s'en venir en Gascogne vers le pays de Bearn ; il, pour estre en sa maison en Tarbe et Ybos advant son arrivée, pour retirer quelque chose de son bien, partit dud. Toulouse, mais ne se peut si fort advancer que lad. armée, qui venoit par le comté de Nebousan, ne feut aussitost dans le comté de Bigorre et diocese de Tarbe. Et voyoit, luy deposant, faisant son chemin par ung endroit, come les esglises

---

(1) Mongonmery passa la Garonne à Saint-Gaudens et pilla cette ville le 2 août (*Inventaire des arch. du Parlement de Toulouse*, B. 96).

brusloint par les villages et paroisses de l'autre coté où led. camp passoit, de l'endroit de la montagne ; tellement que bien peu s'en sauvarent jusques à la ville de Tarbe, à laquelle, causant la garnison que y estoit, n'entrarent point pour ceste fois, mais s'en allarent loger ce soir jour de vendredy en la ville d'Ybos, lieux d'Azereix, Juilhan, Loey, Lana et autres des environs. Es quels lieux aussy il veit lesd. esglises brusler à l'instant de leur arrivée, sauf celle d'Ybos, laquelle pour ce jour là feut gardée, moienant quelque promesse de rançon que luy deposant et autres consuls dud. Ybos feirent au seigneur de Solan (1), coronel des troupes qu'estoint logées aud. Ybos. Lequel de Solan en son partement en admena prisonniers luy deposant et aucungs autres des consuls à la suite du camp, et depuis les eslargit moienant la rançon de seise cens livres.

Et environ ung moys après, comme led. Mongomery eut defait le camp du seigneur de Tarride devant Navarrens et en la ville d'Orteix, s'en retourna avec lad. armée au pays de Bigorre, occupa la ville de Tarbe et tout le pays plat où feit sejour dix à douze jours, pendant lesquels parachevarent de brusler les esglises qui y estoint demeurées, mesme en lad. ville de Tarbe l'esglise cathedralle, maisons episcopalles, canonialles et de tous autres benefices d'esglises et convent des Carmes, Cordelliers, Sainct Jehan et toutes autres chapelles, sans soy y estre saulvé aucungs ornemens, ciboires ny autres richesses ou ornemens servans à la decoration d'iceulx temples et service divin ; ainsy qu'il sçait, voyant lors les incendies du haut des montagnes, là où il s'estoit retiré en saulveté, comme il feut sorty dud. Solan, et pour l'avoir veu reellement comme il se retira desd. montagnes après que led. camp eut deslogé. Et trouva lors que l'esglise dud. Ybos, ung des beaux edifices du d. diocese, ensemble ung douzaine des maisons des

---

(1) Nous avons commis une erreur, page 64, note 2, en disant que Solan appartenait à une branche cadette de la maison de Comminges. Cette branche s'était éteinte à la fin du XVe siècle dans la Maison des Mauléon, seigneurs de Belpech. Le capitaine dont il est parlé ici était François de Mauléon, seigneur de Solan et de Belpech, fils de Raymond-Roger, seigneur des mêmes terres, et de Marguerite de Lordat-La-Bastide. Il avait épousé Anne d'Astarac-Fontrailles, sœur du baron de Montamat et du fameux Fontrailles, Michel d'Astarac.

ecclesiastiques et autres feurent bruslées par la compagnie du viscomte de Paulin (1), qui logea et sejourna aud. Ybos l'espace de dix ou douze jours.

Led. Mongomery, partant dud. pays de Bigorre et Bearn, laissa le seigneur de Montamat avec grandes forces aud. pays de Bearn, lequel avec la faveur du seigneur d'Arros et le baron son fils (2) et autres capitaines descendirent aud. pays de Bigorre, prindrent de rechef lad. ville de Tarbe, et de là subjuguarent toutes les autres villes et pays plat ; allarent en la ville de Lorde et Bagneres, lesquelles rançonnarent et constraignirent à leur obedience, bruslarent toutes les esglises desd. cartiers et pays de Montagne sauf celle dud. Bagneres qui feut gardée au moien de leur rançon accordée.

Par depuis encore, led. Montamat, environ le moys d'avril ensuyvant, aiant entendu que le seigneur de Bonasse par commission du seigneur de Montluc (3), lieutenant general pour le Roy en Guienne, s'estoit mis en garnison en lad. ville de Tarbe, y descendit avec grande armée, battit lad. ville à canon et entra à force bruslant environ la moitié de lad. ville et massacrant environ douze cens hommes, tant des habitans de lad. ville eccle-

(1) Bertrand de Rabastens, vicomte de Paulin, fameux religionnaire, un des chefs de l'armée dite des vicomtes.

(2) Jacques d'Arros, fils aîné du baron d'Arros, se signala comme son père dans les troubles du Béarn. Il commandait une compagnie au siège de Navarrens où son frère François, enseigne de la compagnie du capitaine Jean de La Motte, fut tué d'un coup d'arquebuse (BORDENAVE, p. 256). Jacques épousa, le 21 juin 1571, Jeanne de Béarn, fille de Jean de Béarn, seigneur de Bescat, et de Françoise d'Espagne, baronne de Lissac, au comté de Foix (Arch. des Basses-Pyrénées, E. 2003). Sa fille unique, Elisabeth, dame d'Arros, épousa Pierre de Gontaut-Biron, seigneur de Salaignac, auteur de la branche des Gontaut-Arros.

(3) Voici, au sujet de cette commission, une gasconnade de Monluc rapportée par Bordenave. Avant de se jeter dans Tarbes, où il allait mourir si glorieusement, Bonasse avait prié Monluc de lui donner une commission pour y commander ; le Gascon « lui envoya la commission et lui escrivit que de par Dieu « ou par le diable (ce sont les mots de sa lettre) il attendit qu'il eut préparé « aux Béarnois le soupper que le Roy lui avoit commandé, auquel il donneroit « si bon ordre, que la viande ne lui defaudroit pas au milieu du repas, comme « elle avoit fait à Tarride. » (*Hist. de Béarn et Navarre*, p. 300.) Hélas! le brave capitaine ne devait pas être de ce « souper » ; il périt victime de la plus lâche et de la plus noire trahison (Voir DAVEZAC-MACAYA, *Essais* etc., t. II, p. 188).

siastiques et autres que du regiment du sieur de Bonasse ; pillarent, butinarent tous les biens meubles et betailh tant de lad. ville que lieux des environs, et se rendit maitre de tout led. pays de Bigorre, sauf les montagnes, où ne luy echappa pas une esglise ny monastere que ne feurent prophanés, bruslés et ruynés, ainsy que il deposant veit incontinent qu'il y arriva après que led. Montamat et ses troupes s'en feurent retournées aud. pays de Bearn, aiant laissé garnison aux lieux forts, comme au chateau de Benac le capitaine Roe (1), au chateau de Rabastens les capitaines Guerlin et Ladoue, au chateau de Lorde le capitaine Casenave (2).

En laquelle ville de Rabastens tant la grande esglise parochialle que celle des Carmes avec le convent et enfin toute la ville, sauf environ quinze ou vingt maisons, feurent bruslées, ainsy qu'il veit lors depuis et se voit encore à l'oeuil.

Lesquelles garnisons tindrent plus long temps tout le pays plat en grande sujettion, allans faire journellement des grandes courses, pillages et saccagemens par tous les lieux circonvoisins et autres, debalisans tous les passants, les faisans prisonniers, les tuans ou rançonnans de grands sommes, leurs ostans les vivres, blés, vins, betails et charroirs qu'estoint conduits pour les provisions des montagnes, jusques à tant que le seigneur de Montluc avec son armée les veint battre à coups de canon et les en tirer.

Auquel temps aussy la grande esglise collegialle de la ville de Vic, le monastere et prieuré de Sainct Lezer feurent bruslés par lesd. ennemys. De fait que en toute lad. diocese ne y est demeuré esglise, convent ny monastere en pied qui n'ayent esté bruslés par lesd. ennemys, sauf celles de la ville de Bagneres et du pais des montagnes, auxquelles esglises ne peurent entrer, causant la difficulté des chemins et rochers et la garde que les habitans feirent sur le destroit du passage.

Dit que, au moys de mars mil cinq cens septante trois, le

---

(1) Peut-être faut-il lire Rey. Un capitaine de ce nom portait l'enseigne de la compagnie du capitaine Salles à Navarrens, pendant que Terride en faisait le siège. (POEYDAVANT, t. I, p. 337.)

(2) Assibat de Casenave dit le capitaine Casabant avait été précédemment gouverneur de Lourdes, avant la reprise de la ville par Bonasse, voir page 47, note 2.

capitaine Legier, envoyé ainsy que l'on disoit par le baron d'Arrós dud. pays de Bearn en hors, et par intelligence d'aucungs huguenots ou le capitaine Lafont, entrarent de trahison dans la ville de Sainct Sever avec massacre de plusieurs habitans, tant religieux de Saint Benoit que autres, où sejournarent environ deux moys, aiant du tout pillés et fait porter aud. pays de Bearn tous les biens meubles d'icelle ville et de plusieurs bons villages des environs, tant dud. pays de Bigorre que de Pardiac, le tout aud. diocese. Desquels lieux brusla aussy tous les esglises et grand nombre de bonnes maisons de paysans, mesmement le village de Monmoulous entierement et une bonne partie de Montagut. Et finablement s'en partant et quittant lad. ville de Sainct Sever y mit le feu à tous quatre coings, la brusla avec le grand monastere, esglise, ediffice abbatial et monacal, ainsy que il deposant a veu, et se voit encore aujourdhuy la d. ville toutellement deserte.

Lequel Legier ung an après, envoyé, comme se disoit, par le baron d'Arros de Bearn en hors, par intelligence d'aucungs habitans de Tarbe huguenots, entra par trahison dans lad. ville de Tarbe, là où il feit massacre d'ung grand nombre d'habitans, tant de gens d'esglise que autres, et la plus grande partie d'iceulx habitans faits prisonniers, rançonués à grands sommes de deniers. Et une partie des chanoines, prebendiers et beneficiers de lad. esglise cathedrale, qui s'estoint retirés au haut clocher, qui avoit esté reedifié par le chapitre, feurent prins à rançon de trois mille livres tournois. Et tant led. Legier, avec le seigneur de Basian que autres capitaines, la d. ville occupa l'espace de deux moys ou plus, pendant lesquels feit de grands insolences, meurtres, ravages, bruslemens par tout led. pais; mesme alla surprendre et tuer le seigneur de Beaudean, gouverneur de la ville de Bagneres; brusla presque tous les villages de Trebons et Sarniguet, feit brusler ce que on avoit reposé aus esglises, tant aud. Tarbe que aux environs; constraignit toutes les communaultés à luy contribuer des grands sommes journellement et à venir travailher à la fortification de lad. ville. Bruslarent aussy une grande partie d'icelle jusques à temps qu'ils feurent surprins aux champs, allans au ravage, par le seigneur de Mun et autres qui le tuarent avec une troupe de ses soldats, et les autres se saulvarent encore dans lad. ville de Tarbe où tindrent fort quelques jours, puis se saulvarent de nuit avec leur buttin.

Tout ce dessus dit sçavoir pour estre habitant en partie du temps dud. Tarbe et autre dud. Ybos, et avoir veu de l'œuil lesd. actes, et estre chose nothoire.

Dict que led. pais de Bigorre et diocese de Tarbe plus que tous autres climats desquels ayt eu connoissance est sujette à la tempeste et gresle, tellement que ordinairement de trois parties l'une pour le plus souvant plus de la moytié des fruicts y sont emportés par la d. gresle, mesme ceste année presente, que tombe au grand regret du revenu des ecclesiastiques, lesquels à grands difficultés se peuvent entretenir du revenu de leurs benefices, payans les charges et services d'iceulx. Joint que une partie du diocese qui reste en aucungs villages et paroisses qui sont dans le pais de Bearn, come les archipretrés de Montané, de Pontac (1), rectories de Samouset, Mongaston, Monsegu, Labattut, Castaede, Castera, Ains, Ponsson-debat et dessus, Lasserre, Orberes, Maur, Pouts, Villenave, Saubolle, Abedeille, Lucarré, Abos, Lamarque, Peyraube, Ventayou, Pontiac, Labattut, Seré, lesquels lieux et

---

(1) La ville archipresbytérale de Pontacq fut une de celles qui eurent le plus à souffrir pendant ces guerres de religion, soit de la part des catholiques, soit de la part des protestants qui la prirent et la reprirent tour à tour. (Voir *l'Hist. de Béarn*, de BORDENAVE, *passim*). Les ligueurs ne l'épargnèrent pas davantage ; le récit suivant, extrait par Larcher des registres de l'hôtel de ville de Pontacq, en fait foi : « L'an 1592 et lou ters deu mees de decembre es estade
« assiegeade la present ville de Pontac per lou marquis de Villars accompagnat
« de grand nombre de cavalerie et de deux gros canons et un courtaut, la on
« fon brulade le nombre de 154 maisons, et demora en la present ville oeyt
« jorns. Et per so que las forses deu present pais qui eren en la ville de Nay
« et aus vilages d'alentour nou viengon per nous secourir, ny tans soulament
« lous bailla une alarme, so que vedens et craignens fossem trompats, nós en
« sortim la noeyt sixieme aprez deu dit mees. Estant anxi sortits, lo dit Marquis
« et sa ligue entrant en la place et fort d'aquere, on y fen beaucoup de viole-
« mens et forçamens à toutes las femnas qui y trouvon, tant à las vielhas
« adjades de plus de 80 ans (!) que à las jouenes mendres de dotze ans ; que
« aussi lou plus grand pilladge que jamais sic estat en place du monde, sens y
« lechar rens que la terre. Et aprez en la dite ville y viengon une grande
« maladie de la contagion que lo dit Marquis et ses gens y lecha, talemens que
« de la dite contagion y mori 300 personnes, et sy bien lo dit Marquis y perdit
« 200 hommes. Et aussy los logs de Ger et Espoey esten fort mautractats et
« pillats, et non autre du pais. Et lo present acte es estat enregistrat au libe de
« la ville. » (Glanage Larcher, t. XIV, p. 345.)

paroisses les beneficiers à qui les fruicts appartiennent, qui sont les eveque et chapittre de Tarbe, archidiacre de Montaneres, abbés et religieux de Sainct Lezer, Sainct Pé, Lareulle, Madiran ne jouissent point de rien, moings les curés desd. lieux, à cause que le tresorier de la cause ou du conseiller ecclesiastique dud. pais prenent les fruicts, aiant constitué en chacung desd. lieux ministres de leur pretendue religion d'huguenaults, ainsy que il deposant sçait et a veu, aiant esté sur les lieux, sans qu'il sçache autrement la valeur desd. reveneus ny l'extimation desd. domages precisement. Plus n'a dit. Repeté, a perseveré et s'est soubsigné.

De Abeuxis, tesmoing.

[*Déposition de Bernard Salafranque, maître apothicaire.*]

Bernard Salafranque, maitre appoticaire, consul la presente année, natif et habitant de la ville de Tarbe, agé de quarante ans et plus, possedant en biens mille escus et plus, tesmoing adjourné, produit et juré de la partie que dessus :

Interrogé sur ce que dessus à luy leu et declaré de mot a mot, a dit sçavoir que le comte de Mongomery passa au devant la ville de Tarbe, ne sçauroit sy ce feut au moys de juillet ou d'aoust, dont ne luy est recordé pour le laps de temps, bien estre en l'année mil cinq céns soixante neuf, avec grand nombre de gens d'armes tant à cheval qu'à pied, allans au pays de Bearn, pour oster le camp du Roy, qui estoit au devant la ville de Navarrens, gouverneur lors de lad. ville de Tarbe pour le Roy le seigneur de Villambits. Et quelques jours après vint advertissement aud. seigneur de Villambits; et aiant receu iceulx advertissemens led. seigneur de Villambits quitta la ville avec ceux qui y estoint lors en garnison, quoy voyant les habitans feirent le semblable pour saulver leurs vies, s'en allans les aucungs vers le quartier des montagnes, les autres en Toulouse, les autres où bon leur sembla. Et peu de jours après led. Mongomery avec ses troupes entrarent dans lad. ville de Tarbe (1), où ils bruslarent toutes

---

(1) Mongonmery, malgré les sollicitations de son entourage, hésitait à marcher sur Tarbes ; il craignait que le siège de cette ville ne l'entraînât trop loin et ne retardât sa jonction avec l'armée des princes. Pour l'y déterminer, quelques

les esglises et emportarent tous les joyaulx et ornemens d'icelle qu'ils y trouvarent ; à sçavoir l'esglise cathedrale, les convents des Cordeliers et Carmes, l'esglise parochialle de St Jehan dud. Tarbe; pillarent et bruslarent toutes les maisons des ecclesiastiques de lad. ville, come aussy pillarent toutes les maisons des habitans de lad. ville jusques aux clefs des maisons ; et quant aux autres circonvoisins couchés ausd. articles, a dit que led. Mongomery et ses troupes bruslarent toutes les esglises des lieux où ils passarent depuis Montreal de Riviere (1) jusques au pays de Bearn, tuant et massacrant tant les gens ecclesiastiques que autres catholiques que ils pouvoint trouver, come ils ont faict parmy tout le pays de Bigorre, diocese de Tarbe et autres où ils passoint, come il sçait tant pour l'avoir veu, ensemble les vestiges y estre encore, que come estant chose nothoire.

Dit aussy que au moys de janvier mil cinq cens septante, jour et feste de sainct Vincens, le seigneur de Montamat accompagné de deux à trois mille hommes entra dans lad. ville de Tarbe par sappe et escalade, où ils tuarent plusieurs des habitans et pillarent ce qu'estoit demeuré de reste et les habitans avoint appourté en lad. ville. Se feirent grands domages par tous les circonvoisins.

Et dit aussy que au moys d'avril en lad. année, estant gouverneur de par le Roy en lad. ville de Tarbe le seigneur de Bonasse avec sept compagnies d'infanteries et argollets, led. Montamat, accompagné de trois mille hommes et plus, assiegea lad. ville de Tarbe avec deux pieces d'artillerie; laquelle ville battit depuis le vendredy sur la diane quatorsiesme jusques au samedy quinsiesme trois heures après midy, où ils feirent bresche des meurs de la ville de quatre vingt à cent pas et icelle faite donnarent

---

soldats de son armée usèrent d'un stratagème qui ne leur réussit que trop bien. Ils se rendirent à Tarbes, jetèrent l'alarme dans la ville disant que Mongonmery arrivait avec une armée formidable, résolu de prendre la ville et de la livrer aux flammes. A cette nouvelle, la panique s'empara des Tarbais ; il y eut un sauve-qui-peut général, et Villambits, au milieu de cette population affolée, jugeant la résistance impossible, s'éloigna avec ses troupes. Mongonmery refusa d'abord d'ajouter foi à cette nouvelle, mais lorsqu'il n'en put plus douter, il se porta vers Tarbes où il entra sans résistance le 1er septembre (voir MONLEZUN, *Hist. de Gascogne*, t. V, p. 356).

(1) Montrejeau.

l'assault, causant le consentement d'aucungs capitaines estans en lad. garnison trahissans lad. ville (1), et entrés que feurent dedans tuarent et massacrarent du nombre de mille à douze cens hommes, habitans de lad. ville, tant ecclesiastiques que autres personnes et ceux de lad. garnison, et y bruslarent la moytié de lad. ville ou environ, tellement que l'ont rendeue presque deserte et inhabitable.

Cy a dict aussy qu'au mesme temps ceux nommés Guarlin et Ladoue se saisyrent et emparerent avec leurs complices et adherans du chateau de Rabastens, où ils tindrent fort et le peuble de la plaine du pays de Bigorre en sujettion, faisans ordinairement des courses de tous costés, tellement que nul habitant n'osoit passer ny trafficquer sans danger de leurs vies et perdition de leurs marchandises qu'ils portoint.

Et ce dit, il deposant, sçavoir pour ainsin l'avoir veu, estant prins et constitué prisonnier lors dud. massacre par led. Montamat.

Et a dit que en l'année mil cinq cens septante deux ou septante trois, de laquelle presentement n'est souvenant, ung se nommant le capitaine Legier entra par surprinse en la ville de Sainct-Sever de Rustan, où il tua et massacra plusieurs habitans d'icelle, tant ecclesiastiques que autres, et brusla toute la ville à son partement. Et ce dit sçavoir pour l'avoir ouy dire à plusieurs habitans qui se sauvarent, et estre chose nothoire.

Et environ ung moy après, le dousiesme mars mil cinq cens septante quatre, led. Legier accompagné du baron de Basian, Sarrazinets et plusieurs autres, entrarent par surprinse et intelligence dans lad. ville de Tarbe, où ils tuarent et massacrarent plusieurs habitans d'icelle, tant ecclesiastiques que autres, et pillarent tous les ornemens et joyeaulx que l'on avoit de rechef mis aux esglises, et toute les maisons de lad. ville; y constituarent prisonniers tant luy deposant que autres habitans de lad. ville, ensemble ung nombre de messieurs du chapitre, chanoines et prebendiers en nombre de treise ecclesiastiques, qui payarent, pour garantir leurs vies, trois mille livres de rançon. Lequel

---

(1) Voir la relation de ce siège insérée dans le t. II des *Essais* de DAVEZAC-MACAYA, p. 188.

Legier occupa la ville six semaines. Durant lequel temps tenoit en crainte tout le pays et faisoit contribuer tous les villages circonvoisins pour l'entretenement tant de luy que de ses troupes, à grands fraix et despenses et contributions, jusques au jour qu'il feut tué. Et feit aussy brusler durant lequel temps quelques villages come Sarniguet, Trebons ou partie d'iceulx, et tua le seigneur de Beaudean, gouverneur en la ville de Bagneres. Ce dit sçavoir pour aussy l'avoir veu. Plus n'a dit. Recité, a perseveré et s'est soubsigné.

De Salafranqua, tesmoing.

[TARBES 6 SEPTEMBRE.]
[Déposition du capitaine Forgues.]

Continué le sixiesme jour desdits moys et an audit Tarbe.

Noble Dominique de Lavedan, escuier, autrement appellé le capitaine Forgues, natif et habitant de Forgues (1), possedant en biens deux mille escus et plus, agé de quarante cinq ans ou environ, tesmoin adjourné produit et juré de la partie que dessus :

Enquis et interrogé sur ce que les precedens à luy leu et declaré et les articles ensemble accollés, a dit qu'estant il au camp du Roy au devant la ville de Navarrens pays de Bearn, conduit par le seigneur de Tarride avec sa compagnie d'infanterie, aiant entendu led. seigneur de Tarride que les ennemys de Sa Majesté et repos publicque passoint la Garonne pour aller aud. camp, commanda au deposant aller en la ville de Tarbe pour prendre langue. Quoy faisant et y arrivé trouva des grandes compagnies desd. ennemys qu'estoint desia descendues en la plaine de Bigorre, faisant brusler les esglises où ils passoint, batimens des ecclesiastiques, les pillant et saccageant, mettant le tout en combustion. Quoy voiant et pour en sçavoir myeux la verité et icelle en rapporter, alla au lieu de Soes où faisoint semblablement brusler l'esglise, et aiant veu la forme de faire et le nombre de gens qu'estoint se garantit le myeux qu'il peust et retourna aud. Tarbe où estoit en garnison le seigneur de Villambits, et de là en hors

(1) Horgues, près Tarbes.

veit passer lesd. ennemys à un quart de lieu de lad. ville. Ce faisant, il deposant, pour encores estre myeulx asseuré en sa delegation, feit sortie avec quatre ou six soldats et feit tant par ses moiens qu'il constitua prisonnier ung soldat desd. ennemys, auquel aiant parlamenté entendit les forces desd. ennemys dont estoit chef le cappitaine Lorge autrement qu'il appeloit lors le comte Mongomery, lesquels pilloint et saccageoint tout par là où ils passoint, bruslant les ediffices des ecclesiastiques.

Ce faict, monta luy deposant a cheval et feit tant qu'il oultre passa et alla rapporter ce qu'il avoit entendu aud. seigneur de Tarride (1), lequel feit retirer son camp à cause des divers advertissemens qu'il avoit eus, en la ville d'Orteix, où feurent poursuivis par lesd. ennemys, led. camp du Roy mis en deroute, led. seigneur de Tarride prins et saisy, faisant il deposant avec le seigneur de Gohas (2) une sortie avec ung nombre de soldats et combattirent et teindrent bon aux faulx bourgs dud. Orteix, cuydans ramasser leur camp, environ une heure et demye (3); enfin feurent constraints de quitter et eux remettre au chateau dud. Orteix; où estans, et par l'advis de ceux qu'estoint, voiant ne pouvoir resister, pour cuyder saulver leurs vies, vindrent à parlamenter et à composition, leur estant promis par lesd. ennemys leurs vies saulves, à cause de quoy feurent prins, et led. seigneur de Tarride qui conduit par lesd. ennemys, comme dit est, mourut quelques jours après à Euse (4).

---

(1) Bordenave rappelle dans son *Hist. de Béarn*, p. 259, la mission du capitaine Forgues, mais il l'accuse de n'avoir pas fait à Terride un rapport exact. « Il se trouva, dit-il, si à propos à Tarbe, qu'estant sur la muraille, il vit passer « toutes les troupes auprès de la ville et retourna en diligence faire le rapport « à ceux qui l'attendoient devant Navarrenx. Je ne sçay s'il vit toutes les « troupes, mais il rapporta qu'il n'y avoit pas plus de deux mille hommes fort « mal armez et pirement montez. »

(2) Guy de Biran de Gohas, mestre de camp de l'armée de Terride, deuxième fils de Amanieu de Biran, seigneur de Gohas, lieutenant du sénéchal de Toulouse, et de Quitterie de Marrast, avait épousé, en 1566, Marguerite de Navailles, fille de Henri de Navailles, seigneur de Peyre et d'Arbuix, gouverneur de Pau, et de Michelle de Corcelles (Arch. de M. le marquis de Gontaut-Biron, au château de Saint-Blancard, Gers, fonds Gohas).

(3) Aucun des historiens du siège d'Orthez n'a fait mention de l'héroïque résistance de ces deux braves gascons.

(4) Eaûze (Gers).

Aussy y feurent prins les seigneurs de Bazillac, le baron son fils (1), Sainte-Colome (2), Sainct Phelix, lieutenant de monsieur de Negrepelice (3), le baron de Pordiac, son lieutenant (4), de Gerdrest, baron de Bearn (5), d'Amo (6), de La Garrigue, de Favas, de Sallyes, led. de Gohas, mestre de camp en l'armée dud. de Tarride, et plusieurs autres seigneurs et cappitaines prins

(1) Etienne de Bazillac, fils aîné de Jean, seigneur et baron de Bazillac, et de Anne de Rochechouart-Barbazan, capitaine de cinquante hommes d'armes, épousa, en 1573, Françoise de Lévis, fille de feu messire Philippe de Lévis, seigneur de Mirepoix, maréchal de la foi, et de feu dame Louise de La Tremouille. Il mourut trois ans après, ne laissant qu'une fille, Jeanne, née en 1574 et mariée, le 27 avril 1598, à messire Etienne de Castelnau-Coarraze, baron de Laloubère, près Tarbes (Arch. du château de Saint-Léonard, Gers, fonds Bazillac).

(2) Antoine de Lomagne-Terride, *surnommé* d'Aydie, seigneur de Sainte-Colome en Béarn, fils unique du premier mariage de Jean-Thomas de Lomagne-Terride avec Menjette de Sainte-Colome, fut un des principaux chefs du parti catholique en Béarn. Qui voudra faire la biographie de ce brave capitaine en trouvera les éléments dans Bordenave, Olhagaray, Aubigné, Monluc, etc. Il fut massacré à Navarrens, le 21 août 1569, et tous ses biens passèrent dans la maison de Montesquiou, sur la tête d'Imbert de Montesquiou, son cousin germain, fils d'une sœur cadette de sa mère, auteur des Montesquiou-Sainte-Colome.

(3) François de Saint-Félix, seigneur de Saint-Félix de Caraman, chevalier de l'ordre du Roi, lieutenant de la compagnie de trente lances des ordonnances du Roi de M. le comte de Négrepelisse, donna quittance de la somme de 162 livres 10 sous, pour un trimestre de ses appointements militaires, le 30 octobre 1569, et scella sa quittance d'un sceau étranger « parceque, dit-il, « mon cachet a été perdu à la prise d'Orthez ». Il avait épousé Anne de Sadirac, fille du seigneur de Sadirac en Béarn (COURCELLES, *Hist. généal. des Pairs de France*, t. XI, généal. *Saint-Félix*).

(4) Bernard de Bassabat de Vicmont, seigneur baron de Pordéac, Gachepouy, Castetarrouy (Gers), chevalier de l'ordre du Roi, avait épousé, le 11 juillet 1566, Anne d'Aydie-Guittinières, fille d'honneur de la Reine mère et de la reine d'Espagne, fille de Geoffroy d'Aydie, seigneur de Guittinières, et de Cécile de Rodarel. Il fut massacré à Navarrens, le 21 août 1569 (Arch. Poyanne, fonds Bassabat-Vicmont, chartrier de l'auteur).

(5) Gabriel de Béarn, baron de Gerderest, en Béarn, et de Pardaillan, en Armagnac, vicomte de Juillac, seigneur de Beaucaire et de Saint-Martin, fils de François de Béarn, baron de Gerdérest, sénéchal de Béarn, et d'Anne de Pardaillan, héritière de Pardaillan, Beaucaire, Juillac, etc. Massacré à Navarrens, le 21 août 1569, sans postérité.

(6) Charles de Caupenne, baron d'Amou, seigneur de Saint-Pée en Chalosse, chevalier de l'ordre du Roi (17 octobre 1568), bailli du pays de Labourt (voir *Armorial des Landes*, par le baron DE CAUNA, généal. *Caupenne*, t. III, p. 216). Le baron d'Amou et le baron de Bazillac avaient été les négociateurs de la désastreuse capitulation d'Orthez.

et meurtris avec le nombre de cent cinquante soldats morts, come il entendit; et des susdits prisonniers feurent tués et massacrés. Oultre et contre lad. promesse et asseurance en feurent amenés aud. Navarrens (1), tués et massacrés lesd. seigneurs de Sainte Colome, baron de Pordiac, de Gerderest, cappitaine Gohas, Sallyes et autres dont à present n'a souvenance, et les autres, come luy mesme, feurent mis à rançon à leur discretion que feurent constraints payer.

Et estant luy deposant ainsy detenu prisonnier, led. Mongomery alla au pays et diocese de Tarbe et print la ville de Tarbe, où feit brusler l'esglise cathedrale, maison episcopalle et canonicalles et autres dud. district de la Cede, les convents des Cordeliers et Carmes de la mesme ville, esglise parochialle Sainct Jehan, et toute lad. ville pillée et saccagée; et du semblable feut aussy lors de plusieurs autres villes, villages et lieux circonvoisins d'icelle, voire par tout où lesd. ennemys passoint et pouvoint mettre la main, ainsy que luy deposant dit sçavoir pour avoir quelques jours après qu'il feust eschappé, veus les dites ruynes, tant aud. Tarbe qu'autres lieux circonvoisins en divers endroits dud. diocese, et aussy pour estre chose nothoire et evidentte à ung chascun, non qu'il sceut dire ny estimer la valeur dud. domage, moins la perte des joyeaulx, ornemens et autres choses dediées au service divin, tant sont elles grandes; et ne feussent autre que le domage porté en la ville de Tarbe, de Lorde, d'Ybos, Vic, convents de Momeres, St Lezer, Lareule, S^t Pé de Generès et autres.

Quelque temps après s'estant il deposant retiré en lad. ville de Tarbe, comme aussy avoint faits quelques habitants d'icelle,

---

(1) On voit que l'exécution eut lieu à Navarrens et non à Pau, ainsi que la plupart des historiens l'ont écrit. Bordenave et Monluc confirment le témoignage du capitaine Forgues. Voir notamment la lettre écrite par Monluc au maréchal de Damville, le 30 août 1569 (*Commentaires*, édit. de Ruble, t. V, p. 229). Il résulte de cette lettre que le massacre eut lieu le 21 août et non le 24, et que cette circonstance si dramatique du festin auquel les malheureux prisonniers auraient été invités par Mongonmery est une légende inventée par des historiens fantaisistes et malheureusement accréditée par ce passage des annales d'Henri de Sponde : « *A cœnâ ad necem, jussu Johannæ reginæ,* « *inhumanissimè tracti et crudelius trucidati* » (*Annal. Baronii continuatio* etc., p. 727).

là feust le capitaine Montamat pour ung jour de samedy vingt deusiesme du moy de janvier l'an mil cinq cens septante, qui vint avec plusieurs de la nouvelle opinion les assallir, et de faict les tint assiegés toute la nuit jusques à la pointe du jour, qui par escalade et sappement entrarent dans lad. ville, n'aiant moien de leur resister pour le peu de personnes qu'estoint en icelle ville, sujette à grande garde et mal pourveue d'armes, voire qu'il feust delayssée, à cause de quoy de rechef luy deposant feust fait et constitué prisonnier, mis à rançon luy (1), et toute la ville pillée saccagée et mis en combustion ; plusieurs habitans de lad. ville, tant ecclesiastiques et autres que circonvoisins, tués et massacrés, come aussy plusieurs maisons bruslées.

Et environ le moys d'avril mil cinq cens septante, pour lors estant le seigneur de Bonasse en garnison aud. Tarbe pour le Roy, le mesme Montamat avec les forces qu'il peut rassembler assiegea lad. ville et feit bresche à coups de canon, et enfin entra par force en lad. ville et cité de Tarbe, où feurent commis de grands meurtres et massacres, tant des habitans de lad. ville circonvoisins, ecclesiastiques que autres, de façon que par comune estimation, tant par les rues de lad. ville fossés d'icelle que autres endroits, ainsy que l'on disoit communement, en y eut de morts de douse à treise cens, où y en avoit consuls d'icelle. L'a dit sçavoir pour estre chose nothoire et luy avoir veu les ruynes de lad. ville.

Auquel temps ungs nommés Guerlin et Ladoue occupoint la ville et chateau de Rabastens et avec plusieurs huguenauts estans avec eux cometoint plusieurs meurtres, massacres, pillemens et rançonnemens des circonvoisins et des passageans, tenans led. pays de Bigorre et diocese de Tarbe, au moins la plaine, en crainte ; de maniere que n'y avoit personne qui osat en rien comerser et traficquer. Et en iceluy chateau tindrent fort jusques à ce que le

(1) L'auteur de la chronique manuscrite déjà citée donne les détails de ce second siège de Tarbes. Après avoir dit que le capitaine Forgues et sa femme furent faits prisonniers, il ajoute : « Quand M. de Montamat eut donné la curée « du pillage de la ville à ses gens et qu'il eut prins la rançon desdits sieurs « juge (Gamache) et sindic (Balestrade), et des autres qu'il avoit en son « pouvoir, il les congédia et renvoya le capitaine Forgues dans sa maison, sans « aucun dommage » (voir ce récit dans les *Essais* etc., de DAVEZAC-MACAYA, t. II, p. 185).

seigneur de Montluc, mareschal de France, y feit conduire le canon et les extermina, aiant aduré (1) iceluy et d'assaut.

En oultre, que en l'année mil cinq cens septante trois, environ le moys d'avril, bien feut en temps de paix et les armes posées, le capitaine Legier, huguenault, avec ung bon nombre de ses soldats, envahit et print la ville de Sainct Sever de Rustaing, icelle pillarent et saccagearent à leur souhait et bruslarent le monastere qu'etoit en lad. ville, iceluy ruynarent. En laquelle ville tuarent et massacrarent plusieurs habitans d'icelle et des environs, ecclesiastiques et autres, et dans icelle demeurarent certain temps, durant lequel bruslarent aussy plusieurs esglises des lieux et villages circonvoisins, rançonnoint tous ceux que pouvoint attraper. Et après et lors de leur partement d'icelle ville mirent le feu aux quatre coings d'icelle, que reste entierement bruslée et ruynée.

Et en l'année mil cinq cens septante quatre, le dousiesme jour du mois de mars, led. Legier, avec autres, venans et sortans dud. pais de Bearn, aboutissant avec lad. comté de Bigorre, de matin, surprint et entra en la mesme ville de Tarbe où tuarent et massacrarent plusieurs habitans d'icelle tant ecclesiastiques que autres, le nombre desquels ne sçauroit precisement dire, et y constituarent prisonniers ung bon nombre des autres habitans avec aucungs archidiacres, chanoines, prebendiers et autres beneficiers de lad. esglise cathedrale, et iceulx mirent à grande rançon, pillarent et saccagearent lad. ville et ecclesiastiques à leur discretion, portant et faisant conduire led. butin aud. pais de Bearn.

(1) Du latin *adurere*, brûler. Le château de Rabastens, réparé et remis en état de défense, fut de nouveau pris par les huguenots, commandés par Jacques, baron de Castelnau-Chalosse, au mois de mai 1585. Il fut rendu moyennant une rançon de 15,000 livres (*Essais*, t. II, p. 223). En 1594, les États de Bigorre obtinrent du Roi la permission de le faire démolir. Ils passèrent dans ce but un traité, le 17 décembre 1594, avec Pierre Souffron, maître architecte de la ville d'Auch (voir sur cet artiste, auteur de travaux importants à la cathédrale d'Auch, l'*Atlas monographique de Sainte-Marie d'Auch*, par M. Canéto, p. 64, et les *Recherches sur les arts et les artistes en Gascogne au XVIe siècle*, par M. Lafforgue, p. 34-40), et Pierre Lemoyne, architecte du lieu de Luc en Bigorre. Ceux-ci s'engagèrent à faire en quatre mois « la desmolition tant des quatre tours « et courtines liées à icelles que le donjon, faulce porte, ravelin et deffences « dudit chasteau », moyennant 4,000 livres tourn. Au 5 avril 1595, la démolition était terminée et les architectes recevaient la somme promise (Étude de Me Duguet, notaire à Tarbes, minutes Noguès, 1593-1594, fol. 146 v°-148 r°).

Et en icelle ville tindrent fort jusques à ce que après que led. Legier avec une partie de ses soldats feurent tués et massacrés, estans atrapés allans aux champs a la picquorée, come avoit fait durant qu'il avoit demeuré en lad. ville, contraignant les villageois à contribuer pour son entretenement et où ne le volant faire les menaçoit de brusler, come de fait feit au moins la plus grande partie des lieux de Trebons et de Sarniguet, et auroit tué le seigneur de Beaudean, gouverneur de la ville de Bagneres, tout auprès d'icelle; et enfin icelle ville assiegée feut remise en l'obeyssance du Roy, come est presentement.

Ce dessus dit sçavoir pour avoir esté à la faction du tout avec ung nombre de soldats qu'il entretint au chateau de Semeac, près dud. Tarbe environ ung quart de lieue, où s'estoit retiré pour tenir en crainte led. Legier et procurer l'eslargissement desd. chanoines et prebendiers.

En sorte que à cause de ce dessus la ville de Tarbe est entierement pauvre et la plus grande partie ruynée. Lequel pays de Bigorre et diocese de Tarbe est ordinairement sujet à gresle et tempete empourtant en une part ou autre, chacun an, une partie des fruicts, mesme ceste année les bleds en la plaine et tout auprés dud. Tarbe.

Pour raison de quoy, et charges ordinaires et extraordinaires pour les garnisons qu'il faut entretenir aud. pays, une partie des habitans ne les pouvant supporter sont constraints quitter leurs maisons et aller au pais d'Espagne ou ailleurs.

Aussy feut exterminé ung nommé S^t Pé, huguenault, qui avoit occupé le chateau de Caixon appartenant aud. s^r evesque de Tarbe, et comis plusieurs maux et saccagemens es lieux circonvoisins.

D'advantage que en pays de Béarn y a plusieurs membres et benefices dependans dud. diocese, desquels les ecclesiastiques ne jouissent plus puis la veneue dud. Mongomery, come il sçait pour en avoir ouy plaindre plusieurs ecclesiastiques, et ne sçauroit il estimer les domages tant sont grands, ny dire le revenue que preignent aud. Bearn, moings autre chose deposer du contenu aud. *intendit*. Dit ce dessus contenir verité par les raisons susdites. Recollé, a perseveré et ne s'est signé pour ce n'a sceu escrire.

[VIC-BIGORRE, 9 SEPTEMBRE.]

[*Déposition de m^{re} Ramond Plantis, bachelier.*]

Continué en la ville de Vic et en la maison de Jehan Lattapie, le neufviesme jour desd. moys et an.

Maitre Ramond Plantis, bachelier es droit, consul l'année presente, natif et habitant de la ville de Vic, agé de cinquante ans ou environ, possedant en bien deux mille escus et plus, tesmoing adjourné, moienant serment par luy presté aux saincts evangiles Nostre Seigneur :

Interrogé sur ce que dessus à luy leu et declaré a dit du contenu ausd. articles dud. *intendit* ensemble accollés, sçavoir que en l'an mil cinq cens soixante neuf et au moys d'aoust, le comte Mongomery, retournant de lever le camp du Roy de davant Navarrens conduit par monsieur de Tarride, s'en vint en la comté de Bigorre avec ses troupes où bruslarent plusieurs temples, maisons des ecclesiastiques et autres et pillarent tout ce qu'estoit dedié pour le service divin, rompirent libres, mesme dans la ville de Tarbe et ville de Vic.

Ce dessus luy qui depose veit de ses yeux, d'autant qu'il alla aud. Tarbe, suyvant l'advis du conseil dud. Vic, pour parler aud. Mongomery, pour garantir icelle ville de Vic (1), aussy est chose nothoire que du temps que led. comte Mongomery estoit aud. Tarbe, tant en allant, passant que retournant, il brusloit tant les esglises que maisons des ecclesiastiques où il passoit, saccageant et pillant tout, rendant les couvents inhabitables, come il sçait pour avoir veu la meilleure partie des esglises mentionnées aud. *intendit* bruslées et ruynées.

D'advantage dit que le seigneur de Montamat entra en la ville de Tarbe par deux foys, sçavoir le moys de janvier mil cinq cens septante, et avril ensuyvant, estant lors le capitaine Bonasse en garnison pour le Roy aud. Tarbe, où ils commirent de grands

---

(1) La communauté de Vic députa vers Mongonmery le vicomte de Lavedan et le juge de Rabastens, par délibération du 31 août 1569, pour le prier de préserver la ville du pillage et lui offrir telle somme qu'il voudrait pour l'exemption du passage (LARCHER, *Histoire (manuscrite) de Vic-Bigorre*, Glanage).

cruaultés et inhumanités, de sorte que aud. moys d'avril y eut de grands meurtres et massacres et par comun-bruit en y avoit de morts plus de douze cens personnes, tant chanoines, prebendiers que autres ecclesiastiques, pillant, saccageant tout ce qu'ils pouvoint avoir, rançonnant aussy tous ceux qui pouvoint trouver, de sorte qu'ils ont adveneu une telle ruyne aud. diocese des esglises et autres ediffices de esglises.

En ce temps feut occupé le chateau de Rabastens par les cappitaines Guerlin et Ladoue, comettans de là en hors plusieurs insolences, prenans et saysissans tous ceux que pouvoint avoir, tenant le peuble en telle crainte qu'il n'y avoit personne qui osat passer ny revenir par la plaine sans domage de leurs personnes et perte de leurs biens. Dont, estant battus à coups de canon par le seigneur de Montluc, feurent tirés et mis en pièces.

D'advantage le capitaine Legier au moys de mars septante trois s'empara de la ville de St Sever qu'il pilla à discretion come bon luy sembla et à ses adherans, et à son depart mit le feu aux quatre coings de la ville, qui feirent brusler ensemble le monastere, comme il sçait pour ce est chose nothoire et en avoir veu les vestiges.

Et environ un an après au moys de mars septante quatre le mesme Legier surprint lad. ville de Tarbe que semblablement pilla et saccagea; de laquelle ville feurent tués et massacrés tout plain d'hommes tant ecclesiastiques que autres, et portant grands domages que luy deposant ne sçauroit estimer, jusques à ce que led. Legier feut tué avec aucungs de ses soldats, et lad. ville après remise à l'obeyssance du Roy.

Et au mesme temps ung nommé S^t Pé, de la pretendue religion, occupa le chateau de Caixon appartenant à monsieur l'evesque de Tarbe, dont en hors comettoit plusieurs grands ruynes des lieux circonvoisins.

Cy dit que la gresle est frequente ordinairement aud. diocese à cause de la proximité des montagnes et emporte la moitié des fruits en ung coing ou autre mesme cesté année tant au pied des montagnes que environs lad. ville de Tarbe où en a porté les bleds fromens et seigle et fait grand domage que ne sçauroit estimer.

D'advantage sont plusieurs membres aud. pays de Bearn dependans de l'evesché et chapitre de Tarbe, archidiacres de Montaner et Pontac, prieurs de St Lezer et Madiran et leurs chapitres, come aussy les cures de Samouzet, Labattut-Figuiere, Montgaston, Monsegur, Casteide, Ains, Orberes, Lasserre, Pouts, Ponssondessus et debat, Saubolle, Maure, Villenove, Abedeille, Lucarré, Abos, Ventayou, Peyraube, Lamarque, Pontiac, Labattut, Seré, desquels ne jouissent puis la veneue dud. comte, qu'il deposant ne sçauroit estimer ny le domage porté aux ecclesiastiques et autres. Plus n'a dit. Recollé, a perseveré. S'est soubsigné.

R. DE PLANTIS, tesmoing.

[*Déposition de m^{re} Bertrand du Roy, licencié.*]

Maitre Bertrand du Roy, licentié es droits, natif et habitant de la ville de Vic, agé de cinquante ans ou environ, possedant en biens mille escus et plus, tesmoing adjourné, produit et juré de la partie que dessus :

A dit, estant enquis sur le contenu aud. *intendit*, sçavoir que l'an mil cinq cens soixante neuf et au moys d'aoust, le comte Mongomery avec grand armée entra en Bearn et feit lever le siege qu'estoit au davant la ville de Navarrens, conduit par le seigneur de Tarride, et après rentra en Bigorre et en la ville de Tarbe avec son armée de huguenaults, qui saccagearent et pillarent lad. ville, ruynarent et bruslarent l'esglise cathedralle, maisons episcopalle et canonicalle, l'esglise St Jehan de Tarbe, convents des Cordeliers, des Carmes, iceulx rendirent inhabitables, où ils feirent plusieurs maux, comme ils feirent aussy en plusieurs villes et villages dud. pais et diocese de Tarbe.

Et après que led. comte feust hors dud. pais de Bigorre, en l'an mil cinq cens septante et moys de janvier et avril, le seigneur de Montamat avec ses compagnies d'huguenaults assaillit et assiegea lad. ville de Tarbe, de maniere que aud. moys de janvier il feit grand massacre tant des personnes ecclesiastiques que habitans, et aud. moys d'avril led. de Montamat avec sesd. compagnies rompeit les forts de la ville à coup de canon, là mit en pieces le seigneur de Bonasse et ses compagnies, tenant garnison pour le Roy, où aussy feust fait massacre de plusieurs habitans, tant ecclesiastiques que autres, jusques à ce que ils en feurent trouvés de morts en lad. ville, fossés et environs de lad. ville, de douze à treise cens corps morts, come l'on disoit par voix publique.

Et en l'année cinq cens septante, la ville de Rabastens, aud. diocese, et chateau d'icelle feurent envahies et occupées par les capitaines Peyrol (1), Ladoue et Guerlin, huguenaults, et là se tinrent en aiant destrossés les ecclesiastiques, tant seculiers que reguliers, tenans tous les environs en crainte, prenans et percevans les fruits decimaux, de sorte que n'y avoit personne qui leur resistat et osat contredire, jusques à ce que monsieur le mareschal de Monluc, lieutenant pour le Roy en Guienne, assiegea led. Rabastens et chateau qu'il rompit avec coups de canon, dont la force en demeura au Roy.

Et après, au moys de mars septante trois, le jour ne sçauroit aucunement expeciffier, ung nommé le cappitaine Legier, huguenault, avec ses troupes envahit et entra en la ville de Sainct Sever de Riviere aud. diocese de Tarbe, où demeura environ deux moys. Durant lequel pilla et saccagea icelle, massacra et rançonna plusieurs habitans, tant ecclesiastiques que autres, et après ruyna et brusla les cloitres, esglise et maisons de l'abbé et religieux, et après comme il partit brusla lad. ville, où ne demeura aucun batiment.

Et en l'année septante quatre, dousiesme mars, led. Legier envahit et surprint lad. ville de Tarbe, en laquelle feit plusieurs massacres tant de personnes ecclesiastiques que autres habitans et forains estans en icelle, où pilla non seulement les biens des habitans et domicilliés de lad. ville mais aussy les deniers des decimes deus au Roy et les deniers du roy de Navarre y assemblés par les tresoriers et recepveurs en aiant la charge. Lequel

---

(1) Bordenave dit qu'après le départ de Mongonmery, le maréchal de Damville, se retirant vers Toulouse et cotoyant le Béarn, « fit semblant d'assieger « Rabastenx en Bigorre où estoit le capitaine Payrol qui tint si bonne mine « de se vouloir bien défendre qu'il passa outre, ne voulant consumer le temps « en un siège long et dangereux » (*Hist. du Béarn*, p. 289).

continua ruyner lad. ville et parachever les esglises d'icelle de maniere que il ne y demeura lieu pour faire le service divin.

Et du temps que led. Legier occupa lad. ville de Tarbe, ungs nommés Sarrasinets et Sainct Pé, huguenaults, occuparent le lieu et chateau de Caixon appartenant à monsieur l'evesque de Tarbe, où feirent aussy des massacres et bruslarent l'esglise, fondirent les cloches, après empourtarent le meteau; come feirent de mesme des villes et villages circonvoisins, tellement qu'ils ne laissarent cloches aux environs, pillans et saccageans les circonvoisins.

Ce dessus dict sçavoir comme habitant aud. diocese, avoir veu les ruynes des esglises d'icelle la plus grande partie, estre chose nothoire, et que où les troupes de huguenaults passoint ne laissoint aucune esglise ny maisons des ecclesiastiques s'ils les sçavoint en pied.

Sçait aussy que led. pais de Bigorre et diocese de Tarbe est subjet aux gresles parceque il est bas et proche des monts Pirenées, et laquelle tempete y est fort frequente, mettant aussy les habitans en grande pauvreté.

Et que les ecclesiastiques dud. diocese ne jouissent des benefices, membres et cures mentionnés au quinsiesme article dud. *intendit* puis la veneue dud. Mongomery, et que led. pais de Bearn a receu et fait l'exercice de la religion pretendeue reformée. Ce dessus sçavoir pour les raisons susd., et estre pour chacun voisin es lieux mentionnés aud. article, non qu'il sceut expeciffier le rebeneu que ils preignent ny estimer le domage porté par lesd. huguenaults tant est de grand importance. Plus n'a dit. Repetté, a perseveré et s'est soubsigné,

BERTRAND DU ROY, tesmoing.

[*Déposition de noble Raymond de Pujo.*]

Noble Raymond de Puyol (1), homme d'armes de la compagnie

---

(1) Le capitaine Pujo, blessé à mort au siège de Mirande, fit son testament dans la maison du sieur Raymond Catout, où il avait été transporté. « Au nom « du père et du fils, etc., saichent tous presents et advenirs que ce jourd'huy « 27ᵉ jour du mois d'avril 1577, à Myrande, etc., a esté constitué en personne « Raymond de Pujo, de la ville de Vic Bigorre habitant, lequel estant blessé

de monsieur de Cars (1) et habitant de la ville de Vic, agé de trente deux ans ou environs, possedant en biens quatre mille escus et plus, tesmoing adjourné, produit, juré et receu de la partie que dessus :

Interrogé sur ce dessus à luy leu et declaré ensemble accollés, a dit du conteneu en iceulx sçavoir que causant la veneue du comte Mongomery, qui feut environ le moys d'aoust mil cinq cens soixante neuf, les troupes qu'il conduisoit, estans de la nouvelle pretendue religion, passans par le diocese de Bigorre et ville de Tarbe et partout où ils pouvoint mettre le pied feurent pillés et saccagés tant ecclesiastiques que autres, comme aussy les esglises où ils passoint ne y laissans chose quelconque où ils puissent mettre la main et l'emporter.

Et commençarent lesd. bruslemens après passé Garonne, venans du cartier de Sainct Gaudens en Nebosan, ainsin que luy deposant sçait pour avoir veu feux et fumées en poursuyvant iceulx la compagnie du feu seigneur d'Arnés, qu'estoit lors en garnison à Rieux et Montesquieu (2), et les suivit toujours après, mais ne feut possible de les pouvoir surprendre. Et les aiant ainsin poursuivis jusques auprès la ville de Tarbe, où voyant de l'autre costé les feux et fumées, lad. compagnie du seigneur d'Arnés se retira, et led. Mongomery et ses troupes passa oultre vers led. Navarrens, où feut levé le camp du Roy.

Et après retourna vers la ville de Tarbe où, en continuant lesd. pillemens et saccagemens, bruslarent l'esglise cathedrale, maisons episcopalle et canonicalles et autres, les esglises et convents des Carmes de lad. ville et des Cordeliers et tout ça que y estoit, ensemble l'esglise parochialle Sainct Jehan de lad. ville, mettant le tout en combustion ; aussy bruslarent plusieurs maisons de lad. ville. Et du semblable ont faict par tout led. comté et diocese où

« d'un coup d'eclat d'une pièce de mosquet sur sa teste, à la reprinse dudit
« Myrande et pour la remettre a l'obeyssance du Roy, etc. » (Glanage Larcher.)
Jean d'Antras, qui a si bien raconté le siège de Mirande, parle aussi de la mort
du « capitene Puyo de Vic Bigorre. » (Voir ses *Mémoires*, édités pour la première
fois par MM. TAMIZEY DE LARROQUE et J. DE CARSALADE DU PONT, p. 61.)

(1) François de Pérusse, comte d'Escars, lieutenant pour le Roi en Guyenne.
(2) Montesquieu-Volvestre, près Rieux.

passarent, comme il deposant sçait et tout est chose nothoire à ung chacun, et qu'il a veu lesd. bruslemens, tant en lad. ville de Tarbe, Lorde, Ybos, S^t Pé, Vic Bigorre, monastere de St Lezer et plusieurs lieux et villages dud. diocese où il a esté depuis, et est evident à ung chacun.

Et de tant que il deposant estoit allé en sa maison aud. Vic pour garentir s'il povoit quelque chose de son bien, pour ce qu'il avoit esté adverty qu'ils ne laissoint rien que ils ne pillassent tout, luy feut donné par led. sieur d'Arnés quatre ou cinq salades aux fins d'aller recognoistre l'ennemy, quoy faisant il deposant cuyda estre surprins, toutes foys alla il trouver led. sieur d'Arnés, qui feut pris et combattu près le lieu d'Estampures et conduit prisonnier aud. Vic, estant blessé, où il mourut (1).

Et parti que feut led. Mongomery dud. pays et diocese, aiant [laissé] le seigneur de Montamat gouverneur aud. pays de Bearn, icelluy, au moys de janvier mil cinq cens septante, envahit et prins lad. ville de Tarbe qui feut de rechef pillée et saccagée ce que y pouvoict avoir demeuré et les habitans pourté, plusieurs habitans tués et massacrés, tant gens d'esglise que autres, et ruynarent diverses maisons d'icelle ville.

Et du semblable en feit au moys d'avril ensuyvant, et amené le canon avec les pieces feit bresche à cause que luy feut resisté par le seigneur de Bonasse lors estant en garnison aud. Tarbe pour le Roy avec sept compagnies d'infanteries, lesquelles ne peurent empescher son entrée, où feut faict grands meurtres et massacres tant de gens d'esglise que habitans de lad. ville, au nombre desquels y avoit cinq consulz, et de telle façon feut ce que

---

(1) Monluc a rendu hommage à la valeur et au mérite du capitaine Arné (voir page 58) ; rapprochons des éloges de l'ami ceux d'un ennemy, le protestant Bordenave. « Le marechal de Damville laissa le sieur d'Arné, lieutenant de
« Roy en Bigorre, Rivière et Pardiac. Son gouvernement fut fort court, car
« comme il estoit venu descouvrir les forces dudit comte (Mongonmery), qui
« estoit à Vielle-Condau (Villecomtal), il fut chargé si à propos par quelques
« gendarmes qui le découvrirent, comme ils commençoient de se loger, qu'il fut
« blessé et prins prisonnier, et les membres de sa compagnie mors ou prins
« avec plusieurs de ses gens d'armes. Il mourut quelques jours après de sa
« blessure, fort regretté pour son honnesteté et valeur. » (*Hist. de Béarn*, p. 289.)

il y en feurent trouvés de morts par la commune estimation de sept à huit cens corps morts, non que autrement le sçache; la moytié de lad. ville presque bruslée et mise en toutelle ruyne, et fait le pillage s'en retournarent aud. pays de Bearn.

Et en ceste mesme année estoint en la ville et chasteau de Rabastens tenans fort les capitaines Guerlin et Ladouc et autres leurs complices de lad. pretendue religion, dont en hors commettoint plusieurs saccagemens aux habitans dud. Rabastens, lieux et villages circonvoisins, tenans la plaine dud. diocese et pays de Bigorre en telle crainte qu'il ne y avoit personne qui osat venir ny aller pour traffiquer, allans ordinairement à la picquorée, ausquels il deposant donna quelque foys dessus et garder qu'ils ne feissent tant de maux. Ausquels ville et chasteau de Rabastens aiant assiegé led. sieur de Montluc, marechal de France, feit conduire le canon et le feit battre, quoy fini, aiant baillé l'assault, le ramena et mit à l'obeissance du Roy, non que le convent des Carmes, esglise collegialle et toute lad. ville n'ayt esté ruynée et bruslée par lesd. ennemys.

Aussy en l'an mil cinq cens septante troys et environ le moys de mars, feut la ville de Saint Sever de Rustang aud. diocese envahie et surprinse par ung nommé Legier avec plusieurs aultres huguenaults, y comirent plusieurs massacres tant de gens d'esglise que autres habitans de lad. ville, pillarent et saccagearent icelle, bruslarent l'abbaye et maison monacalle de lad. ville, et tinrent en icelle fort l'espace de deux moys; durant lesquels rançonnarent plusieurs personnages, saccageans et pillans les esglises des villages et lieux circonvoisins, icelles brulans: et partans de lad. ville meirent le feu aux quatre coings, de sorte que demeura inhabitable et entierement ruynée.

Lequel Legier avec ses complices, environ ung an après et le dousiesme jour du moys de mars, l'an mil cinq cens septante quatre, semblablement envahit et entra par surprinse en lad. ville de Tarbe, tuarent et massacrarent plusieurs personnes ecclesiastiques et autres, et en feirent prisonniers plusieurs chanoines et autres beneficiers, et iceulx rançonnarent à grands sommes, pillarent et saccagearent de rechef lad. ville, esglise cathedrale, ce que y avoit pourté, icelle occuparent certain temps, durant lequel contraignirent les villages et lieux circomvoisins à contribuer pour leur entretenement, et quand ne le volloint faire menassoint de les brusler, come de fait ont fait de la plus grande partie des lieux de Trebons et Sarniguet, et tuarent le seigneur de Beaudean, gouverneur de la ville de Baigneres, et de telle façon usarent jusques à ce que led. Legier et plusieurs de ses soldats feurent prins, tués et massacrés en allant commettre semblables actes, et depuis lad. ville assiegée et mise sous l'obeyssance du Roy, en laquelle depuys y a garnison pour Sa Majesté au despens dud. pays (1).

Et de semblable feut fait du chasteau de Caixon, appartenant à monsieur l'evesque de Tarbe, occupé par ung nommé Saint Pé et autres huguenaults, par luy deposant et autres soldats qu'il avoit empromptés et mis en hazard pour le service dud. sieur evesque. Lequel Saint Pé et ses complices comettoint plusieurs maux, pillans et saccageans les villageois circomvoisins, choses qui ont pourté grand domage et degat aud. pays.

A cause de quoy, gresle qui tombe chacune année aud. pays, mesme la presente année qui a empourté une partie des vivres en une partie ou aultre, pour la proximité des montagnes et du climat qu'est subjet à lad. gresle et tempete, charges ordinaires et extraordinaires que faut paier, les habitans dud. pays ou partie d'iceulx meurent de faim et constraints habandonner leurs biens et maisons et s'en aller d'icelluy pays.

En oultre ont lesd. beneficiers dud. diocese plusieurs benefices aud. pays de Bearn, dependans d'iceluy, comme sont lesd. chapitres, prieurs de Saint Lezer, de Lareulle et autres, desquels ne jouissent puis la veneue dud. Mongomery, ains se leve aud. Bearn pour l'entretenement des ministres, ou autrement, come luy dit, pour ce que en icelluy pais n'y a puis led. temps exercice de la religion catholique, appostolique et romaine, dont il en a ouy plaindre plusieurs beneficiers.

Ce dessus sçavoir pour ainsin l'avoir veu, ouy entendre, estre

(1) La reprise de Tarbes par les troupes du comte de Gramont coûta 20,000 livres au pays. Les États du comté, assemblés à Bagnères, le 26 mai 1574, ordonnèrent un emprunt forcé sur les communes pour payer les frais (Davezac-Macaya, *Essais* etc., t. II, p. 213).

chose nothoire et autres raisons susdites. Plus n'a dit. Recollé, a perseveré et s'est soubsigné.

RAMOND PUYO, tesmoing.

[CHATEAU DE TOSTAT, 10 SEPTEMBRE.]
[Déposition du baron de Bazillac.]

Continuée le disiesme jour desd. moys et an au lieu de Tostat et chasteau du tesmoing bas nommé.

Noble Jehan de Bazillac, seigneur et baron de Bazillac et autres places, agé de cinquante ans ou environ, tesmoing adjourné, produit et administré de la partie que dessus :

Interrogé sur ce que dessus à luy leu et declaré a dit, qu'estant au camp du Roy au devant la ville de Navarrens qu'on tenoit assiegée, duquel estre chef le seigneur de Tarride, et luy deposant suyvant le commandement du Roy y estre aussy mestre de camp (1), eurent certains advertissemens que les ennemys de Sa Majesté volloint venir, envoyarent prendre langue, et receu advertissement que le comte Montgomery avec grands forces arrivoint et estoint bien près, pillans et saccageans et bruslans les esglises où ils passoint tant dud. diocese que autres, n'estant en leur puissance de leur pouvoir resister, levarent le camp du Roy et se retirarent en la ville d'Orteix où feurent poursuivis et mis en derotte, led. seigneur de Tarride prins et saisy qu'après mourut entre les mains desd. ennemys ; aussy y feurent prins, tués et massacrés messieurs de Ste Colome, de Gerdrest, capitaine Gohas, baron de Pordiac, luy deposant et aussy constitué prisonnier (2), comme feurent aussy les capitaines Orot (3), Forgues, Saint

---

(1) Il y remplissait les fonctions de maître de l'artillerie (BORDENAVE, *Hist. de Béarn*).

(2) « Le seigneur de Bazillac fut conduit à Pau d'où il se sauva la nuit « par le secours d'un soldat qui le descendit le long d'une muraille » (manuscrit DUCO, *Hist. de la province et comté de Bigorre*). Pour compléter les renseignements déjà donnés sur Jean de Bazillac, nous ajouterons qu'il fut rejoindre l'armée du maréchal de Damville en Languedoc, au commencement de l'année 1576, et qu'il mourut peu de temps après à Carcassonne. Son testament est daté de cette ville (Arch. Bazillac, *ibid.*).

(3) Voir une notice à la page 114, note 2.

Phelix, d'Amo, Lamarque, valet de chambre du Roi (1), et plusieurs autres tant capitaines que soldats que ne sçauroit expeciffier.

Dont en hors led. Mongomery alla en la ville de Tarbe que mit en combustion, pilla, saccagea et demantella icelle, bruslant l'esglise d'icelle, maisons episcopalle, canonicalles et autres des ecclesiastiques, convent des Carmes (2) et des Cordelliers, esglise St Jean de lad. ville. Continuant les bruslemens des esglises dud. diocese partout [où] il passoit et pouvoit s'estendre, commettant une infinité de maux et rançonnemens, ainsin que luy deposant sçait tant pour avoir veu lesd. bruslemens et vestiges des esglises que y sont encore que pour estre chose nothoire et evidente par tout led. diocese, villes de Tarbe, Lorde, Saint Pé, Vic, Rabastens, Saint Lezer que autres.

Et au moys de janvier mil cinq cens septante, le seigneur de Montamat, qui estoit demeuré gouverneur et lieutenant aud. pays de Bearn, print et envahit lad. ville de Tarbe où se commirent plusieurs meurtres des habitans de lad. ville et circomvoisins, tant ecclesiastiques que autres.

Et du semblable feit environ le moys d'avril ensuyvant, avec coups de canon aiant fait grand bresche, où se trouvarent grand nombre d'hommes de sorte et en tel nombre que le sang en couroit par les rues, pas ne sçauroit en dire le nombre, ainsy que l'on disoit.

Auquel temps ungs nommés Guerlin et Ladoue occupans la ville et chasteau de Rabastens avec plusieurs huguenaults, pillans et saccageans les villages circomvoisins, ne laissant rien aux habitans, de maniere que il ne y avoit personne qui osat aller ny venir craignans estre attrapés, tués, prins et rançonnés.

---

(1) Il était arrivé en Béarn le 15 juin 1569, porteur des lettres du Roi aux États de Béarn (BORDENAVE, *Hist. de Béarn*, p. 253).

(2) Le couvent des Carmes de Tarbes avait été fondé par les seigneurs de Bazillac, qui avaient droit de sépulture dans l'église du couvent. Plusieurs membres de cette illustre maison y furent ensevelis, et notamment Raymond-Aymeri de Bazillac, chambellan du Roi et sénéchal de Béziers et de Carcassonne. Dans son testament de 1440, il spécifie qu'il veut que son corps soit enseveli dans l'église des Carmes de Tarbes, au tombeau de ses prédécesseurs, devant l'autel de Notre-Dame, et que les religieux dudit couvent soient tenus de venir chercher son corps en son château de Bazillac (Arch. Bazillac, *ibid.*).

Quelques temps après ung nommé Legier avec autres huguenaults prinrent aussy la ville de Saint Sever de Rostaing aud. diocese, et l'aiant pillée et saccagée, comme aussy plusieurs esglises des lieux circomvoisins, et bruslé et mis en ruynes le monastere et maisons des ecclesiastiques de Saint Sever, à leur depart meirent le feu aux quatre coings de lad. ville et icelle entierement ruynée.

Et environ ung an après, au moys de mars septante quatre, le mesme Legier et autres huguenaults prinrent lad. ville de Tarbe où commirent plusieurs meurtres des habitans et circomvoisins d'icelle estans dedans, tant ecclesiastiques que autres, et feirent prisonniers chanoines, prebendiers que autres beneficiers, lesquels pour saulver leur vie paiarent certain rançon, non qu'il sçache dire combien. Laquelle ville occupa certain temps environ deux moys, pendant lesquels constraignit les villages et lieux circonvoisins à contribuer pour leur entretenement et où ne volloint faire les menassoit de brusler, comme de fait fit la plus grande partie des lieux de Sarniguet et Trebons. Et tua tout auprès de lad. ville de Baigneres le seigneur de Baudean, gouverneur d'icelle, et continua jusques à ce qu'il feut surpris en allant faire et commettre tels et semblables actes, tué et massacré avec une partie de ses soldats, et depuis lad. ville remise à l'obeyssance du Roy, come est presentement ; où depuis y a garnison pour Sa Majesté aux despens dud. pais.

Aussy feut remis à la mesme obeyssance le chasteau de Caixon appartenant au seigneur evesque de Tarbe, occupé par ung nommé Saint Pé, qui commettoit de là en hors avec plusieurs aultres huguenaults plusieurs maux, ainsy que il est nothoire, et luy dit par ce moien sçavoir et avoir veus la plus grande partie des ruynes desd. esglises, monasteres et convents.

Et aussy dit sçavoir que aud. pays de Bearn a plusieurs membres, benefices et autres despandans dud. diocese, desquels les beneficiers ne jouissent puis led. temps et veneue dud. Mongomery, et que led. pays de Bigorre aud. diocese est subjet à estre greslé par tempete ordinairement, pour la proximité des montagnes, empourtant et gastant chacun an une partie des fruits mesme ceste année les bleds, ainsy qu'il a veu.

Plus n'a dit. Repeté, a perseveré et s'est soubsigné.

J. Basillac.

Plus par nous n'a esté procedé (1), mais en foy de tesmoing de ce dessus nous sommes soubsignés, contenant onze depositions escrites en trente huit feuilles de papier en septante sept pages, comprinse la presente, et fait signé au susdit Gebrard, greffier, escrivant soubs nous, et expedié la presente close et scellée, comme plus à plain appert en nostre procès verbal, lesdits an et jour.

De Cayret.
A. Gebrard, escrivain.

Ne varietur :
A. Balenty.

[*Procès-verbal de l'enquête.*]

L'an mil cinq cens septante cinq et le second jour du moys de septembre, en la ville et cité de Tarbe, par devant nous Guillaume Abbaye, licentié es droit, lieutenant principal en la cour de M. le seneschal de Bigorre, a comparu maitre Guillaume Cotture, recteur du lieu de Campan, sindic du clergé dud. diocese de Tarbe, lequel a dit et remonstré, qu'en vertu des lettres à luy expediées pour estre ouy sur l'*intendit*, à lad. cour presenté, attaché aux requestes par luy presentées, le tout ensemble attaché, concernant les ruynes, bruslemens, pillemens et saccagemens faits par les ennemys du Roy et repos publique des esglises et autres biens des ecclesiastiques, le tout à plain mentionné aux d. requestes et *intendit* qu'a remis avec lesd. lettres, des teneurs :

A vous Monsieur et son etc. et le procureur etc. (2).

---

(1) Le syndic du clergé du diocèse de Tarbes ne se contenta pas des depositions des ces onze témoins ; afin de donner plus d'autorité aux témoignages qui précèdent, il se fit délivrer par le maréchal de Monluc une attestation qui reproduit et certifie tous les faits rappelés dans l'*intendit*. Cette attestation, datée de Bagnères-de-Bigorre, le 13 septembre 1575, a été publiée par M. Davezac-Macaya dans ses *Essais historiques sur le Bigorre*, t. II, p. 212.

(2) Cette requête et la suivante sont reproduites incomplètement dans le manuscrit. Le copiste déclare que le papier était déchiré dans l'original. Malgré cela il a transcrit les fragments et a laissé en blanc toutes les déchirures.

A vous Monsieur, etc.

Intendit, et signé Cotture sindic.

Antoine de Riviere, etc.,

avoir faits adjournés en tesmoings noble Dominique Abbaye, borgeois, Joannet Brizet, Arnauld Guillem de Darré, marchands, Bernard Sallefranque, maitre appothiquaire, consul de lad. ville de Tarbe, noble Francois d'Ybos, borgeois de la ville de Saint Pé, Mr Jacques Abeuxis, notaire de la ville d'Ybos, noble Dominique de Lavedan dit le cappitaine Forgues, à peyne de cent livres, et pour iceulx voir, produire, jurer et recepvoir; aussy avoir fait assigné Mr Guillaume Cariet, licentié es droits, substitut du procureur contal en ladite seneschaussée, à cause que l'estat d'icelle est vaquant, requerant lesd. tesmoings illec presens et comparans estre receus et ouys sur led. *intendit*; et neantmoings de tant qu'il pretend faire ouyr le seigneur baron de Basillac, noble Ramond de Puyol, marchand, Bertrand du Roy, licentié, Ramond Plantis, bachelier, habitans de la ville de Vic, en presence de Mr Dominique Abbatia, docteur es droits, aussy substitut dud. procureur, a requis aussy, attendu leur qualité et qu'il n'en pourroit faire bonnement, nous volloir acheminer au chasteau de Tostat où led. seigneur baron de Basillac fait sa residence, et ville de Vic, pour proceder à leurs auditions; lecture faite desd. lettres adjournatoires, responce dud. Cariet insérée aux exploits, contenant qu'il s'en remettoit à nous, n'ayant led. Abbatia, aussy substitut dud. procureur, insisté au contraire, après avoir lesd. tesmoings comparans jurés aux saints Evangiles Nostre Seigneur promis de dire et depposer verité sur ce que seront interrogés, avons ordonné qu'ils, estans receus, seroint ouys sur le contenu aud. *intendit*, leur prohiban le departement de ville jusques à ce, à peyne de cent livres, qu'en cas de contrevention leur sera declaré; au surplus et offert nous acheminer esd. lieux de Tostat et ville de Vic, pour proceder à l'audition des autres tesmoings susnomés, y assignant led. Abbatia aux fins de les voir proceder et jurer, lequel aussy a declaré qu'il s'en remettoit à nous. Presens à ce Jehan de Beaudean, Me Jehan Junca, licentié, Jehan du Rieu, huissier, dud. Tarbe habitans, et Dominique de Vireben, du lieu de Seron, tesmoings à ce requis et appelés.

Et le neufviesme jour dud. moys de septembre, aud. an, nous lieutenant susdit, nous sommes acheminés aud. Vic en compagnie dud. Cotture, sindic, et Antoine Gebrard, nostre greffier, où arrivés et prins pour nostre logis chez Jehan Laua, hoste dud. Vic, et illec prins et receu le serment desd. de Puyo, Regis et Plantis, à ces fins assignés en vertu desd. lettres, comme appert par l'exploit y attaché, aux saints evangiles Nostre Seigneur qui ont promis dire et deposer verité sur ce qui seroint interrogés, auxquels a esté prohibé le departement de lad. ville jusques à ce. Presents led. Latappia, Bertrand Bouil, dud. Tarbe, et autres tesmoings à ce requis et appellés.

Et le lendemain disiesme jour desd. moys et an sommes allés aud. lieu de Tostat et en icelluy aiant trouvé noble Jehan de Bazillac, s^r et baron dud. lieu et autres places, chevalier du Roy, prins aussy et receu le serment aux saints evangiles Nostre Seigneur qu'a promis dire et deposer verité. Presens led. Bertrand Boet et Bernard de Bornac, dud. Vic, tesmoings à ce requis et appellés.

A l'audition desquels tesmoings sus nommés, en nombre d'onse, a esté procedé, comme appert par l'inquisition cy attachée, close et scellée, que avons faite delivrer aud. sindic, ce requerant, pour luy servir où il appartiendra et bon luy semblera.

Plus par nous n'a esté procedé. En foy de tesmoing de quoy nous sommes soubsignés et fait signé led. Gebrard lesd. an et jour.

G. Abbaye.
Gebrard, escrivant.

XVI.

1577. — 6, 7, 8 et 9 janvier.

[ROLE
des impositions des états du comté de bigorre.]
(Arch. com. de Vic-Bigorre, AA. 2.)

Estat et assiette du pais et comté de Bigorre cotisé en l'assemblée des gens des Estats d'iceluy, en Tarbe, le 6e, 7e, 8e et 9e janvier 1577, par devant M. le seneschal.

L'ordinaire.

Pour le payement de la taille du Roy pour la dite année presente, setze cens septante quatre livres; pour ce. . . . . 1674 l.

Pour les gaiges des deux sindics. . . . . 400 l.

Pour les gaiges des recepveurs. . . . . 200 l.

Pour les gaiges des deux greffiers . . . . 60 l.

Pour les gaiges des deux auditeurs . . . . 16 l.

Pour les gaiges de la trompette de Tarbe. . . . . . . 4 l.

L'extraordinaire.

Pour le payement de l'imposition des subsides du vin ez mains de M. le recepveur de Comenge . . . . 707 l. 7 s. 4 d.

A M. le seneschal (1), pour le don du pais. . . . . . . 700 l.

A Mr de Fourges, lieutenant de robe courte (2), pour le bien et service qu'a faict au pais . . . . 200 l.

Au maitre d'hotel de M^r le seneschal, ayant servi durant la seance des Estatz . . . . 20 l.

Aux cuisiniers. . . . . 30 l.

Au palafrenier. . . . . 5 l.

A Juston. . . . . 2 l.

---

(1) Bernard de Montaut, baron de Bénac, sénéchal de Bigorre depuis la fin de l'année 1576, avait succédé à Antoine de Rivière, vicomte de Labatut, mort tragiquement, ainsi qu'il a été dit, page 54, note 3.

(2) Le capitaine Forgues, si souvent cité dans ces documents, avait été nommé lieutenant du sénéchal de Bigorre vers 1576.

A Mr de Saint Martin (1), sindic de la noblesse, pour les voyages qu'a faicts . . . . 100 l.

Aux consulz de Caichon en consideration des ruynes qu'ont souffertes par la guerre. . . . . 100 l.

Aux consulz de la ville de Tarbe, pour semblable consideration des pertes et desmolitions souffertes par la dite guerre, a esté ordonné leur estre alloué la quatriesme partie de leur cotte part de la taille qui sera imposé ceste année.

A ceulx de Rebastenz, la moictié pour ceste année seulement, sans en esperer consequence à l'advenir.

Aux consulz de la ville de Vic, pour les ayder au payement de ce que restent à devoyr au seigneur de La Roque, pour la rançon à luy accordée afin de se desister de l'occupation de la ville (2). . . . . 500 l.

Aux consulz d'Yvos, pour semblables considerations de ce qu'ont payé de la rançon du cappitaine Pontac afin de se despartir de l'occupation de la dite ville, la somme de doutze escutz soul et demy, valant en livres . . . . 44 l. 5 s.

Au seigneur de Viusac (3), pour reconnoissance de ce qu'il s'est employé conduisant les companies des gens de montaigne toutes les foys que l'occasion s'est presentée durant ces troubles et guerres. . . . . 200 l.

Au seigneur de Lubret (4), pour la garde qu'a faicte en sa

---

(1) Manaud de Larroque, seigneur de Saint-Martin, syndic de la noblesse de Bigorre, ne vivait plus au 19 avril 1588, date du mariage de sa fille Jeanne avec Jean de Majourau, seigneur de Soréac (Dict. Larcher, arch. des H.-P.).

(2) Jean de Bénac, seigneur de Larroque-Bénac, en Périgord, capitaine protestant, très dévoué au roi de Navarre, s'était emparé de Vic au mois de mai 1576. Voir DAVEZAC-MACAYA, *Essais sur le Bigorre*, t. II, p. 216. Voir aussi dans les *Mém.* de Jean d'Antras et dans ceux de La Force de nombreux détails sur les faits d'armes de ce capitaine. En 1585, la ville de Vic fut de nouveau mise à rançon par le baron de Castelnau-Chalosse (Jacques). Elle paya douze cents livres pour être préservée du pillage (*Essais* etc., t. II, p. 222).

(3) Pierre de Majourau, seigneur de Vieuzac en Lavedan, près Argelès, fils de Raymond-Arnaud de Majourau, seigneur de Domec, Prexac et Arros, et de Antonia de Barèges, dame de Vieuzac. En 1573, au mois de juin, à la tête des montagnards du Lavedan, il chassa le baron d'Arros de Lourdes (*Essais sur le Bigorre*, t. II, p. 202).

(4) Arnaud de Chelles, seigneur de Lubret, fils de Pierre de Chelles et d'Anne de Castelbajac, dame de Lubret, avait épousé, vers 1562, Marguerite de Navailles (Arch. des Basses-Pyrénées, E. 1626).

maison durant le troble dernier, lui a esté ordonné. . . . . 50 l.

Au seigneur d'Asson de Baigneres, pour la pouldre qu'il a fourni aux companies quy vindrent à Vic . . . . 30 l.

Aux seigneurs d'Oleac (1), Gonès (2), Peyraube et Sompro, pour quinze jours que ont vaqué à la garde de la ville de Tarbe, 100 l., savoir à chascun vingt cinq livres, pour ce . . . . 100 l.

Au seigneur de Montignac (3), pour ce que luy reste à devoyr du moys qu'il demeure gouverneur au Bourg neuf de Tarbe, durant l'occupation de la dicte ville de Vic, au dessus des trente l. qu'a cy devant receues, luy a esté ordonné. . . . . 20 l.

A M^r le baron de Larboust, pour fin de paye de la pouldre qu'il a fournie pour le païs durant les trobles. . . . . 200 l.

A Mondegorat de Pouyastruc, pour avoyr vaqué à la garde de la tour de Cabanac durant l'occupation de la ville de Vic, a esté ordonné. . . . . 20 l.

Au seigneur de Barbazan-debat (4), pour les gens qu'a entrecteneutz pour la garde de son chasteau durant l'occupation de la ville de Vic, a esté ordonné. . . . . 50 l.

A Mr de Puyol de Tarbe pour troys sacs froment employés pour les gens de guerre passans vers la ville de Vic, à raison de 5 l. le sac, luy est ordonné. . . . . 15 l.

Aux relligieux Cordeliers de Tarbe, pour la reparation du conbent, a esté ordonné. 15 l.

Aux Carmes du dit Tarbe, pour mesme reparaction. . . 15 l.

Aux Carmes de Rebastenx . . . . 5 l.

A Me Bertrand Dufourc, qonsul de Tarbe, l'an 1575, pour s'estre employé à la reparaction et fortification de la ville de Tarbe, a esté ordonné . . . . 10 l.

---

(1) Guillaume d'Armagnac, seigneur d'Oléac.
(2) Arnaud de Fosseries, seigneur de Gonès.
(3) Gabriel de Labarthe-Giscaro, seigneur de Montignac, épouse, le 30 septembre 1572, Marie de Villepinte, dame de Montignac, fille et héritière de Roger de Villepinte, seigneur de Montignac (*Nobiliaire de Guienne et de Gascogne*, t. I, généalogie *Labarthe*).
(4) Manaud de Bourbon, seigneur de Barbazan-Debat, frère d'Anne de Bourbon, vicomte de Lavedan, avait épousé, le 20 avril 1554, Anne de Castelnau-Laloubère. Son fils Annet épousa, vers 1590, Andrée d'Antin, fille d'Arnaud, baron d'Antin, et d'Anne d'Ornezan.

A Guilheaume d'Oussun, de Vic, pour avoyr vaqué à la garde du chasteau de Montané durant le camp de Navarrenx (1), luy a esté ordonné . . . . 80 l.

A Mr Sobiros, s'il se presente, luy sera continué l'estat de 200. l. et payé au proracta du temz à compter du jour qu'il se presentera pour servir, pour ce. . . . . 200 l.

A Mr Dulac qui reside en Tarbe, pour l'absence du dit Sobiros pour ceste année . . . . 150 l.

Aux medecins de Vic. . . . . 60 l.

Aux medecins de Lorde et Sen-Pé . . . . 50 l.

A celui de Baigneres . . . . 50 l.

Demy-quintal de pouldre et sept livres qui sont ez mains de Hebrard sera rendeu en mains de Prad, consul moderne (2), qui en rendra compte pour l'emploguer au service du païs, ainsin que sera ordonnné, 32.l. 14 s. qu'a esté composé du present avec la londie à 12 s. livre, revient . . . . 32 l. 14 s.

Aux consuls de Juilhan, pour remboursement de ce que leur est deu pour la muniction que ont fournie pour le camp allant à Vic, au dessus des 23 l. que leur fust ordonné l'année passée au rolle des consulz de Tarbe . . . . 30 l.

Aux mesmes consulz pour la despense que Mr de Viusac venant du camp de Vic y fit. . . . . 16 l. 4 s.

Aux consuls d'Andrest, Aurensan et Siarrouy, ce que ont fourny à l'entretenement des gens qui estoient de garde au chasteau d'Andrest durant l'occupation de la ville de Vic, cent escutz petis, pour ce en livres. . . . . 135 l.

Aux consuls de Sen-Pé, pour les fraix de la garde que ont tenu en la dite ville . . . . 40 l.

Aux consuls de Marcheillan, pour ce que ont fourny à la

---

(1) Montaner était une des meilleures places fortes de la frontière, entre la Bigorre et le Béarn. Elle avait pour gouverneur, à l'époque du siège de Navarrens (1569), Jean de Durban, baron de Labassère, dont il a été parlé dans la première partie de ces documents. Il est probable que Guillaume d'Ossun était son lieutenant. Après la défaite de Terride, Labassère, manquant de soldats, abandonna Montaner, et Mongonmery y établit pour gouverneur le capitaine protestant Bernard de Laborde (BORDENAVE, *Hist. de Béarn*, p. 205, 285).

(2) Manaud de Prat, personnage qui jouissait d'une grande influence à Tarbes. Voir les *Essais sur le Bigorre* de Davezac-Macaya, *passim*.

muniction du camp de feu Mr de Bonasse, en consideration de la ruyne et pauvreté du dit lieu. . . . .   30 l.

A Pierre Roubin, pour la fourniture qu'a faite à l'entretenement de la compagnie de M^r de Uz venant du camp de Vic et Lescurry (1), a esté ordonné. . . . .   20 l.

Au capitaine Espallencas, pour avoir porté la confirmation des privileges du païs de la cour de France, a esté ordonné 100 escutz petits, valant en livres. . . . .   135 l.

Pour fournir aux acquits de la moitié de la taille faicte aux habitans de Rebastenx, et de la quatriesme des habitans de Tarbe, et pour autres affaires qui pourront survenir au pais, a esté assis la somme de. . . . .   2,000 l.

Pour le vouyage qui a esté ordonné estre faict par M^r le seneschal devers le roy de Navarre pour les affaires du païs, suivi de M^r de St Martin, sindic de la noblesse, et de Regis, sindic du Tiers Estat, oultre la somme de 300 l. qu'a esté baillée au dit seigneur, a esté ordonné pour la despense des sindics la somme de . . . .   130 l.

A Bertrand de Laas, de Tarbe, pour certains vouyages et vacations faictes pour le païs, luy a esté ordonné. . . . .   10 l.

Aux consulz de la ville de Lorde, à consideration des ruynes et fraix soufferts pour la prinse de la ville, du tems que le baron de Ros y vint avec le camp de Bearn (2), a esté ordonné .   60 l.

Aux de Baigneres, pour la despense des vouyages que ont fait devers M^r de La Vallette du tems de la guerre, la somme de . . . .   100 l.

A Bertrand de Lucia, de la ville de Baigneres, pour le surfourin de son compte estant sindic, et pour autres raisons conteneues en l'estat precedent, luy est ordonné 124 l. 19 s., en ce compris

---

(1) Larroque-Bénac s'était emparé, au mois de mai 1576, de la ville de Vic et du château de Lescurry. Ces deux places furent reprises par les catholiques Bigorrais commandés par le vicomte de Labatut et le seigneur de Sarlabous (*Essais sur le Bigorre*, t. II, p. 216). Le château de Lescurry, canton de Rabastens, appartenait à cette époque à une branche de la Maison de Villepinte; il passa depuis, par alliance, dans celle de Poudenas.

(2) Le baron d'Arros prit la ville de Lourdes d'assaut le 8 juin 1573, mais ne put entrer au château. Il en fut chassé peu après par les montagnards du Lavedan (*Essais sur le Bigorre*, t. II, p. 202).

10 l. que luy ont esté ordonnées en ceste assemblée pour les dommaiges interets par luy soufferts, pour raison de la dite somme
. . . . 124 l. 19 s.

Pour les interets qui sont à payer à Mr de Fourgues pour la somme de 1,000 l. que a preté au païs, et pour ceste année, la somme de . . . . 100 l.

Pour rembourser au recepveur Duprad de la somme de 2,745 l. 3 s. 10 d., en quoy est crediteur par l'arrest de son compte. . . . .
. . . . 2,745 l. 3 s. 10 d.

Pour rembourser les habitans du Bourg neuf de Tarbe de ce qu'ils ont fourny à l'entretenement de la companie y ordonnée, pour garder sous M^r le capitaine Guiscaro (1) et autres, durant l'occupation de la ville de Vic par les ennemis, a esté ordonné estre assise la somme de 125 l. 12 s. que leur avoit esté déjà ordonnée aux Estatz precedens, et non payée par les recepveurs à defaut de fonds, et pour ce . . . . 125 l. 12 s.

Somme : l'asiete de l'estat precedent en 12 pages, comprinse la presente, 11,907 l. 3 s. 7 d., laquelle sera levée sur le païs, pour subvenir et satisfaire aux parties dessus escrites par les recepveurs du dit païs, departie sur 2,027 feux 3|4, à raison de 6 l. par feu, payables trois escutz pour feu, pour tout le mois de mars, et les 26 sols bons pour feu au mois de may ensuivant ; en quoy y aura de surtaille 254 l. 16 s. 9 d., ainsi arresté à l'assemblée des Estats, à Tarbe, le 9e janvier 1577.

Oultre ce, doibt le recepveur pour le reste de son compte 289 l. 6 s. 6 d. tournois, lesquels seront employées au payement du premier quartier des tailles des lances, pour esviter les fraix que pourroient s'ensuivre sur le païs ; et le surplus, si les dits

---

(1) Jacques de Labarthe-Giscaro, dit le capitaine Giscaro, seigneur de Valentine et de Tarastet, frère du seigneur de Montignac, plus haut cité, et gouverneur de la ville d'Auch. Voir dans la collection des *Lettres d'Henri IV*, Berger de Xivrey, plusieurs lettres écrites par le roi de Navarre au capitaine Giscaro. Voir aussi *Nobiliaire de Guienne et de Gascogne*, t. I, généal. Labarthe. — *Histoire de la ville d'Auch*, par LAFFORGUE, t. I, p. 207. — *Mém. de Jean d'Antras*, p. 55, 60, 149. Jacques était le second des *trente-deux* enfants de Paul de Labarthe, seigneur de Giscaro, près Gimont, Gers, et de Marie de Béon-Lapalu.

recepveurs ne peuvent y fournir, sera par eux prins en emprompt, sous l'interest moderne, jusques au premier quartier de leur levée.

Par mandement des dits sieurs des Estatz,
De Noguès.

XVII.
1578. — 8 MAI.

[COMMISSION DE CAPITAINE
DU CHATEAU DE CAMPAN DONNÉE PAR LE ROI DE NAVARRE
A JEAN DE PALATZ, SEIGNEUR DE POYMIROL.]

(Glanage Larcher, t. I. p. 61. — Bibliothèque de Tarbes.)

Henri par la grace de Dieu roi de Navarre, seigneur souverain de Bearn, duc de Vendomois, de Beaumont et d'Albret, comte de Foix, d'Armagnac, de Bigorre et de Perigord, vicomte de Limoges, pair de France; à tous ceux qui ces presentes lettres verront, salut. Savoir faisons que pour le bon et louable raport que fait nous a esté de la personne de notre cher et bien amé Jean de Palatz, ecuyer, seigneur de Poymirol (1), à plein confians de ses sens, suffisance, loyauté, fidelité, prudhomie, experience au fait des armes et bonne diligence, à icelui, pour ces causes et autres, à ce nous mouvans, avons donné et octroyé, donnons et octroyons par ces presentes l'etat et charge de capitaine de notre chateau de Campan en notre comté de Bigorre, que nagueres souloit tenir et exercer le sr Dours (2), dernier paisible possesseur d'icelui, a present vacant par sa mort et trepas, pour le dit etat et charge avoir, tenir d'ores en avant, exercer et en jouir et user par le dit de Palatz aux honneurs, autorités, prerogatives, preeminences, franchises, libertés, gages, droits, profits, emolumens acoustumés

---

(1) Voir dans le *Glanage* de Larcher, t. I, p. 28, une lettre écrite par la reine de Navarre au juge-mage du comté de Bigorre, dans laquelle elle le blâme d'avoir ôté à Jean de Palatz son épée, sans avoir égard à sa noblesse qui lui permet de porter les armes, et lui ordonne de la lui rendre et de ne plus l'inquiéter. De Pau, 29 septembre 1562.

(2) Le seigneur de Dours; était un cadet de la maison d'Antin.

et que y apartiennent, tels et semblables que les avoit ledit s^r; et c'est tant qu'il nous plaira. Si donnons en mandement à notre amé et feal le senechal de Bigorre ou son lieutenant, que le dit de Palatz, pris et reçu le serment en tel cas requis et acoutumé, mettre et instituer ou faire mettre et instituer de par nous en possession et saisine du dit etat et charge, et d'icelui ensemble des honneurs, autorités, prerogatives, preeminences, franchises, libertés, gages, droits, possessions et emolumens susdits le fasse jouir et user pleinement et lui obeir et entendre de tous ceux et ainsi qu'il apartiendra en choses touchant et concernant ledit etat et charge, oté et debouté tout autre illicite detempteur non ayant nos lettres de provision precedens en datte des presentes. Mandons en outre à notre amé et feal tresorier de notre comté de Bigorre que d'ores en avant, par chacun an, aux jours et termes acoutumés il paye, baille et delivre comptant audit de Palatz les gages au dit etat et charge apartenans, en raportant les presentes ou vidimé d'icelles duement et conformement à l'original pour une fois seulement, avec quittance pour chacun an dudit de Palatz du payement des dits gages sur ce suffisans. Nous voulons ce que payé et baillé par notre dit tresorier aura eté à la cause susdite etre passé et alloué en la mise et depense de ses comptes par noz amés et feaux les auditeurs d'iceux, ausquels mandons ainsin le faire sans difficulté, car tel est notre plaisir. En temoin de quoi à ces presentes signées de notre main avons fait mettre et aposer notre seel.

Donné à Nerac, le 8e jour de may l'an 1578.

HENRI.

Par le Roy de Navarre, comte de Bigorre,
De Maselieres (1).

---

(1) Odet de Maselières, conseiller et secrétaire d'État du roi de Navarre. Voir dans les *Notes historiques sur les monuments féodaux et religieux du département de Lot-et-Garonne*, par M. J. de Bourrousse de Laffore, p. 182, une intéressante étude sur la Maison de Maselières.

XVIII.

1582 — 19 juin.

[LETTRE DE CATHERINE DE NAVARRE]
AU CAPPITAINE INCAMPS, CAPPITAINE DU CHASTEAU DE LOURDES.

(Original. — Arch. des Hautes-Pyrénées, série E, titres de famille.)

Cappitaine Incamps (1), combien que je suis asseurée du soing et diligence qu'avez à bien conserver et garder le chasteau de Lourdes, selon le commandement que le Roy monsieur mon frere vous a donné et derechef reiteré au dernier voïage qu'il a fait en ce païs (2), toutesfois, affin de vous ramentevoir la volunté de de mon d. frere, j'ay bien voulu vous escripre ceste-cy, et vous prier par icelle de vous tenir tousjours sur voz gardes, de peur qu'aucune enbusche ou surprise puisse estre executée sur le dict chasteau par aucuns turbulans et seditieux, procureurs du mal et non du bien. En ce faisant, ung chacun sera incité à croire que vous estes très fidelle executeur de vostre charge. Sur ce, je prie Dieu, cappitaine Incamps, qu'il vous veille tenir en sa garde.

De Pau, ce xviiie jour de juing 1582.

Vostre bonne amye,
CATHERINE DE NAVARRE.

(1) Antoine d'Incamps, seigneur de Lamothe et d'Abère, avait été nommé capitaine du château de Lourdes, le 4 juillet 1576. Il eut de Bertrande d'Espalungue Antoine d'Incamps, seigneur d'Espoey et d'Abère, capitaine de la ville de Nay et vallée d'Ossau, qui épousa, le 3 octobre 1594, Andrée de Bazillac, fille de Jean, baron de Bazillac, et d'Anne de Rochechouart (Archives Bazillac, *ibid.*)

(2) Henri de Navarre se rendit à Pau le 5 avril 1582, y séjourna jusques au 26, et rentra à Nérac le 29. Il ne revint en Béarn qu'au mois de septembre. Voir l'*Itinéraire et séjour d'Henri IV en Gascogne*, dans le supplément de l'*Hist. de Gascogne*, de Monlezun.

XIX.

1587. — 31 janvier.

[ORDONNANCE

du roi de Navarre, adressée au capitaine Incamps, pour lever sur la ville de Lourdes et sa juridiction la somme de cent écus sol destinée a l'entretien de la garnison de Lourdes.]

(Copie du xvie siècle. — Arch. des Hautes-Pyrénées, série E, titres de familles.)

Henry, par la grace de Dieu roy de Navarre, premier prince du sang et premier pair de France, gouverneur et lieutenant general pour le Roy en Guyene, au cappitaine Incamps, commandant au chasteau de Lourde, salut. Comme il soit besoin de pourvoir à la seureté et conservation des places de nostre gouvernement, et nommement du dit chasteau de Lourde, pour l'importance d'iceluy, à ce qu'il ne puisse tomber en inconvenient et danger de surprise par les ennemis de cet estat et du juste party que nous soustenons, et par mesme moyen pourvoir aussy à l'entretenement de la garnison du dit chasteau ; pour cette cause, et nous à plein confiants de vos sens, suffisance, loyauté, prudhomie, experience et bonne diligence, vous avons commis, deputé et ordonné, commettons, deputons et ordonnons par ces presentes pour dorenavant et par chacun mois, à commancer du premier jour de decembre dernier, imposer et lever sur tous les habitans de la ville de Lourde et juridiction d'icelle, de la ville de Sainct-Pé, Peyrouse et sur les quartiers des montagnes depuis ledit Lourde en haut jusques en Espagne tirant par la valée de Lavedan, la somme de cent escus sol, et icelle egaler sur chacun des habitans des dits lieux le plus justement que faire se pourra, le fort portant le faible, et à ce faire constraindre ou faire constraindre au payement de leur part et cotité les refusantz et dilayantz par emprisonnement de leurs personnes et par toutes autres voyes et manieres deues et raisonnables, comme pour les propres deniers et affaires du Roy mon segneur, pour estre la ditte somme receue par tel personnage fidelle et capable que sera par vous avisé, et employée à l'entretenement de la ditte garnison, suivant nostre vouloir, intention et selon qu'il vous a esté par nous ordonné. De ce faire vous avons donné et donnons plein pouvoir, puissance, auctorité, commission et mandement special par ces presentes, par lesquelles mandons et enjoignons au premier huissier ou sergent royal de faire tous exploictz et constrainctes sur ce requis et necessaires, et à tous qu'il apartiendra de luy prester main forte et prisons, si mestier est et requis en sont. Donné à La Rochelle, le dernier jour de janvier l'an mille cinq cens quatre vingtz sept.

Signé : HENRY.

Et plus bas : Par le Roy de Navarre, premier prince du sang et premier pair, gouverneur et lieutenant general,

LALLIER, *signé.*

Et scellé d'un grand seau (1).

XX.
1587. — 18 AOUT.

[REQUÊTE DU SYNDIC DES HABITANTS DE BORDES AUX ÉTATS DU COMTÉ DE BIGORRE POUR ÊTRE INDEMNISÉ DES DOMMAGES SOUFFERTS A L'OCCASION DE LA PRISE DE TOURNAY. — AVEC PIÈCES A L'APPUI.]

(Glanage Larcher, t. I, p. 67. — Bibliothèque de Tarbes.)

A vous messieurs tenans les Estats. Suplie humblement le sindic des habitans du lieu de Bordes (2) qu'il auroit au dit nom souffert plusieurs incommodités et dommages à cause de la prinse de la ville de Tornay (3); parce que les habitans, comme plus prochains de la dite ville, jaçoit soint du present comté de Bigorre, ont reçu plusieurs mandemens contenant contribution aux occupateurs

---

(1) Les archives des Hautes-Pyrénées, série E, renferment encore quatre lettres de la princesse de Navarre, dont trois sont adressées au capitaine Incamps, capitaine de Nay et de la vallée d'Ossau. Ces quatre lettres ayant trait aux guerres de la Ligue nous n'avons pas jugé à propos de les insérer dans ce recueil.

(2) Canton de Tournay.

(3) Voir le document suivant.

d'icelle, ce qu'ils auroient effectué par crainte et intimidations journalieres, accompagnés de plusieurs cruels battemens et menasses d'estre ou brulés du tout ou la plus grand part des dits habitans reduits en captivité, qu'est une chose considerable pour les dits pauvres habitans sur lesquels l'on courroit ordinairement comme plus proches voisins, etant pilhés en leurs maisons chacun jour, et leurs biens emportés de leur vu sans aucun empechement ny resistance (1). Ce consideré, vous plaise de vos graces ordonner que les fournitures par eux faites aus dites contributions à cause des dits batemens et crainte susdites, domages par eux soufferts à la prinse de leurs biens, leur sera payée; ce qu'il estime mil ecus sol; ou bien ce dessus leur etre deduit des charges ordinaires du dit lieu, et pour le surplus etre baillé mandement contre le sindic du present païs de Bigorre ou autre qu'il apartiendra; ou, à faute de ce, proteste d'avoir recours où et contre qui il apartiendra; et ferez bien.

RAIMOND PIOC, sindic et supliant.

A la presente requete est differé de y faire jusques à ce que le Roi de Navarre comte de Bigorre aura repondu et fait droit sur les griefs que le païs lui a fait et presentés, qui contiennent en general ce qu'est remontré et suplié par la presente requete.

Fait à Tarbe en l'assemblée des Estats, le .XVIIIe. jour d'aout mil .V^c. LXXXVII.

Par les seigneurs des Estats,
S. NOGUÈS, sendic.

Le 11e jour de janvier, encores la dite requete representée en l'assemblée des Estatz par commune resolution a eté renvoyée à la prochaine assiete qui se tiendra en temps de paix, pour alors y estre fait droit ainsi que de raison.

Fait le dit jour de l'an mil cinq cens .IIII^{xx}VIII.

NOGUÈS.

(1) Le village de Bordes avait déjà été occupé une première fois, en 1585, par les troupes du vicomte de Larboust et de Théophile de Grammont dit *M. de Tarbes*, parce qu'il était *évêque lai* de Tarbes (DAVEZAC-MACAYA, *Essais* etc., t. II, p. 223).

[*Lettres de M. de Sainte-Colomme aux consuls de Bordes.*]

Messieurs les consuls de Bordes, je vous ai dejà mandé un messager pour vous prier me mander quelques charretées de foin et huit sacs d'avoine. Je vous promets de vous les faire payer, et vous assure que me faisant ce plaisir j'empecherai que vous ne serez point courus ni molestés. Faites me les donc porter incontinent, et faisant cela pour moi, je serai votre bon ami et voisin.

DE SANCTA COLOMA (1).

Messieurs les consuls de Bordes, ne faites faute, la presente reçue, de me faire aporter cinq charretées de foin en cette ville de Tornay. Autrement, si ne le faites, je y envoyerai les souldats pour en prendre. En ce faisant, personne ne yra prendre rien en votre village. En ce faisant, je serai votre bon amy.

DE SANCTA COLOMA.

XXI.

1587. — 1er SEPTEMBRE.

[ACTE
DE REMISE DE LA VILLE DE TOURNAY ENTRE LES MAINS
DES CONSULS.]

(Glanage Larcher, t. I, p. 80. — Bibliothèque de Tarbes.)

Comme ainsi soit que la ville de Tornay ait eté saisie par ceux de la pretendue religion reformée (2), et que pour la sortie d'iceux et remettre la dite ville sous l'obeissance du Roy, noble Gaston de

---

(1) Joseph-François de Montesquiou, seigneur de Sainte-Colomme et du Pérer, en Béarn, sénéchal de Béarn en 1599, était fils d'Antoine de Montesquiou, héritier du seigneur de Sainte-Colomme, massacré à Navarrens en 1569 (voir dans la grande enquête de 1575 les dépositions du capitaine Forgues et du baron de Bazillac).

(2) Ce document ne donne pas la date de la prise de Tournay, et les deux lettres du seigneur de Sainte-Colomme aux consuls de Bordes, qui auraient pu

Baretge, seigneur de Bulan (1), pour le bon zele qu'il a pour le service du Roy, et pour l'amour et en contemplation du pauvre païs se soit voulu emploïer, comme les affaires en temoignent, savoir qu'il lui a eté rendue la dite ville à sa main, a eté cause cejourd'hui premier jour du mois de septembre 1587, en-Tornay, dans la maison de Guilhem Vegué, heure de deux aprez midi, par devant moi notaire soussigné, et presens les temoins bas nommés, constitué en personne le dit de Baretge, seigneur de Bulan, lequel parlant au dit Guilhem Vegué, Jehan Gerde et Peyroton Lenflade, consuls de la dite ville, dit leur avoir remis la dite ville entre leurs mains, requerant qu'ils la tieignent en bonne et sure garde sous l'obeissance du Roi souverain suivant les ordonnances royaux et arrets de la Cour; autrement proteste contre eux de tous depens, interets et domages qui s'en ensuiveront, et où de rechef la dite ville seroit reprise. Lesquels consuls d'ung accord ont repondu qu'ils veulent tenir la dite ville et faire leur devoir à la garde d'icelle le mieux qu'il leur sera possible. De quoi parties ont requis acte que leur a eté octroyée. Presens noble Philippe de Baretge, sieur de Tilhouse (2), noble Jehan de Mont, recteur de Lias, noble François de Darré, sieur de Saramea, noble Jehan de Cardeillac, sieur d'Ouzon, signés avec les parties et moi. De Mont, Tilhose, François Darré, Ouzon, G. de Tilhouse, Guilhem Begué, Guilhaume Membiele, notaire.

nous fixer, ne sont pas datées (voir le document précédent). Nous croyons que c'est vers le mois de mai 1587 que Sainte-Colomme entra dans Tournay. Le 25 et le 26 mai il tentait inutilement de s'emparer de Tarbes. Il y a lieu de croire que c'est après cet échec qu'il se jeta sur Tournay, à moins qu'il n'eût déjà pris ses positions dans cette ville. (Voir DAVEZAC-MACAYA, *Essais* etc., t. II, p. 224.)

(1) Troisième fils de Bertrand de Baretges, seigneur de Tilhouse, et de Marguerite de Soréac Villambits (voir une note page 18). Gaston est l'auteur de la branche des seigneurs de Bulan, dans les baronnies. Il portait comme son frère Odet le nom de capitaine Tilhouse.

(2) Fils de Jean de Baretge, seigneur de Tilhouse, et de Marguerite de Cardaillac-Lomné (voir une note page 18).

XXII.

1601. — 12 OCTOBRE.

[DÉLIBÉRATION
DU CORPS MUNICIPAL DE SAINT-PÉ-DE-GÉNÉREZ PORTANT ACCORD AVEC LES RELIGIEUX DE L'ABBAYE AU SUJET DE LA CLOCHE DITE « DE ORDE » (1).]

(Orig. — Arch. de la ville de Saint-Pé.)

A touts ceulx à qui apertiendra, salut. Sçavoyr faysons et pour chose notoyre et manifeste declarons que, dans le clochier prinsipal du monastere de Sempé (2), ordre de St Benoyst, abant les trobles et guerres civiles de ce royaulme de France que ont esté en bouge (3) long temps, mesmes en ce pays et comté de Bigorre puys quarante ans, a esté prouveu, grandement prouveu de touts oustifs (4) sprytuels et temporels, singullyerement de cloches mervelheuses, grandes, resonnantes et de quallyté requise, dont les syeurs abbé et relligieux prennoient l'usaige d'ycelles pour sonneyr et appeller le peuble à devotion et aux heures canonicques, offizes devyns institués audit monastere et, à plus abant, pour signer l'heure et mort d'ung trespassé, et aultres bonnes coustumes loables, jouste l'estille, usanse de l'esglize catholicque romayne ; prennent ladite ville faculté et jouysance de, avec les cloches ou une d'ycelles nommée la cloche de orde (5), de appeller les consuls de ladite ville à conseil à part (6) et,

---

(1) Document transmis et annoté par M. Gaston Balencie.
(2) Saint-Pé, chef-lieu de canton des Hautes-Pyrénées, arrondissement d'Argelès. L'origine de cette ville remonte à la fondation d'une abbaye de l'Ordre de Saint-Benoît, par le duc.de Gascogne, Sanche-Guillaume, vers 1022.
(3) *En vogue.*
(4) *Outils.*
(5) L'étymologie de *orde* serait la même que celle de *garde* et se trouverait dans le mot gothique *wardea* (MARCA, *Hist. de Béarn*, p. 500). La cloche de orde servait à appeler le peuple aux armes pour repousser une attaque soudaine de l'ennemi, à sonner le tocsin, à convoquer les conseils de la communauté. Son usage est indiqué avec détails dans la pièce que nous publions.
(6) Conseil particulier. La *vésiau* était le conseil général de la commune, la réunion des voisins ou habitants pour traiter les affaires les plus importantes.

pour le bien publicque, par signe de ladite cloche, asembler le conseilh institué en ladite ville dont et par l'avys duquel la republicque prent son repos. Or, l'injure du temps et guerres civiles susdites ont menné tant de confussion par le domaige sur les temples eglysiastiques, monasticques, parroyses, en plusyeurs et divers lieux de ce royaulme, singullyerement en la presente ville de Sempé plus près et comode à ceulx tennant le contrayre parti de la religion apostolicque romayme, que eulx par ce temps estants en plus grande bougue ou les plus forts, arivés en la presente ville, ont depery, ruyné, mys à bas tout ce que a esté en eulx et bruslé le temple, symulacres et saints illec estants suyvant l'estille de ladite esglise catholicque, l'autel, l'abbaye et habbitation monasticque des religieulx dudit monastere, et que pys est, avec les relicques, ornamens de ladite esglize, libres saints dedyés à icelle; ont ruyné les cloches dudit couvent et parroyse de ladite ville consistant en huict pyeces, tellement que par leur moyen, le tout a esté depery, ruyné, rompu et emporté par ceulx de la religion pretendue; comandant pour lors et ce estant emparé du temple abbatial, monastere et ville, le cappitaine Laborde (1); demeurant ladite abbaye et esglize parroysielle despulhée de l'utillyté desdites cloches, comme les ayants rompues, transportées hors de ladite esglize et jurediction de ville. Quoy considéré, voyant tant la ruyne dudit bastyment abbatial et monesticque que ruyne desdites cloches, et que bonnement ne ce peult passer tant ledit monastere que villé de en avoyr, la mysere du temps ne

---

(1) Bernard de Laborde occupe le château de Pau en avril 1569; est envoyé à Montaner, après le 24 août, et adjoint à Samson de Nays, qui en était gouverneur. Il figure comme enseigne du capitaine Moret au siège de Rabastens-de-Bigorre, du 17 au 23 juillet 1570. Après la prise de cette ville par Monluc, on le retrouve à Montaner où il repousse l'attaque des capitaines Montespan et Saint-Orens (NICOLAS DE BORDENAVE, *Hist. de Béarn et Navarre*, p. 212, 285, 308 et 309. — Abbé MARSEILLON, *Hist. du Montanérez*, publiée dans le *Bulletin de la Société des sciences, lettres et arts de Pau*, IIe série, t. VI, p. 188). Il devient ensuite gouverneur du château de Pau, où « ne s'étant rendu soigneux
« de faire nettoyer le talus d'icelui, comme sa charge l'oblige de faire, la Chambre
« [des Comptes de Pau] auroit retenu un sixième de ses gages pour cette même
« fin; la restitution duquel ayant été ordonnée par S. M., la Chambre acquiesce
« le 9 novembre 1579, en satisfaisant ledit de Laborde, suivant le mandement

nous pouvant acompagner à plus abant, les habbitants de ladite ville de Sempé auroient treuvé moyen, sans appeller à ce subject messieurs les abbé et religieulx dudit monastere, achepter une cloche de moyenne grandeur aux despens comuns de ladite ville, mise audit clochier singullyerement et prinsipallement comme de la ville, pour s'en servir en usage comun et comme la ville en auroyt affayre jouste la matiere subjecte. Et, à plus abant, pour servir auxdits syeurs abbé, religieulx à estre convocqués et appelés à leurs heures canonicques et autres offices necessayres, soyt par mort ou vye, juste l'usaige catholicque et apostolicque romain, dont le recteur de ladite ville prenoyt son usaige pour appeller ces parroysiens à son offize ordynayre, singullyerement de deux cloches que ont esté mysses auxdites fins audit clochier, acheptées des denyers comuns de la confrayrye monsieur St Marc (1), sans que lesdits syeurs abbé ny religieux y ayent trempé, moings ryen forny que soit, et demeurent en pyed pour le service de ladite esglize conventuelle et parroysielle. Et despuys, advenu que ladite cloche prinsipalle, par quelque accident, sonnant l'offize des abrespes, auroyt esté rompue et du tout inutille à servir, consideré par les habbitants de ladite ville que tant ledit monastere et ville ne ce peuvent passer de une cloche rasonnante,

« du Roi ». Ses provisions de gouverneur avaient été vérifiées par la même Chambre des Comptes le 14 février 1571 ; il se démit de cet emploi en faveur de son fils Jacob de Laborde, dont les patentes furent enregistrées le 25 janvier 1600 (*Extraits des registres de la Chambre des Comptes de Pau*, publiés dans le bulletin de la *Société des sciences, lettres et arts de Pau*, IIe série, t. 1er, p. 168 et 184 ; t. IIe, p. 138). Bernard de Laborde avait épousé dlle Marguerite de Moustrou. Dans son testament, fait au château de Pau, le 30 juin 1587, devant Péraurnaud de Camps, notaire, il déclare qu'il a eu de son mariage quatre enfants, deux garçons et deux filles : Jacob, Jacques, Jeanne et Catherine. Il exprime le désir et obtint, comme nous l'avons vu, la faveur d'être remplacé dans sa charge de capitaine du château de Pau par Jacob, son fils aîné (Arch. des Basses-Pyrénées, E. 2007, f° 205, *recto*).

(1) « Honorable personne le sr Bernard de Torner, abbé d'Angosse », habitant à Saint-Pé, syndic des confrères de la *Confrérie blanche Saint-Marc*, instituée dans l'église paroissiale-abbatiale de Saint-Pé de Générès, présenta, le 25 février 1517, à maître Pierre d'Abbadie, vicaire général de l'église cathédrale de Tarbes, un « acte de fondation de ladite confrérie et d'une chapellenie sous l'invocation « de Notre-Dame et de Saint-Marc, évangéliste », retenu le 4 janvier 1451 par maître Raymond de Lanusse, notaire, confrérie dont l'origine remonte au delà de 1451 (Arch. de M. Balencie).

soyt pour appeller les habbitants à l'offize divin et s'en servir à leurs heures canonicques, que ladite ville pour appeller leur conseil et aultres actes, par toc et seng, soyt par feu ou aultre acte d'ostilité, les habbitants de ladite ville, par man (1) comun, ont prins resolution de reffayre ladite cloche qu'estoyt pour lors du poix de cincq quintals et ung quart, et icelle acroistre jusques à la concurrense de dix quintals, ce que a esté mys à execution et, par la grace de Dieu, ladite cloche venue à perfection. Ladite ville a delibéré, resolu, et ce executera, que ladite cloche sera myse au clochier prinsipal dudit couvent, à la charge que lesdits syeur abbé et relligieux demeureront depositayres d'icelle, prendront en premier lieu l'usaige d'ycelle pour leurs heures canonicques en ce que leur sera besoing, sans rien obmettre ny retarder, cy ce n'est que comme desandent du corps comun de ladite ville, en sera prins l'usaige d'ycelle, propryetté au besoing et appellé le conseil et vesiau d'ycelle sans contradiction et, en cas de necessyté le tocaseing pour le publicque, le tout suyvant le subject de l'acte cy après inseré de volumpté desdites partyes, comme s'en suyt : Saichent tous ceulx à qui apertiendra que l'an mil six cens et ung, et le dotzieme jour du moys de octobre, regnant très chrestien prince Henry par la grace de Dieu roy de France et de Navarre, dominant en la ville de Sempé de Geyres (2), diocesse de Tarbe, comté et senechaussée de Bigorre, mayson de ville, pardevant moy notaire et tesmoings bas escripts et nommés, stablys en leurs personnes reverend pere en Dieu messyre Jehan Destornès (3), abbé du monastere de ladite ville de Sempé, con-

---

(1) *Ordre.*

(2) *Geyres* signifie *lierres*. Ce nom qualifie très bien Saint-Pé, où le lierre pousse avec vigueur. Cependant *Générès* est un vocable aussi fréquemment employé que *Geyres* pour désigner la petite ville, *cui nomen tribuit Generius aut Generesius amniculus* » dit la notice du *Monasticon Gallicanum* consacrée à Saint-Pé (*Annuaire du Petit Séminaire de Saint-Pé*, 1881, p. 157). Le *Gallia Christiana* dit également : « Coenobium Sancti Petri de Generosio... ad confluen- « tem fluvioli de Generez, a quo nomen habet ». La Genie longue et la Genie braque forment, en effet, un cours d'eau assez considérable qui descend des montagnes de Trescrouts et vient se jeter dans le Gave, près de Saint-Pé.

(3) Jean d'Estornès d'Angos appartenait à une famille originaire de Saint-Pé. Voir le *Gallia Christiana*. Voir aussi dans La Chenaye-Desbois et dans l'*Hist. généal. des Pairs de France*, par Courcelles, la généalogie de cette famille.

seigneur (1) d'ycelle, asisté de freres Fortis du Cout (2), pryeur claustral, Jehan Bonnecaze (3), Pierre Lapyde (4), Bernad de la Fargue (5), Guilhaume Casameally (6), Jean de la Pallu (7), sacristain, et Bernad de Font Benoist (8), faysant la plus grande et sayne part des relligieux dudit monastere, et pour yceulx stipullant en personne ledit syeur abbé et Guilhaume Casamealy, sendic dudit monastere, pour eulx, leurs successeurs abbés et relligieux à l'advenyr, ont recogneu et confessent avoyr, tenir en leur pouvoyr, charge et commande, une cloche du poix de dix quintals ou tant que ce soyt, des mains et personnes de Sanson Lanne, Pierre Bonnecaze (9), Bernad de la Tappie dict Caubolle, Arnaul-

(1) L'autre seigneur de Saint-Pé était le Roi, comte de Bigorre, depuis le paréage du 29 février 1319 (Dom DULAURA, *Monasticon Benedictinum*, Bibl. nation., ms. fonds latin).

(2) Natif de Saint-Pé, simple religieux le 12 octobre 1579. Il mourut avant le 2 janvier 1606.

(3) Moine avant 1579; appartenait aussi à une famille de Saint-Pé. Il était frère de Peyroton de Bonnecase, premier mari de Suzanne de la Porte (voir p. 182, note 1); fils de Jean et petit-fils de Pierre et de Anne du Lac, sœur de noble Barthélemy du Lac, seigneur d'Urac, près de Tarbes; feu frère Jean Bonnecase fut remplacé, le 3 janvier 1608, par Me Gabriel d'Ibos, écolier et clerc tonsuré (Reg. de Pierre Bayo).

(4) Pierre Lapide, religieux dès 1579, devient prieur après le décès de Fortis du Cout; meurt avant le 5 juin 1607.

(5) Le 10 avril 1606, frère Jean Bégué, natif du village de Peyrouse, Hautes-Pyrénées, religieux du prieuré de Sénac, dépendant de l'abbaye de Saint-Pé, fut pourvu de la place monacale vacante par le décès de frère Bernard Lafargue (Reg. de Bayo).

(6) Guillaume Casamealy ou Casaméali figure dans un bail à ferme du 2 mai 1609 en qualité de prieur.

(7) L'abbé Destornès pourvut, le 4 novembre 1607, « par l'imposition de « ses mains et bonnet carré sur la tête », frère Bernard d'Abbadie, religieux de Saint-Pé, de la sacristie du monastère, vacante par le décès de feu frère Jean Palu (Reg. de Bayo).

(8) Frère Bernard de Fonbenoit, religieux de Saint-Pé, fit profession devant le grand autel de l'église abbatiale, le 21 septembre 1609. Jean Destornès, abbé, et Me Bernard Fonbenoit, prêtre de la ville de Lourdes, diocèse de Tarbes, officièrent. Il avait remplacé feu frère Pierre Lacrampe (Reg. de Bayo).

(9) Pierre de Barranco, notaire de Nay, retint à Pardies, le 3 août 1597, le contrat de mariage de noble Pierre de Bonnecase et de d^{lle} Marie de la Motte. Le futur mari était assisté de noble Jean, seigneur et baron de Lons (Loos), son oncle, et de noble Jean de la Porte, son grand-père, procureur de d^{lle} Susanne de la Porte, fille de ce dernier et mère dudit de Bonnecase. Marie de la Motte procéda avec le consentement de d^{lle} Violente de Nousty, sa mère; de noble

ton de Lahore dict Benedeyt, consuls de ladite ville de Sempé, et au nom comun de ladite ville, presents et advenyr, ce jourd'huy baptisée et dellivrée en leurs mains et soubferme, par noble Françoys Dibos (1) et Sanson de Lanne, consul, pourtant le nom de monsieur St Pierre et Sainct Françoys, ayant en marques de St Pierre et en troys lieux les armoyries de ladite ville, con-

---

Jean de la Motte, capitaine au parsan de Pau, seigneur du lieu de Pardies, son frère ; de maître Odet de la Place, syndic de Béarn, son beau-frère, et de noble capitaine Pierre de la Motte, habitant à Navarrenx, son oncle. Les témoins furent : messire Pierre de Biron, seigneur et baron d'Arros ; maître Jean de Casaux, conseiller du Roi ; noble Jean de Doumy, seigneur en sa partie de Saint-Abit, et maître Arnaud de Mirepeix, avocat au Conseil (Arch. de M. Balencie). Marie de la Motte était fille du capitaine protestant Jean de la Motte, que M. Paul Raymond a confondu avec son fils (Nicolas de Bordenave, *Hist. de Béarn et Navarre*, p. 194, note 1).

Les enfants de Pierre de Bonnecase abjurèrent le protestantisme. Jean, l'aîné, dont il est question dans le 1er fascicule des *Archives de la Gascogne*, p. 96, se maria dans l'église de Pomarès, en Chalosse, le 17 avril 1652, avec d^{lle} Gillette de Poursicamp, fille de noble François de Poursicamp et de d^{lle} Françoise d'Antin de Saint-Pée de Gamarde, veuve en premières noces de M. de Soubrieulle (Livre de raison de Jean de Bonnecase, écuyer, dont il ne reste que deux feuillets, et débutant par ces mots : « *Le commancemant de sagesse, c'est la crainte « de Dieu* »).

(1) La présence de François d'Ibos à la délibération de 1601 garantit l'exactitude des préliminaires de ce document ; contemporain des faits, puisqu'il avait été appelé comme témoin dans l'enquête de 1575 sur les ravages des huguenots en Bigorre, il n'aurait pas laissé dire que le capitaine Laborde était l'auteur de la ruine de Saint-Pé si la reine Jeanne et, peu de temps après, Mongonmery eussent en personne exercé leur fureur sur notre ville. Tel est cependant le récit de dom Germain (Bibl. nation., *Monasticon Gallicanum*, n°s 11818 et 11819, notice sur Saint-Pé publiée dans l'*Annuaire du Petit Séminaire de Saint-Pé*, 1881, p. 165) : « Calamitates ejus anni (1569) vel ipsi parietes
« igne deformati clamant. Ita res habuit : Cùm secùs Generense oppidum armatis
« stipata Johanna *d'Albret*, Navarræ regina, pertransiret, monasterii basilicam
« præcipuè fastigiatam lumine, caput attolentem cernens, in catholicæ reli-
« gionis odium satellites misit qui templo subderent faces, monachorumque ædes
« omnes incendio concremarent. Parentibus illis, constitit in curru suprà modum
« testata quod flammas omnia depascentes ædificia conspiceret. Ubi vero quæsi-
« tum licuit per tempus Calvinistæ satellites nocuêre, sacraque omnia diruère,
« prosperos infestationis suæ successus reginæ nuntiarunt ; quo responso felix
« Palum solito lætior pervenit. Sed cum multa Generensibus integra reliquissent
« illi, necdum odiis exsatiata mulier, paulo post Montegommeriacum comitem,
« præ cæteris asperum, illo direxit, qui chartas plures, documenta, sacram aliam-
« que supellectilem vel abstulit vel incendio consumpsit, prostratæ monachorum
« ædes excepta basilicæ parte firmissimâ seu fastigiatâ turri, e quâ campanas
« novem egregiè sonoras Navarrinum devexit, ex quibus tormenta bellica con-

sistant en deux clefs soustenues de deux chaines courantes (1), que les susdits syeurs abbé et relligieux ont recogneu tenyr de ladite ville en general et particulier et de leur consentement collocquée à clochier prinsipal de ladite abbaye, de laquelle ledit syeur abbé, relligieux et sacristain dudit monastere ce servyront, feront leurs usaiges pour le service de leur esglize conventuelle et en touts actes catholicques que verront affayre, de nuyct ou de jour et vye et mort, comme verront affayre, jouste l'us et estille de leur esglize domesticque, sy aultrement la necessyté de ladite ville ou cas urgens, ou contraryetté à l'advenyr par les abbés et relligieulx dudit monastere constraint lesdits habbitants les pryver de la jouysance de ladite cloche, de laquelle lesdits consuls presents et advenyr avec ledit comun prendront l'exployt pour appeller leur conseil de ville, vesyaulx, toucasengs soyt par alarmes de enemys, volloeurs ou autres conditions de gens malleficques, ou par feu en maisons de ladite ville; en ce cas, lesdits syeurs abbé, relligieux, presents et advenyr, seront tenus, eulx, leur sacristain ou domesticques à ce desdyés, bailher entrée en leur esglize conventuelle et portes du clochier où ladite cloche est pousée, et auxdites fins chescune desdites partyes en prendre leur exployt, à la charge que tant ledit sacristain ou ces convyés, serviteur de ville ou autres qui viendront à prendre l'usaige de ladite cloche pour les necessytés susdites, ne seront tenus payer icelle cy venoyt à rompre, cy ce n'est qu'ils en usassent aultrement par vyollanse et ordre non usyté à sonner lesdites cloches, ou en fassent user par personnes non usytées et de quallyté requise, à quoy par exprès le sacristain quy est ou sera à l'advenyr sera tenu tenyr la main, à peyne d'en respondre en son propre nom. Et de tant que les choses presentes peuvent estre ingnorées par les syeurs abbés et relligieulx à l'advenir, dessyrent lesdits consuls presents et leurs successeurs vivre avec eulx en unyon et concorde,

---

« flata sunt ». Dom Poitevin (*Monasticon Benedictinum*, Annuaire de Saint-Pé, 1883, p. 193) adopte la même version ; mais, plus d'un siècle séparait ces religieux de l'époque qui nous occupe, et, sans doute, il faut faire la part dans leurs écrits de ce que la légende a pu ajouter à des événements malheureusement trop certains.

(1) Voir la gravure du sceau à la fin de ce document.

saichant la bonne volunpté dudit syeur abbé et relligieux presents, iceulx comme dessus et soubs les mesmes califications, ont promys tenyr ladite cloche, icelle conserver en leur dict clocher tant que sera de leur pouvoyr, vers touts et contre touts, soubs les aydes et secours desdits habbitants, et en cas de forze ou connivense forsant, aparente et manifeste, en demeurer quittes et deschargés; et aultrement, les causes demeurent en estat pasifficque comme de present, oblige gennerallement chescune partye, en ce que luy touche, leurs biens comuns esprytuels et temporels, souffrir jugement où la cognoysance en apertiendra. Presents : Bernad du Rieu, de Peyrose (1), Jehan de la Forgue et Jehan de Penne, de Aster, Jehan de Pasquine de Montault, qui ne sçavent escripre ; lesdits syeurs abbé, relligieulx et sendic et consuls cy signés (2).

J. DESTORNES, abbé.
G. CASAMEALY, scindic.

XXIII.

1580. — 2 JANVIER.

PRISE ET INCENDIE

DU CHATEAU DE MONTASTRUC (3) PAR LE SEIGNEUR DE CIVRAC.

(Arch. de M. le marquis de Castelnau, au château de Jupoy, Landes.)

Intendit que met devant vous très honorés seigneurs messieurs tenans la cour et chambre de la justice pour le ressort du Parle-

---

(1) Peyrouse, commune des Hautes-Pyrénées, canton de Saint-Pé. — « Le « lieu et *bastide* de Peyrose », 27 mars 1606 (Reg. de Pierre Bayo, notaire de Saint-Pé). Le village actuel de Peyrouse est probablement ce qui reste de l'essai de bastide fait à Crozes (Voir *Essai sur les bastides du Sud-Ouest de la France*, par M. CURIE-SEIMBRES).

(2) Les signatures des consuls font défaut ; cette négligence, constatée souvent sur le même registre, leur était habituelle.

(3) Canton de Galan, Hautes-Pyrénées.

ment de Tholoze, Bernard de Castelnau, escuyer, seigneur de Gutpoy (1), tuteur de Charles de Durfort, seigneur et baron de Castelbajac, Montastruc et autres places, suppliant et demandeur en cas d'excès, le substitut du procureur general du Roy joint à luy, contre Geoffre de Durfort, seigneur et baron de Sivrac, prevenu (2).

Dit, pour sommaire intelligence du fait dont est question, que soubz pretexte de certain arrest de decret donné par la cour de Parlement de Tholoze, par grand surprinse et en haine de l'edict de paix et conferance et après les inhibitions faictes en vertu de lettres obteneues en cassation dudit arrest, avec grand assemblée de gens en forme de guerre et d'hostilité, auroit led. de Durfort acompaigné d'ung nommé Buguard (3), autre nommé le cappitaine Vergnes, le s^r de Laguarde (4), Montlaure, Labarthe, le baille de Burcq, le baille de Galées, Lardon Pujolle de Montastruc et plusieurs autres personnes ramassés et conduitz, que le sabmedy et dimanche second et troisiesme jour du mois de janvier mil v^c quatre vingts, armés de cuyrasses, rondachons, arquebouzes et autres armes, ayant faict lesd. sieurs et auparavant sonner le toquesin ez villages dudit Montastruc et Castelbajac de nuict et de jour, [auroit] assiégé par trois fois le chateau dudit Mon-

---

(1) Il était fils de Jean de Castelnau, seigneur de Jupoy en Chalosse, et d'Éléonore de Castelbajac-Lizos, et avait épousé, le 17 juin 1567, Madeleine de Manas, fille de François de Manas, seigneur de Dufort (canton de Miélan, Gers), et de Marie de Monlezun-Saint-Lary (Arch. de M. le marquis de Castelnau).

(2) Pour plus de clarté, il est bon de rappeler que Louise de Castelbajac, héritière de la branche aînée de la maison de Castelbajac, avait épousé, en 1524, Jean de Durfort, baron de Civrac, quatrième fils du seigneur de Duras, auquel elle donna deux fils : 1° Claude, baron de Civrac, qui eut de Madeleine d'Aydie-Guittinières, *Geoffroy* de Durfort, baron de Civrac ; — 2° Jacques de Durfort, héritier, du chef de sa mère, des terres de Castelbajac, qui eut de Catherine de Castelnau-Chalosse *Charles* de Durfort, baron de Castelbajac. Jacques s'était marié en 1572 et était mort en 1575 ; le *pupille* dont il est parlé ici avait par conséquent trois ans environ. Voir Lachenaye-des-Bois, Saint-Allais, et le père Anselme, articles *Durfort* et *Castelbajac*.

(3) Voir page 128.

(4) Gaspard de Marestaing, seigneur de Lagarde en Astarac. Sa fille unique, Anne, épousa, le 21 février 1592, Pierre-André de Lasseran-Manssencome, auteur des Manssencome, marquis de Lagarde.

tastruc, tirant contre les portes et fenestres dud. chateau grands coupz d'arquebouzadas, aussi de grande force et violance ronpirent la murralhe de la basse court dud. chateau. Ce fait, estans entrés dans iceluy, mirent le feu à la principalle porte dud. chateau et en cryant à haulte voix en renyant le nom de Dieu disoint : « *Ha! la! soldatz, arquebouziers tirés, tirés, et donnons dedans* », et qu'ils boustarent ladite poix pour brusler led. chateau.

Non contantz de ce à coupz de malh firent ung grand pertuis à une petite tourrelle joignant l'eschelle pour monter le hault de lad. maison et chateau et y mirent le feu. Et ce faict sonnerent à ung procureur et à deulx aultres qui estoint dedans pour ledit pupille de ce rendre. Quoy voyant la grande cruaulté, force et violance des susd. qui s'estoint saisis dud. chateau ne peurent faire aulcune resistance, à occasion de quoy led. sieur de Sievrac avec une grande troupe entrerent par tout le chateau où bon leur sembla.

Et le dimenche, troisiesme jour du dit moys de janvier, sur la pointe du jour, lesd. sieurs de Cyeuvrac et aultres desd. gens prindrent aud. procureur ses armes et tout ce que bon leur sembla, ensemble tous les meubles qui estoint dans led. chateau apartenant aud. Charles de Durfort s^r de Castelbajac (1). Et penden ces entre fetes et pour se chaufer et mettre led. feu descouvrirent le tet de certaine borde ou grange apartenant aud. sieur, et firent brusler une grande quantité de fustaige d'icelle.

---

(1) Charles de Durfort a été ce baron de Castelbajac que l'on trouve souvent cité dans les *Mémoires* du commencement du XVIIe siècle et qui se distingua au siège de la Rochelle, en 1627. Il fut d'abord capitaine de cinquante hommes d'armes des ordonnances, puis colonel du régiment de Castelbajac, créé par lui en 1615, et avec lequel il servit si vaillamment le duc d'Épernon, son patron. Ce régiment prit plus tard le nom d'*Aunis*, province où il tint longtemps garnison (voir *Hist. de l'Infanterie française*, par le général Susane, t. III, p. 338). C'est à tort que le général Susane donne au baron de Castelbajac le nom de *Marion*. Est-ce avec plus de raison qu'il a cru voir en lui le type du fameux baron de Fœneste de d'Aubigné? Au chapitre Ier du livre II, Fœneste, parlant de « l'excellent Castel-Vayard », dit : « C'estet cettui-là qui estet lou maistre « des vraberies ». Et, pour preuve de cette bravoure, il raconte cette gasconnade : Castelbajac eut querelle à Poitiers avec un courtisan ; ce dernier lui donna rendez-vous à la porte de la tranchée : « la vrabe repartie qu'il fit ! « je n'en ferai rien, dit-il, car je ne me *rend* jamais ». Charles de Durfort-Castelbajac mourut en 1635.

Et adveneu le troisiesme et cinquiesme dud. moys, en vertu de certain prethendeu decret, qu'il pretend avoir obtenu, se fist mettre en possession dud. chateau, appartenances et dependances d'icelluy, de la valleur de plus de quarante mil livres, etc. (*Suit la demande d'information sur ces excès et de réparation* (1).

(1) Le château de Montastruc fut rendu à Charles de Durfort et se releva de ses ruines. Il rentra au XVIIIe siècle, avec toutes les terres qui en dépendaient, dans la maison de Castelbajac en vertu du testament que Joseph de Durfort, marquis de Castelbajac, fit en faveur de son oncle maternel, Bernard de Castelbajac, seigneur de Bernet et, en vertu de cette donation, marquis de Castelbajac (13 février 1731) (Arch. de M. le marquis de Castelbajac, au château de Caumont, Gers). Le château de Montastruc n'est plus aujourd'hui qu'une immense ruine. Il était bâti au sommet d'un coteau, à 485 mètres d'altitude, et formait un rectangle de 40 mètres de longueur sur 30 de largeur.

FIN DES HUGUENOTS EN BIGORRE

TABLE DES DOCUMENTS.

PREMIÈRE PARTIE.

ACTES CONSULAIRES DE BAGNÈRES-DE-BIGORRE
PENDANT L'ANNÉE 1569.

I.
15 janvier. — Arrest du Conseil pour envoyer à Mʳ le seneschal l'argent de la donation et vendre les biens de ceulx' de la religion 9

II.
11 février. — Arrest du Conseil 10

III.
Avril. — Rolle des vivres pourtés à Montgaillard pour la compagnie de Mʳ Monserié, à Pau pour Mʳ Terride, à Tarbe pour Mʳ Villembitz. . . . 12

IV.
15 avril. — Consel pour avoir vivres pour le camp de Mʳ de Terride. . . 14

V.
16 juillet. — Crie pour faire monstre 15

VI.
3 août. — [Défense aux habitants de Bagnères, aptes à porter les armes, de sortir de la ville.] 16

VII.
5 août. — Arrest de Conseil pour frayer les cappitaines aux despens de la ville 17

VIII.
7 août. — [Lettre des habitants de la vallée d'Aure] a Messieurs les consuls et gardes de Baigneres 19

IX.

7 août. — [Lettre des consuls de Sarrancolin] à Messieurs de consulz de Baigneres.. 19

X.

7 août. — [Défense faite aux habitants de Bagnères, aptes à porter les armes, de sortir de la ville.]......................... 20

XI.

7 août. — [Lettre des consuls de Sarrancolin] à Messieurs de consulz de la ville de Vaigneres.................................. 21

XII.

8 août. — Acte de protestation contre les habitans d'Asté à faute de vouloir venir en ceste ville pour le service du Roy............ 22

XIII.

8 août. — Conseil general pour envoyer gens à Tarbe........... 23

XIV.

11 août. — Rolle de munition pour le camp de Tarbe............ 24

XV.

13 août. — Conseil pour payer les despens que Pey d'Abbadie a faict en assemblant les soldatz de Mr de Sarniguet ; — de payer à Clariane les despens de M^r d'Arsizac ; — d'envoyer vivres au camp.......... 26

XVI.

24 août. — Crie contre les habitans du Carteron qu'ilz songent à se rendre en ceste ville avec leurs armes...................... 27

XVII.

24 août. — Crie contre les habitans de la ville qui se sont absentés qu'ilz y ayent à retourner, ensemble les mubles y remetre............ 28

XVIII.

24 août. — Protestation contre les consulz de Labassere, Ordisan, Escotz, Merlheu et Esconetz, à faute d'avoir payé leur part de la cotise.... 29

XIX.

25 août. — Protestation contre les consulz d'Asté et Gerde, à faute d'envoyer les vivres cotisés au camp du Roy à Tarbe............ 30

XX.

29 août. — Conseil pour quitter la ville à ceulx de la religion ; — de fere conduire l'argenterie des esglises au pays d'Aure et les deniers de la ville aussy... 31

XXI.

30 août. — Conseil pour fere la despence aux soldats de Mr de Sarniguet, aux despens de ceulx qui se sont absentés. 32

XXII.

5 septembre. — [Procuration des habitants de la ville et du Quarteron de Bagnères pour acheter un cheval au capitaine Berné et en faire présent au seigneur de Lons.]. 33

XXIII.

6 septembre. — [Obligation des habitants de la ville et du Quarteron de Bagnères en faveur du capitaine Berné du prix d'un cheval poil blanc offert au seigneur de Lons.] 36

XXIV.

29 septembre. — Crie pour reprendre les armes 39

XXV.

30 septembre. — [Lettre de M. d'Arné] à Messieurs les consulz de Baigneres de Bigorre. 39

XXVI.

2 octobre. — Coppie de commission de cappitaine Sarniguet. 40

XXVII.

2 octobre. — [Lettre de Jean de Durban] à Messurs de juratz de la ville de Baneres et quarteron de Campan, à Banereres 43

XXVIII.

5 octobre. [Lettre de M. de Begolle] à Madamme d'Ossun. 45

XXIX.

5 octobre. — [Lettre du comte de Mongonmery] a Monsr de Lons, gouverneur de Pau et Lesca. 46

XXX.

5 octobre. — [Lettre de madame d'Ossun] à Mesieurs les consuls de la ville de Banieres, à Banieres 47

XXXI.

6 octobre. — Conseil pour remonstrer aux Estats que l'on ne mete garnison en ceste ville; — *item* pour fere crie que l'on n'achapte coloms sinon pour la provision, ny tirer vin de la ville à peyne de confiscation 48

XXXII.

9 octobre. — [Délibération autorisant le logement en ville de la compagnie du capitaine Sarniguet; — refus de recevoir celle du capitaine Mansan]. 49

XXXIII.

10 octobre. — Memoyre de ce que abons despendu a la messon de Marye Honte les soldax de la companye du cappitaiñe Mansan 51

XXXIV.

10 octobre. — Conseil pour baillé congé aux cappitaines Ribes, Mansan, Mauvesin et autres, et payer la despence qu'ilz ont faicte 52

XXXV.

11 octobre. — [Lettre de M. de Lons] à Monsieur mon cousin monsieur, de Begolle. 53

XXXVI.

11 octobre. — [Lettre de M. de Lons] à Madamoyselle ma seur madamoyselle de Labatut, à Ossun 54

XXXVII.

12 octobre. — Conseil pour fere responce à Mr de Mansa qu'il face arrester sa compaignie de n'entrer dans la ville jusques à tant que soit venu ung messagier qui est à M^r d'Arnay ; — d'envoyer aux lieux de Trebons et Ordisan enquerir des pilleries faictes par les soldatz de lad. compagnie. 55

XXXVIII.

13 octobre. — Conseil pour porter le reste de l'argent à Lahitola 57

XXXIX.

13 octobre. — [Lettre du comte de Mongonmery] aux consulz de Bagneres. 58

XL.

13 octobre. — [Lettre du comte de Mongonmery] à Messieurs les consulz, manans et habitans de la ville de Baigneres. 59

XLI.

13 octobre. — [Lettre des consuls de Vic-Bigorre] à Messieurs, messieurs les consulz de la ville de Baignheres, à Baignheres. 59

XLII.

Du 1er au 14 octobre. — [Lettre de Jean de Durban seigneur de Labassère] à Messurs, messurs de juratz de la ville de Banerexs et totz autres deu quarteron, à Banerexs 60

XLIII.

Du 1er au 14 octobre. — [Lettre de Jean de Durban seigneur de Labassère] à Mons^{rs}, messius de juratz de la ville de Banerexs et totz autres deu Carteron, à Banerexs. 62

TABLE DES DOCUMENTS.

XLIV.

Du 1er au 14 octobre. — [Lettre de Jean de Durban seigneur de Labassère] à M^{rs}, messiurs de juratz de la ville de Banerexs et tot lo Quoarteron, à Banerexs 63

XLV.

Du 1er au 14 octobre. — [Lettre de M. de Baudéan gouverneur de Bagnères] à Messieurs messieurs de Bagneres 64

XLVI.

Du 1er au 14 octobre. — [Lettre de M. de Lons] à Messieurs messieurs de Banheres 65

XLVII.

[Sans date.] — [Lettre de M. de Sarniguet] à Messieurs de consulz de Vanierez 66

XLVIII.

14 octobre. — Conseil pour amasser le reste de l'argent promiz à Mr de Lons ; — de bailler congé aux soldatz estrangiers ; — fere responce à ceulx de Lourde qu'il n'y a lieu leur bailler secours. 67

XLIX.

15 octobre. — Conseil pour constraindre à Pierre de Mont, consul, d'aller à Mongonmery 68

L.

18 octobre. — Conseil pour envoyer à Mr de Damville de ne recevoir le cappitaine Mansa ; — d'envoyer le reste de l'argent à M^r le comte Mongomery ; — de fere la crye envoyée par led. comte. 69

LI.

21 octobre. — [Lettre du comte de Mongonmery] à Messieurs les consulz de la ville de Banheres. 72

LII.

23 octobre. — [Lettre de M. de Laborde] à Messieurs, messieurs les consulz de la ville de Banheres 73

LIII.

11 novembre. — Conseil pour envoyer M. de Beaudean à Mr Dampville . 74

LIV.

14 novembre. — [Lettre de Jacques Paysan consul de Bagneres] à Mesiurs de consuls de la ville de Banyeres, à Banyeres. 75

LV.

18 novembre. — [Lettre du comte de Mongommery aux consuls de Bagnères.]... 76

LVI.

[Sans date.] — [Fragment. Questions sur lesquelles les consuls devront se prononcer.]... 77

LVII.

29 novembre. — Conseil pour envoyer le reste de l'argent à Mr de Lons . 78

LVIII.

[Sans date.] — S'ensuict ce que je ay forni par les soldatz de Gere, de par comandement de mess^{rs} de cossos Pierre de Mont et Jehan Vegolle... 79

LXIX.

[Sans date.] — Rolle de se que les soldats de Campa an pres tant pa que bin et merlussa et holi et hirange et espesia et sau et lenha et quarbo et farmauge.. 79

LX.

[Sans date.] — Rolle des provisions portées à Montgaglart par Monsieré par comandement de mosur le Xenexal................... 80

LXI.

5 décembre. — Conseil du prisonier envoyé par le cappitaine Mansan ; — de l'assignation de Marie Baserca ; — de fere guet par ordre aux prisons de Mauferat...................................... 81

LXII.

8 mai 1570. — [Promesse faite par les consuls de Bagnères de payer au capitaine Berné la somme de 700 livres, à laquelle M. de Gramont a estimé le cheval donné au seigneur de Lons.]................ 82

LXIII.

2 juillet 1571. — [Supplique de Jean Begolle marchand de Bagnères] à messieurs du Tiers-Estat de la presant conté de Bigorre......... 83

DEUXIÈME PARTIE.

DOCUMENTS DIVERS DE 1562 A 1587.

I.

23 août-25 novembre 1562. — Frais du procès criminel pour hérésie, de condamnation à mort et d'exécution de Bernard Castillon, curé d'Asté, et autres 87

I bis (en note).

26 août 1562. — Arrêt du Parlement de Toulouse condamnant Bernard Castillon, curé d'Asté, à être étranglé et brûlé audevant de l'église d'Asté 89

II.

14 décembre 1567. — Prise et incendie de l'abbaye de l'Escale-Dieu . . 100

III.

18 septembre 1568. — Discours de M. de Sarlabous aux Etats de Bigorre. 111

IV.

30 septembre 1568. — Lettre des consuls de Tarbes aux consuls de Vic-Bigorre pour le serment au Roi................................ 112

V.

9 décembre 1568. — Ordonnance en forme d'articles pour prêcher et organiser dans le diocèse de Tarbes la croisade contre les huguenots . 116

VI.

12 décembre 1568. — Lettre des gouverneurs du pays aux nobles et villes pour leur défense.. 119

VII.

22 décembre 1568. — Lettre de Mr de Monluc pour la défense du pays de Bigorre... 120

VIII.

4 octobre 1569. — Commission de M. de Larboust pour commander, en l'absence de M. de Monluc, dans les pays situés le long de l'Arros et de l'Adour, et dans la jugerie de Rivière-Verdun 122

IX.

18 novembre 1569. — Attestatoire d'incendie pour le seigneur de Villeneuve... 124

X.

22 janvier 1570. — Supplique des habitants des Quatre-Vallées au maréchal de Damville pour être exemptés du logement des gens de guerre en vertu de leurs privilèges. — Exemption à eux accordée. . . . 127

XI.

19 février 1570. — Ordre du baron de Larboust au capitaine Soulé pour assembler des troupes. 129

XII.

4 juin 1570. — Exemption du logement des gens de guerre accordée par M. de Monluc aux habitants des Quatre-Vallées. 130

XIII.

19 novembre 1573. — Sursis de trois mois accordé aux habitants de Saint-Sever-de-Rustan pour le paiement des tailles 162

XIV.

1er aout 1575. — Enquête sur la prise de Saint-Sever-de-Rustan, le 10 mars 1573, et sur l'incendie et la ruine totale de la ville par le capitaine Légier 133

XV.

5, 6, 9 et 10 septembre 1575. — Enquête sur les ravages faits par les huguenots dans le comté de Bigorre 160

XVI.

6, 7, 8 et 9 janvier 1577. — Rôle des impositions des États du comté de Bigorre. 225

XVII.

8 mai 1578. — Commission de capitaine du château de Campan donnée par le roi de Navarre à Jean de Palatz, seigneur de Poymirol. 231

XVIII.

19 juin 1582. — [Lettre de Catherine de Navarre] au cappitaine Incamps, cappitaine du chasteau de Lourdes 233

XIX.

31 janvier 1587. — Ordonnance du roi de Navarre adressée au capitaine Incamps pour lever sur la ville de Lourdes et sa juridiction la somme de cent écus sol destinée à l'entretien de la garnison de Lourdes. . . . 234

XX.

18 août 1587. — Requête du syndic des habitants de Bordes aux États du comté de Bigorre pour être indemnisé des dommages soufferts à

l'occasion de la prise de Tournay. — Avec pièces à l'appui (lettres de M. de Sainte-Colomme). 235

XXI.

1ᵉʳ septembre 1587. — Acte de remise de la ville de Tournay entre les mains des consuls. 237

XXII.

12 octobre 1601. — Délibération du corps municipal de Saint-Pé-de-Générez portant accord avec les religieux de l'abbaye au sujet de la cloche dite « de orde » 339

XXIII.

2 janvier 1580. — Prise et incendie du château de Montastruc par le seigneur de Civrac. 246

FIN DE LA TABLE DES DOCUMENTS.

TABLE ANALYTIQUE

ABRÉVIATIONS : B. *Bagnères.* — c. *consul.* — h. *habitant.* — hug. *huguenots.*
b. *brûlé.* — v. *voyez.*

A

Aast, b. par les hug., 161 et suiv.
ABAT (Jean), otage de B., prisonnier à Pau, 57.
ABAT (Pey, Bernard, Bertholot), h. de B., 10, 16, 29 et suiv.
ABBADIE (Pey d'), h. de B., 26 et suiv.
ABBADIE (Jean d'), crieur de B., 15, 21, 28.
ABBAYE (Guillaume d'), lieut. principal, 160, 167, 168.
ABBAYE (Dominique d'), marchand de Tarbes, 84.
ABBAYE (Dominique d'), bourgeois de Tarbes et homme d'armes de la compagnie de M. de Sarlabous, dépose dans l'enquête de 1575, 188. — Assiste à la défaite du cap. Légier et à la prise du château de Caixon, 193.
ABEUXIS (Jacques), notaire d'Ibos, dépose dans l'enquête de 1575, 194. — Est fait prisonnier par le cap. Solan, 195.
Abos, b. par les hug., 162, 167 et suiv.
Agen (les femmes d') prêtent le serment au Roi, 114.
AGUT (Guirauld), h. de B., 9 et suiv.
Ainx, b. par les hug., 162, 165 et suiv.

ALLEMAND, greffier, 110.
AMADAT (Arnaud d'), h. de Merlheu, 83.
AMARÉ (Pey), h. de B., 18 et suiv.
AMOU (Charles de Caupène, baron d'), fait prisonnier à Orthez, 205, 220.
Andrest, b. par les hug., 161 et suiv.
Andrest (consuls d') entretiennent les gens de guerre qui gardent leur château, 228.
Angos, b. par les hug., 125.
ANTIN (Arnaud, baron d'), sénéchal de Bigorre, 10, 92, 107. — Livre au cap. Montserié les incendiaires de l'abbaye de l'Escale-Dieu, 110. — Est nommé gouverneur de la Bigorre, 10, 112, 114. — Prête le serment au Roi, 113. — Est en désaccord avec le baron de Bazillac, 115. — Fait prêcher la croisade contre les hug., 116. — Écrit aux villes et aux gentilshommes de la Bigorre pour la défense du pays, 119.
ANTIN (Jean et Pierre d'), archidiacres, chanoines de Tarbes, 114.
ANTIN (Bernard d'), seigneur de Bartères, 9.
ANTIN (Bertrand d'), dit le cadet, abandonne le château de Lourdes, 185. — Son mariage, 185.
ANTIN-OROUT, 182.
Antist, b. par les hug., 161 et suiv.
ANTRAS (Jean d') conduit au siège de

Tarbes les canons de Marciac, 175.

ANTRAS (Bernard d'), h. de Jacque, dépose dans l'enquête de Saint-Sever, 154.

ARCHAMBAULD (Arnaud), peintre de Tarbes, 38.

Arcisac-Adour, b. par les hug., 161 et suiv.

ARCISAC (Bertrand d'Antist, seigneur d'), cap. cath., défend Bagnères, 18, 26. — Gouverneur de Tarbes, 50.

ARGELÈS, v. Asson.

ARMAGNAC (Arnaud d'), baron de Termes, 52.

ARNÉ (François de Deveze, seigneur d'), écrit aux consuls de Bagnères, 39. — Notice, 40. — Commandant le long des rivières de l'Adour et de l'Arros, 41, 51. — Conduit en Bigorre les troupes de Mont-de-Marsan, 52. — Battu et fait prisonnier par Mongonmery, meurt deux jours après, 58, 59, 216. — Son éloge par Monluc et Bordenave, 58, 216. — Belle réponse qu'il fait à Monluc, 39, 58. — Se lance à la poursuite de Mongonmery à travers le Nébouzan, 215.

ARQUÉ (Mathieu, Guillem-Ramond, etc.), h. de B., 9 et suiv. — 87 et suiv.

ARQUÉ (Pierre), 100.

ARROS (Bernard, baron d') assiège et brûle Tarbes, 163, 171, 177, 185, 191, 196, etc. — Prend Lourdes, 163. — Notice 177.

ARROS (Jacques d'), fils du précédent, assiste à la prise de Tarbes, 196. — Notice, 196.

ARROY (Me Jean), h. de B., 57.

Artagnan, b. par les hug., 162 et suiv.

ARTIGALA (Pey d'), h. de Montgaillard, 27.

ASSON (Germain d'), seigneur d'Argelès, gouverneur de Bagnères, 17, 18. — Assiste à la défaite du cap. Légier, 187. — Fournit de la poudre pour délivrer Vic-Bigorre, 227.

ASSON (Domenge), h. de B., 18 et suiv.

Asté (les habitants d') refusent de se rendre à Bagnères pour le service du Roi, 22. — Refusent de se cotiser pour envoyer des vivres au camp du Roi, à Tarbes, 30. — Tentent de délivrer leur curé condamné à mort, 107. — Exécution du curé à Asté, 109. — Voir Castillon.

Astugue, b. par les hug., 161 et suiv.

Aubarède, b. par le cap. Légier, 165.

AUBE (Me Pierre), prêtre d'Ordisan, 21.

Auch, assiégée par les troupes de Mongonmery, 75.

AUCON (Guillaume), notaire, accusé d'hérésie, poursuivi par l'official de Tarbes et les consuls de Bagnères, fait prisonnier, traduit devant le parlement de Toulouse, renvoyé devant le sénéchal de Bigorre, absous par le Juge-mage, poursuivi de nouveau avec le Juge-mage par les consuls de Bagnères, ses biens confisqués, etc., 87 à 109.

Aure (les habitants de la vallée d') offrent du secours aux habitants de Bagnères, 19, 23.

Aure (vallée d'). Les habitants de Bagnères y envoient l'argenterie des églises et les papiers de la ville, 31.

Aurelhan, b. par les hug., 161 et suiv.

Aurensan, b. par les hug., 161 et suiv.

Aurensan (consuls d') pourvoient à l'entretien des soldats qui gardent Andrest, 228.

Auriabat, b. par les hug., 162 et suiv.

AURIOLLE, sergent royal, 96.

AUSONE (Vital d'), conseiller au Parlement de Toulouse, 89, 100.

Aux, château du baron de Baudéan, 76.

AVERAEDE, v. Peyraube.

Azereix, b. par les hug., 161 et suiv.

B

BABUT (Jean de Lacger de), avocat au Parlem. de Toulouse, 99.

BACQUERIE (Jeanet), h. de Trébons, 30.
Bagnères (consuls et habitants de) font vendre les biens des huguenots, 10. — Gardent pour réparer les murailles les deniers votés à la reine de Navarre, 10. — Font défense aux habitants de la ville de trafiquer avec les Béarnais, 11. — Taxent le sel, 11. — Font distribuer de la poudre aux villages du Quarteron, 14. — Envoient des vivres au cap. Montserier, à Montgaillard, et à Pau, au camp de M. de Terride, 12, 15, 26, 80. — Armement général et défense de quitter la ville, 15, 16, 17, 20, 22, 27, 28, 32. — Font nourrir aux dépens de la ville les troupes qui la défendent, 18, 26. — Demandent du secours aux habitants de la vallée d'Aure et à ceux de Sarrancolin, 19, 20, 21. — Envoient des troupes et des vivres à M. de Villambits, à Tarbes, 12, 22, 23, 24, 25, 29, 30. — Ordonnent aux protestants de quitter la ville, 31. — Sauve-qui-peut, 31. — Font porter dans la vallée d'Aure l'argenterie des églises et les papiers de la ville, 31, 32. — La ville est prise par le seigneur de Lons, 36. — Les consuls offrent une rançon pour la ville et achètent au cap. Berné un cheval poil argent pour l'offrir à M. de Lons qui a préservé la ville de la visite de Mongonmery, 33 et suiv., 82. — Nouvelle prise d'armes, 39. — Mandés à Villecomtal par le cap. Arne, 41. — Sont en peine pour payer la rançon des otages pris par Mongonmery, 44, 45, 46, 54, 55, 60, 61, 62, 63, 65. — Menacés par Mongonmery, 45, 46. — Prient la dame d'Osseun d'intercéder pour la ville, 45, 47. — Demandent aux États de Bigorre d'exempter la ville de garnison à cause de la misère, 48. — Font défense de tirer de la ville les palombes et le vin, 49. — Reçoivent la compagnie du cap. Sarniguet et refusent l'entrée à celle du cap. Mansan, 50, 51, 55, 56. — Donnent congé à plusieurs capitaines, 52. — Envoient trois d'entre eux à Lahitole pour porter à Mongonmery une partie de la rançon, 57. — Terribles menaces que leur fait Mongonmery si la rançon n'est pas immédiatement payée, 58, 59, 61, 62, 63, 64, 65, 66, 67, 72, 76. — Envoient à Mongonmery des *milhas*, des truites et du beurre, 47, 60. — *Item* à M. de Lons, 67. — Recueillent l'argent pour payer la rançon, 67, 68, 70, 71, 81, 82, 83, 84. — Consentent à ce que l'on ne sonne plus les cloches et que les images des saints soient enlevées des églises, 68. — Envoient un des leurs dans la vallée d'Aure pour emprunter de l'argent, 68. — Contraignent le seigneur d'User, consul, à aller trouver Mongonmery, 68. — Dépêchent M. de Baudéan vers M. de Damville pour faire défendre au cap. Mansan l'entrée de la ville, 69, 71, 75, 77. — Envoient à M. de Lons le reste de la rançon, 78. — Refusent de recevoir un prisonnier, 81. — S'emparent du curé d'Asté et d'autres huguenots et les font condamner, 87 et suiv. — Font brûler le curé d'Asté, 108, 109. — Poursuivent avec acharnement ses complices, 87 et suiv. — Arment 500 arquebusiers, 115. — Menacés et attaqués par le cap. Légier, 174, 180 et suiv.
Bagnères (Quarteron de), 15, 24, 25, 27, 29, 30, 39, 71.
Bagnères (Jacobins de), 10, 109.
Bagnères (otages donnés par la ville de), 35, 43, 45, 54, 57, 71, 78.
BAGNÈRES (Jean de), h. de B., 33.
BAILHENS, huissier, 101.
BARATNAU (Jean de Monlezun, seigneur de), envoyé par Monluc dans le comté de Foix pour combattre le cap. Solan et le jeune Fontrailles, 64.
BARBAZAN-DEBAT (Manaud de Bourbon,

seigneur de), entretient. garnison dans son château, 227.

Barbazan-debat, b. par les hug., 161 et suiv.

BARETGES, v. Tilhouse et Bulan.

BARRANÈS (Jean de), h. de B., 56.

BARTHE (Guilhemolo), h. de B., 34.

Barthète, 103.

BASERCA (maître Jean), h. de B., 57 et suiv.

BASERCA (Marie de) prête 200 écus aux consuls de B., 81, 82. — Est une des riches de B., 82.

BASET (Jacme), bayle de Mascaras, 126.

BAU (Guillem du), dit *Cornet*, consul de Labassère, 29, etc.

BAUDÉAN (Antoine, baron de), gouverneur de Bagnères, arme les habitants de Bagnères, 15. — Fait défense à tous ceux qui peuvent porter les armes de sortir de la ville, 16, 20. — Ordonne aux habitants du Quarteron de se rendre en armes à Bagnères, 27. — Engage les consuls de Bagnères à payer au plus vite la rançon des otages afin d'éviter de plus grands maux, 64. — Est prié d'aller vers M. de Damville, 74. — Promet d'y aller, 75. — Est tué près de Bagnères par le cap. Légier, 16, 166, 175, 180.

BAUDÉAN (Jean de), h. de Tarbes, 223.

Baulat, b. par les hug., 162 et suiv.

BAUTA (Gaixarnaud), h. d'Angos, 126.

Bayonne (Frère mineur de) assiste le curé d'Asté à son exécution, 109.

BAZIAN (Jean de Bourbon, baron de), assiège et brûle Tarbes, 163, 165, 170, 174, 177, 179 et suiv. — Notice, 174. — S'empare de nouveau de Tarbes avec le cap. Légier, 186, 192 et suiv.

BAZILLAC (Jean baron de), gouverneur du comté de Bigorre, 10, 112. — Sa querelle avec le seigneur de Sarniguet, 41. — N'est pas d'accord avec le baron d'Antin, 115. — Fait prêcher la croisade contre les huguenots, 119. — Mestre de camp de l'armée de Terride, 219. — Est fait prisonnier à Orthez, 205, 219. — S'évade, 219.

BAZILLAC (Étienne de), fils du précédent, est fait prisonnier à Orthez, 205. — Notice, 205.

Bazillac, b. par les hug., 162 et suiv.

Bazillaguais (archidiacre de), député vers Monluc, 114, 115.

BÉARNAIS ne peuvent trafiquer avec les h. de B., 11. — Menacent d'aller attaquer Bagnères, 64.

BÉARNÈS (Bernard de), h. de B., 33.

Beauchalot, 98, 105.

Bédeille, b. par les hug., 162, 167 et suiv.

BÉDERA (Dominique), dit Milhet, poursuivi pour crime d'hérésie, 87 et suiv.

BÉDÈRE (Mᶜ Pierre), h. de B., 57 et suiv.

BÉGOLLE (Antoine, seigneur de) s'intéresse aux habitants de Bagnères, 45, 53. — Notice, 45.

Bégolle, b. par les hug., 161 et suiv.

BÉGOLLE (Jean), dit Tusert, c. de B., 9 et suiv. — Est jeté injustement en prison, 83, 84. — Fonde à Bagnères l'institution des pauvres filles à marier, 87. — Trésorier des deniers de la ville, 93, 106.

BÉGUÉ (Bertrand), h. de B., 34.

BÉGUÉ (Guillem), c. de Tournay, 238.

BELLEGARDE (maréchal de), 26, 110.

BELLET, huissier, 99.

Belloc, b. par les hug., 162 et suiv.

BELON (Menjo), h. de Campan, 17.

BÉNAC (le baron de) s'empare de Lourdes, 185. — Nommé sénéchal de Bigorre, 225. — Est député par les États vers le roi de Navarre, 229.

Bénac, b. par les hug., 161 et suiv.

Bentayou, b. par les hug., 162 et suiv.

Bernac-dessus, b. par les hug., 161 et suiv.

Bernac-debat, b. par les hug., 161 et s.

BERNARD (Bertrand), h. de B., 14.

BERNARD, conseiller au Parlem. de Toulouse, 89.

BERNÉ (Jean), h. de B., 9 et suiv.
BERNÉ (Jean), cap., vend aux consuls de Bagnères un cheval blanc pour l'offrir à M. de Lons, 34, 36, 37, 38, 82.
BERNISSA (Raimond), h. de B., 57.
BEROT (Jean de), dit Carde, h. de B., 11, 13 et suiv.
BEROT (Pey de), juge, 96.
BEROT (Mᶜ Dominique), 97.
BEROUX-BEGARIE (Jean de), h. de B., 57.
BESQUES (Raimond-Jean), c. de B., 9, 14 et suiv. — Est député vers Mongonmery, 57, 68. — Va dans la vallée d'Aure emprunter de l'argent pour les consuls de Bagnères, 68.
Betbeze, 88, 105.
Betplan, occupée par Mongonmery, 58, 59.
BIBET (Mᶜ Pierre), notaire de Bagnères, 18 et suiv. — 97.
Bigorre (Pays de), sujet aux grêles, 166 et suiv. — Le Roi confirme ses privilèges, 249.
BISCAROSSE (Jean de Saint-Martin, vicomte de), 174.
BLANTZ (Bernard de), h. de Trébons, 37.
BOËRIE (Mᶜ Antoine), juge ordinaire de Bagnères, 56, 78, 81, 121.
BOERIE (Dominique), bayle de Bagnères, 92.
BOERIE (Raimond), c. de Tournay, 124.
BOET (Bertrand), h. de Vic-Big., 224.
Boissede, 105.
BONASSE (François de Béarn, seigneur de), assiégé et tué dans Tarbes, 164, 171, 178, 185, 191, 196, 201, 207, 210, 213. — Notice 172.
BONEU (Pey de), c. de Montégut-Arros, dépose dans l'enquête sur Saint-Sever, 142.
BONFILS (Arnaud de), h. de B., 57.
BONNECARRÈRE (Janet de), h. de Goudon, 21.
BONNECASE (Jean de), religieux de Saint-Pé-de-Générès, 243.

BONNECASE (Pierre de), 182, 243. — Notice, 243.
Bonnefont, 92.
Bordères, b. par les hug., 161 et suiv.
BORDES (Bertrand de Bilhères, seigneur de), du pays de Béarn. 125.
Bordes, b. par les hug., 161. — Occupée par le vicomte de Larboust, 236. — Pillée par les troupes qui s'emparent de Tournay, 235, 236, 237. — Les consuls demandent et obtiennent une indemnité, 235, 236.
BORGELA (Pey de), c. de Campan, 37.
BORGELA (Peyrot de), garde de Campan, 70.
BORNAC (Bernard de), h. de Vic-Bigorre, 224.
Bosc (Sansané), h. de B., 9 et suiv.
BOUCARRÈS (Christophe d'Angos, seigneur de), 18.
BOURBON-LAVEDAN-MALAUSE, 174.
Bourg, b. par les hug., 161 et suiv.
Bours, b. par les hug., 162 et suiv.
Boussens, 102, 103, 104.
BOYSINS, avocat, 97.
Bragayrac, 105.
Bramebaque, 128.
BRIGET (Jean), marchand de Tarbes, dépose dans l'enquête générale de 1575, 168.
BROCA (Bernard), h. de B., 18.
BRUGELLES (Mathieu), clerc de procureur, 101.
BRUNO, notaire, 110.
BUGAR (Manaud de Saint-Paul, seigneur de Nestier et de), cap. de 200 hommes de pied, 128. — Assiége le château de Montastruc, 247.
BULAN (Gaston de Baretge, seigneur de), reprend Tournay et la remet aux consuls, 237, 238.
Burg, b. par les hug., 161 et suiv.
BURRETE (Laurent de), h. d'Astugue, 16.

C

Cabanac, b. par les hug., 165 et suiv. — 227.
Cadéac, 128.
Cahusac, 93. — B. par les hug., 162 et suiv.
Caixon (chât. de) pris par les hug., 166 et suiv. — Repris par le cap. Pujo, 218. — Église b. par les hug., 162 et suiv., 214. — États de Bigorre accordent une indemnité pour réparer les ruines, 226.
Calavanté, b. par les hug., 161 et suiv.
Calis (M. de), chanoine de Tarbes, 113.
Camalès, b. par les hug., 162 et suiv.
Campan (les habitants de) secourent Bagnères, 19, 23, 79. — S'arment, 115.
Campels (Guillaume de Bossost de) reçoit une lettre du cap. Ozon, 175.
Campet (Jean), h. de B., 33.
Campistrous, b. par les hug., 161 et suiv.
Canet, b. par les hug., 162 et suiv.
Capderey (Jean de), h. de B., 33.
Capdeville (André de), notaire de Bagnères, 16, 17, 38, etc.
Capvern, 102, 104, 105. — B. par les hug., 161 et suiv.
Carassus (Me Laurent), h. d'Ordon, 16.
Cardaillac-Lomné, Ozon, 18, 185.
Cariton (Jean), h. de B., 18.
Carmes (couvent des) de Tarbes b. par les hug., 169 et suiv. — Fondé par le baron de Bazillac, 220. — Les États de Bigorre accordent une somme d'argent pour le réparer, 227.
Carmes (couvent des) de Rabastens b. par les hug., 172 et suiv. — Les États de Bigorre accordent un subside pour le réparer, 227.
Carrau (Peyrot de), h. de Labassère, 27.
Carrère (Vincent), h. de B., 11.
Carrère (Me Antoine), notaire de Nulh, 38.

Casabat (Jeannet), bayle d'Angos, 126.
Casaméaly (Guillaume), syndic des religieux de St-Pé-de-Générès, 243.
Casaubon (Pey de), c. d'Asté, 22.
Casaux (Bertrand), h. de B., 26.
Casavant (Assibat de Casenave, dit le cap.); gouverneur de Lourdes, 47, 197.
Cassagne, près Condom, 131.
Cassaignères (Arnaud de), h. de Trébons, 70.
Castaede, b. par les hug., 162.
Castaignères (La), 91.
Castaignol (Sever de), conseiller au siège de Saint-Sever-Adour, 52.
Castaing (Arnaud et Bernard), h. de Montégut, déposent dans l'enquête sur Saint-Sever, 144, 146.
Casteide, b. par les hug. 167 et suiv.
Castelbajac, 94, 185, 249.
Castelbajac (Charles de Durfort, baron de); son château pris et brûlé par le seigneur de Civrac, 246. — Notice, 247, 248.
Castelloubon (vallée de), 18.
Castelnau, v. Jupoy.
Castelnau-Chalosse (Jacques, baron de), s'empare de Rabastens, 208.
Castelnau-Magnoac, 91, 127.
Castelnau-Rivière-Basse, b. par les hug., 162 et suiv.
Castelvieil, b. par les hug., 167 et suiv.
Castillon (Jean de), consul d'Asté, 22.
Castillon (Bernard de), curé d'Asté, accusé d'être huguenot, 87 et suiv. — Pris à Médoux par les consuls de Bagnères, 109. — Traduit devant l'official de Tarbes, 89. — Est mené à Toulouse et est condamné à mort par le Parlement, 87, 88, 89 et suiv. — Est ramené à Bagnères, 91, 92 et suiv. — Les habitants d'Asté tentent de le délivrer, 107. — Est pendu et brûlé sur la place d'Asté, 108, 109.
Catherine de Médicis ordonne aux gouverneurs de faire prêter serment aux peuples de leurs gouvernements, 112.

Caussade, b. par les hug., 162 et suiv.
CAUSSENS (Jean de Monlezun, seigneur de), 111.
CAUTÈLE (Arnaud de), h. de B., 33.
CAYRET (Guillaume), procureur spécial à Tarbes, 95, 222, 223.
CAYRET (N. de), consul de Tarbes, 116.
Cazères. Le maréchal de Damville y campe, 42.
CÉNAC (Pierre), c. de Monmoulous, dépose dans l'enquête sur Saint-Sever, 151.
CHAN (Domenge et Bernard de), h. de B., 18, 57.
CHÉLAN (Mathieu d'Astarac, seigneur de), cap. de 200 hommes de pied, occupe Monléon-Magnoac, 128.
Chelle-dessous, b. par les hug., 161 et suiv.
Chelle-dessus, b. par les hug., 161 et suiv.
Chist, b. par les hug., 162 et suiv.
CISTAC (Mᵉ Dominique), h. de Ciutat, 16.
CIUTAT (Domenge), h. de B., 18.
CIUTAT (Domenge), c. d'Esconetz, 29.
Ciutat, b. par les hug., 161 et suiv.
CIVRAC (Geoffroy de Durfort, baron de) assiège et prend le château de Montastruc, 246. — Notice, 247.
CLARAC (Pierre de), de Lombez, 133.
Clarac, b. par les hug., 161 et suiv.
Clarens, b. par les hug., 161 et suiv.
CLOZ (Domenge de), h. de B., 11.
COLOMÈS (Mᵉ Domenge), h. de B., 57.
Coloms, v. palombe.
COMPZ (Peyron de), h. de B., 81.
Condom, occupée par Mongonmery, 75, 77.
CORDELIERS (couvent des) de Tarbes, sert de temple aux protestants, 169. — Est brûlé par eux, 169 et suiv. — Les États de Bigorre accordent un subside pour le réparer, 227.
COROAU (Gacinet de), h. de B., 33, 83.
CORTADE (Domenge), h. d'Ordisan, 83.
COSTA (Pey), h. de B., 81.
COTTURE (Mᵉ Arnaud), notaire, 97.
COTTURE (Guillaume), curé de Campan, syndic du clergé du diocèse de Tarbes, fait faire une enquête sur les ravages des huguenots dans le diocèse de Tarbes, 160, 222. — Se fait délivrer une attestation par Monluc sur le même sujet, 222.
COUT (Frère Fortis du), prieur de Saint-Pé-de-Générès, 243.
COZE (Colau de), h. de Baudéan, 70.
CREXENSAN (Pey de), h. de B., 9, 10 et suiv.
Croisade contre les huguenots prêchée et organisée dans le comté de Bigorre, 116.
CUMBA, greffier criminel du sénéchal de Bigorre, 95.

D

DABEDEILHA (Bernard), h. de Montignac, 126.
DAMARÉ (Bastian, Pey, etc.,), h. de B., 11 et suiv. v. Amaré.
DAMVILLE (Henri de Montmorency, maréchal de), achète un cheval au cap. Berné, 37. — Confie au cap. Arné la défense des pays situés le long de l'Adour et de l'Arros, 39. — *Idem* au cap. Sarniguet, 41. — *Idem* au baron de Larboust, 122. — Campe à Cazères-sur-Garonne, 42. — Les consuls de Bagnères lui envoient du beurre, des *milhas* et des *coloms*, 71.
DANCLA (Guillem), h. d'Orignac, 16.
DARRÉ (Arnaud-Guillem de), marchand de Tarbes, dépose dans l'enquête générale de 1575, 176.
DAUBE (Nicolas et Pey), h. d'Ordisan, 16, 29.
DAUTRAN (Sansolou), c. de Marseillan, dépose dans l'enquête sur Saint-Sever, 158.
DESLAMÉAC (Bertrand), h. de B., 33.
DEVEZE (Arnaud), h. de B., 17.
DIUDAT (Arnaud-Guillamet), h. de B., 11, 56, etc.

DIUDAT (Bernard), bayle de Bagnères, 96, 109.
DOMEC (M° Pierre), médecin de Bagnères, 11 et suiv., 81.
DOSSUN (Pey), h. de B., 14 et suiv.
DOUAT (Pey), h. de B., 56.
DOULÉAC (Vidau), h. de Monmoulous, dépose dans l'enquête sur Saint-Sever, 148.
Dours, b. par les hug., 162 et suiv.
DOURS (le seigneur de), gouv. du château de Campan, 231.
DUFAUR (Jean), h. de B., 33.
DUFAUR (Pierre), procureur du Roi en la sénéchaussée de Bigorre, 108, 126.
DUFOURC (M° Bertrand), consul de Tarbes, fait réparer les fortifications de la ville, 227.
DUGUAS (Miqueu), c. de Calavanté, 126.
DULAC (Arnaud), marchand de Bagnères, 18, 24 et suiv.
DULAC, v. Lac.
DULAC, procureur, 104.
DULAC, médecin de Tarbes, 228.
DUPONT (Jean), dit Nogré, h. de B., 11, 33.
DUPONT (Dominique), dit La Carreta, prêtre, se bat avec le baron de Bazillac et est tué, 41.
DURBAN (Jean de), baron de Labassère, otage de la ville de Bagnères, est retenu à Pau par Mongonmery, 43. — Se plaint aux consuls de Bagnères du retard apporté au payement de sa rançon, 43, 44, 60, 61, 62, 63. — Les consuls décident que quatre d'entre eux iront porter la rançon à Mongonmery, 57. — Gouverneur du château de Montaner, 228. — L'abandonne, 228.
DURBIÈLE (Sanson de), h. de B., 18.
DUTREY (Manaud), officier d'Ordizan, 29.

E

Eauze. Terride y meurt, 204.
Escale-Dieu (abbaye de l'), prise et brûlée par le cap. Jean-Guillem de Linières, 110.
ESCARS (François de Pérusse, comte d'), 215.
Escaunets, b. par les hug., 161 et suiv.
ESCOLA (Arnaud), dit Barroquère, h. de B., 11, etc.
ESCOLA (Mionolo), h. de B., 11, etc.
ESCOLAN (Guillaume), prêtre, 94, 97.
Escoubès, b. par les hug., 161 et suiv.
ESPALLENCAS, cap., rapporte de la Cour la confirmation des privilèges du comté de Bigorre, 229.
ESQUIERDE (Domenge), h. de Valence en Espagne, 23.
ESTAMÉAC (Pey d'), h. de Pouzac, 17.
Estampures. Le cap. Arné y est battu et fait prisonnier, 60, 215.
ESTANSAN (Jean d'Arcizas, seigneur d'), commande les forces de la vallée d'Aure, 20.
ESTARAC (Borthomieu d'), h. d'Ordisan, 21.
Estirac, b. par les hug., 162 et suiv.
ESTORNÉS (Jean d') d'Angos, abbé de Saint-Pé-de-Générés, 242 et suiv.
ESTORS (Bernard d'), dit Borbon, h. de B., 26 et suiv.
ÉTATS DE BIGORRE, tenus à Vic en présence de Mongonmery, 58, 59. — 225.

F

FAVAS, fait prisonnier à Orthez, 205.
FERRER (Jean), h. de Graus? en Espagne, 23.
Fexas (Seysses), 98.

Fonbenoit (Bernard), religieux de Saint-Pé-de-Générès, 243.
Fontan (Bernard), h. de B., 33.
Fontrailles-Astarac, 171.
Forcade (Mᵉ Jean), notaire de Bernac-debat, 35.
Forcade (Gaillard), h. de Bernac-debat, 35.
Forcade (Bertrand de), poursuivi pour crime d'hérésie, 87 et suiv.
Forgue (Jean), h. de B., 11 et suiv.
Forgue (Dominique de Lavedan, dit le cap.), assiste à la défaite du cap. Légier, 187. — Dépose dans l'enquête de 1575 et donne de nombreux détails sur la part prise par lui aux événements, 203. — Est fait prisonnier à Orthez, 219. — Reçoit une gratification en considération de ses services, 225. — Est nommé lieutenant du sénéchal, 225. — Prête de l'argent aux États de Bigorre, 230.
Frechet, b. par les hug., 162 et suiv.
Fregnac (Mᵉ Pierre), notaire de Bagnères, 14, 23, 31, etc. — Poursuit les hérétiques, 87 et suiv.
Frexo (Pey du), h. de Nulh, 16.
Frexo (Mᵉ Jean), prêtre de Bagnères, 57, 79.
Fys (Jean de), h. de B., 33.

G

Gaborda, clerc du procureur, 100.
Gajan, b. par les hug., 161 et suiv.
Galan, 87, 105.
Galées, b. par les hug., 161 et suiv.
Galiax, b. par les hug., 162 et suiv.
Galoye (Guillem de), h. de Montgallard, 16.
Gamaches (Thibaut de), conseiller au sénéchal de Bigorre, 94. — Rançonné par Montamat, 207.
Gardères, b. par les hug., 161 et suiv.
Gargailcos, 104.

Gascq (mo^{gr} de), seigneur de Razac, général des finances en Guienne, 133.
Gay (Pascal du), h. de Trébons, 22, 27.
Gayan, b. par les hug., 161 et suiv.
Gebrard (Antoine), enquêteur et greffier en la cour du sénéchal de Tarbes, 168 et suiv.
Gelameur (Pey de), c. de Peyrusse, dépose dans l'enquête sur Saint-Sever, 135.
Ger, b. par les hug., 110.
Gerde (Jean), c. de Tournay, 238.
Gerde (habitants de) refusent de contribuer à la défense de Bagnères, 23.
Gerderest (Gabriel de Béarn, baron de), fait prisonnier à Orthez, 205, 219. — Sa mort à Navarrens, 205, 206, 219.
Girbaudi (J.), greffier du juge de Rivière-Verdun, 160.
Giscaro, v. Labarthe.
Gohas (Guy de Biran de), mestre de camp de l'armée de Terride, 205. — Son héroïque résistance au siège d'Orthez, 204, 219. — Sa mort à Navarrens, 205, 206. — Notice 204.
Gonès (Arnaud de Fosseries, seigneur de), garde la ville de Tarbes, 227.
Goudon, b. par les hug., 161 et suiv.
Gourgues, b. par les hug., 162 et suiv.
Gouts, b. par les hug., 162 et suiv.
Gramont (Antoine de), vicomte d'Asté, arbitre entre les consuls de Bagnères et le cap. Berné, 35, 83. — Notice, 107. — Commandant de quatre compagnies, 171. — Chasse de Tarbes les soldats du cap. Légier, 175. — Est surpris à Hagetmau par le baron d'Arros, 177.
Gramont (Hélène de Clermont, dame de) abjure le protestantisme, 107. — Admirable clause de son testament, 107.
Gramont, v. Tarbes.
Guerlin, cap. protestant, s'empare de Rabastens, 164 et suiv. — Y est défait et tué par les troupes de Monluc, 172, 178 et suiv.
Guillamolo, h. de Garaison, 17.

H

Haget, b. par les hug., 165 et suiv.
Hauts-Murats (prison des) à Toulouse, affectée aux hérétiques, 88, 101.
Hebrard, c. de Tarbes, 228.
Hiart, secrétaire du maréchal de Damville, 124.
Hichac, b. par les hug., 162 et suiv.
Hitte, b. par les hug., 161 et suiv.
Horgues, b. par les hug., 161 et suiv.
Horgues, v. Forgues.
Huguenots sont chassés de Bagnères, 31.

I

Ibos (François d'), de la ville de Saint-Pé-de-Générez, dépose dans l'enquête générale de 1575, 182. — Notice, 182. — Consul de Saint-Pé, 244.
Ibos, mise à rançon par le cap. Solan, 195. — Brûlée par le vicomte de Paulin, 195. — Mise à rançon par le cap. Pontac, 226. — Les États de Bigorre votent un subside pour payer cette rançon, 226.
Incamps (Antoine d'), seigneur de Lamothe et d'Abère, gouverneur de Lourdes, 233. — Est prié par Catherine de Navarre de se tenir sur ses gardes et de bien veiller à la sûreté de la ville, 233. — Notice, 233. — Le roi de Navarre lui ordonne de lever sur la ville et la juridiction de Lourdes les sommes nécessaires à l'entretien de la garnison, 234. — Gouverneur de Nay et de la vallée d'Ossau, 235.

J

Jacobin de Bayonne exhorte le curé d'Asté à la mort, 109.
Jacque, pillée par le cap. Légier, 154.
Jean-Guillem, v. Lignères.
Jû, b. par les hug., 162 et suiv.
Juillan (consuls de) fournissent des munitions à l'armée qui va délivrer Vic-Bigorre, 228.
Juillan, b. par les hug., 161 et suiv.
Julos, b. par les hug., 161 et suiv.
Junca (Dominique), notaire de Bernac-debat, 35.
Junca (Me Jean), licencié, h. de Tarbes, 223.
Jupoy (Bernard de Castelnau, seigneur de), tuteur du baron de Castelbajac, 247. — Notice, 247.

L

Laas (Bertrand de), h. de Tarbes, 229.
Labarthe-Giscaro (Jacques de), dit le cap. Giscaro, 230, v. Montignac.
Labarthe (Arnaud de) assiste à la défaite du cap. Légier, 187.
Labarthe assiège le chât. de Montastruc, 248.
Labarthe-de-Neste, 98, 103. — B. par les hug., 161 et suiv.
Labassère, v. Durban.
Labatut (Antoine de Rivière, vicomte de), beau-frère de M. de Lons, 54. — Tué en duel par le seigneur de Saint-Lane, 55. — Sénéchal de Bigorre, 167. — Reprend Vic-Bigorre et le chât. de Lescurry, 229.
Labatut (Jean de Rivière, vicomte de), tué à Tarbes en 1570, 167.
Labatut (Annet de Rivière-), massacré par les protestants, 55.
Labatut (Henriette d'Ossun, dame

de) intercède pour les habitants de Bagnères, 54.
Labatut-Rivière, b. par les hug., 162 et suiv.
Labatut-Figuère, b. par les hug., 162, 167 et suiv.
LABORDE (Bernard de), cap. protestant, écrit aux consuls de Bagnères, 72. — Gouverneur du château de Montaner, 172. — S'empare de la ville de Saint-Pé-de-Générés et brûle l'abbaye, 184, 240. — Notice, 240.
LA BROUSSE, v. Laval.
LAC (Barthélemy du), seigneur d'Urac, 243.
LACHAPELLE (M. de), avocat au Parlement de Toulouse, 98, 102.
LACROIX (M. de), commissaire des vivres pour l'armée de Terride, 15, 26.
LADOUE, cap. protestant, s'empare de Rabastens, 164 et suiv. — Est défait et tué par les troupes de Monluc, 164, 172, 178, etc.
LAFAILLE (Bernard de), dit Guino, h. de B., 11 et suiv.
LAFALLE (Jean de), h. de B., 34 et suiv.
LAFARGUE (Bernard), religieux de Saint-Pé-de-Générés, 243.
LAFITAU (Sébastien de), conseiller au Parlement, 89.
Lafitte-Vigordane, 98, 102, 103, 105.
LAFLEUR, greffier, 108.
LAFONT (le cap.) trahit les habitants de Saint-Sever-de-Rustan et livre la ville au cap. Légier, 134 et suiv.
LAFOSSE (Gaxiot de), h. de B., 34.
LAGARDE (Gaspard de Marestaing, seigneur de) assiège le château de Montastruc, 247.
LAGONS (Bernard), c. de Peyrun, dépose dans l'enquête sur Saint-Sever, 133.
LAHAILLE, v. Lafaille.
Lahitole. Mongonmery y établit son camp, 57, 58, 59.
LAHORE (Arnaud de), dit Benedeyt, c. de Saint-Pé, 243.
LA GARRIGUE, fait prisonnier à Orthez, 205.

LALANNE (Per-Arnaud de), h. de B., 57. — Est envoyé vers Mongonmery, 69, 70.
LALANNE (Jean de), seigneur de Hagedet et Lascazères, 125.
LALANNE (Domenge), c. de Jacque, dépose dans l'enquête sur Saint-Sever, 155.
LAMAMIE (Pierre de), conseiller lai au parlement de Toulouse, 89.
Lamarque, b. par les hug., 161, 167 et suiv.
LAMARQUE, valet de chambre du Roi, fait prisonnier à Orthez, 220.
Laméac, b. par les hug., 161 et suiv.
LANA (Pey), h. de B., 9 et suiv.
LANA (Jean), hôte de Vic-Bigorre, 224.
LANA (M⁰ Bernard), h. de B., 33, 51, 53, etc. — Chargé par les consuls de Bagnères de la poursuite du procès contre certains hérétiques, 103, 105.
LANA (Arnauton), h. de B., 18 et suiv.
Lane, b. par les hug., 161 et suiv.
Lunemezan, b. par les hug., 161 et suiv.
Lanespede, 105. — B. par les hug., 161 et suiv.
LANNE (M⁰ Dominique), substitut du procureur du Roi en la jugerie de Rivière-Verdun, 133.
LANNE (Sanson de), c. de Saint-Pé, 244.
LANSON (M⁰ Pierre), notaire de Bagnères, 24 et suiv. — Député vers Mongonmery, 57, 69.
LAPALU (Jean de), religieux de Saint-Pé-de-Générés, 243.
Lapalu, b. par les hug., 161 et suiv.
LAPENA (Jean de), h. d'Asté, 70.
LAPIDE (Pierre), religieux de Saint-Pé-de-Générés, 243.
LA PORTE, seigneur de Pardies, 182, 243.
LARBOUST (Savary d'Aure, baron de), ramène en Bigorre les troupes de Mont-de-Marsan, 52. — Chargé de la défense des pays situés le long de l'Adour et de l'Arros, 122. — Occupe Castelnau-Magnoac avec

50 chevau-légers, 127. — Donne ordre au cap. Soulé d'assembler des troupes, 129. — Fournit de la poudre pour la défense du pays, 227.

LAROSE (Antoine), trésorier général de la reine de Navarre, 70.

LARQUIER (Pierre de), h. de Malausane, 52.

LARREULE (abbaye de), b. par les hug., 162 et suiv.

LARROQUE-BÉNAC (Jean de Bénac, seigneur de), rançonne Vic-Bigorre, 226, 229.

LA SALLE (Jean de), notaire de Tarbes, 36, 38.

LASALLE, greffier des appeaux de Bigorre, 104.

Lasbordes, b. par les hug., 162 et suiv.

Laserre, b. par les hug., 162, 167 et suiv.

Laslades, b. par les hug., 162 et suiv.

LASPALES (le père), religieux capucin, archiviste de Bagnères, 7.

LASPALES (Jean de), h. d'Escots, 16.

LASSUSY, procureur, 88.

LATAPIE (Bernard de), c. de Saint-Pé-de-Générés, 243.

LAULHE (Pey de), h. de B., 57.

LAVAL (Jérome de), sieur de La Brousse, gouverneur de Bagnères, 17.

LA VALETTE (Jean de) part de Gimont pour aller faire lever le siège de Tarbes, 178.

LAVEDAN, 114. — Vicomte de Lavedan député par les consuls de Vic-Bigorre vers Mongonmery, 210. V. Forgues.

Lavedan (vallées du) protégées par leurs montagnes contre les huguenots, 170.

Lavernose, 102, 103, 104, 105.

LAVIGNE (Arnaud), prêtre d'Ordisan, 21.

LAYSSAC, procureur, 101.

LÉGIER (Jean Parisot, dit le cap.), ou Lysier, s'empare par surprise de Saint-Sever-de-Rustam et massacre les habitants, 134 et suiv., 165 et suiv. — Ravage tous les environs et brûle entièrement la ville et l'abbaye, 135 et suiv., 165 et suiv. — Assiège et prend Tarbes, 165 et suiv. — Ravage les environs, 166 et suiv. — Tue le seigneur de Baudéan, 166 et suiv. — Est surpris aux champs et tué par les catholiques, 166 et suiv.

LEMOYNE (Pierre), architecte de Luc, chargé de démolir le château de Rabastens, 208.

LENFLADE (Peyroton), c. de Tournay, 238.

Lescurry (château de) pris par les protestants et repris par les catholiques, 229.

LESPOUEY (Guillaume de Saint-Paul), seigneur de), 125.

Lespouey, b. par les hug., 161 et suiv.

LESTREM, cap. protestant, pendu à Pau pour avoir rendu Lourdes, 47.

Lezat occupée par le maréchal de Bellegarde, 26.

LIGNÈRES (Jean-Guillem de), cap. protestant, prend et brûle l'abbaye de l'Escale-Dieu, 110. — Est exécuté à Toulouse, 110.

Limaca (la place de) à Bagnères, 52.

Lizos, b. par les hug., 162 et suiv.

Lombez, prise par Mongonmery, 75.

LONS (Jean, baron de) occupe avec ses troupes la ville de Bagnères et la met à rançon, 36. — La préserve de la visite de Mongonmery, 36 et suiv. — Les consuls lui font cadeau d'un cheval blanc, 33, 36. — Réclame le paiement de la rançon, 45. — Gouverneur de Pau et de Lescar, 46. — Notice, 46. — Reçoit une lettre de Mongonmery pleine de menaces contre les consuls de Bagnères, 46. — Veut renvoyer les otages si la rançon est payée, 53. — Se plaint des consuls de Bagnères, 61. — Menace de marcher sur la ville, 64. — Va attaquer Lourdes, 65, 66. — Les consuls de Bagnères lui font un présent, 67. — Lui envoient le reste de la rançon, 78.

LOT (Pey de), h. de Labassère, 10.

Loubajac, b. par les hug., 162 et suiv.
Louey, b. par les hug., 161 et suiv.
Louit, b. par les hug., 162 et suiv.
Lourdes abandonnée par le cap. Antin, 185. — Prise par le seigneur de Bénac et reprise par Bonasse, 47, 185. — Le château rendu par le cap. Lestrem, 47, 185. — Va être assiégée par le baron de Lons, 63, 65, 66. — Les habitants implorent le secours des consuls de Bagnères qui ne peuvent leur en porter, 67, 68. — Préparatifs de guerre, 115. — La ville prise et brûlée, 163 et suiv. — Prise de nouveau et pillée par le baron d'Arros, 163, 229. — Les États accordent aux consuls une indemnité au sujet de cette prise, 229.
LUBRET (Arnaud de Chelles, seigneur de), assiste à la défaite du cap. Légier, 187. — Les États de Bigorre lui donnent une gratification, 226.
Luc, b. par les hug., 161 et suiv.
Lucarré, b. par les hug., 162, 167 et suiv.
LUCIA (Bernard), h. de B., 11. — Député vers Mongonmery, 57. — Les États de Bigorre lui accordent une indemnité, 229.
Luquet, b. par les hug., 161 et suiv.
Lutillous, b. par les hug., 161 et suiv.
LYAS (Pey de), h. de B., 11 et suiv.

M

MADIRAN (M⁰ Pierre), notaire de Tarbes, fait enterrer les morts après la prise de Tarbes, 172, 178 et suiv.
Madiran (prieuré de), b. par les hug., 163 et suiv.
MALAUSE-BOURBON, 174.
MANSAN (Jean d'Antist, seigneur de), cap. catholique, ne peut faire recevoir sa compagnie de soldats à Bagnères, 49, 50, 52, 55, 69, 77. — Ses soldats détroussent les marchands, 51, 56. — Notice, 51. — Envoie un prisonnier à Bagnères, 81. — Défend Vic-Bigorre, 178.
Mansan. Le juge de Rivière-Verdun y reçoit les dépositions sur la prise, le pillage et l'incendie de Saint-Sever-de-Rustan, 133.
MARAN, huissier, 99.
MARCA (Bernard), dit Brau, h. de Campan, 30.
Marciac prise par le baron de Lons, 46. — Mongonmery écrit une lettre menaçante aux habitants, 59.
Marquerie, b. par les hug., 161 et suiv.
Marseillan pillée par le cap. Légier, 159. — B. par les hug., 161 et suiv. — Ruine et pauvreté, 229.
Marseillan (consuls de) fournissent des vivres aux troupes du cap. Bonasse à Tarbes, 228.
MARTIN (Arnauton), h. de B., 33.
Mascaras b. par les hug., 161 et suiv.
MASELIÈRES (Odet de), conseiller et secrétaire du roi de Navarre, 232.
MATHIÉ (Joseph de), h. de Montgaillard, 17.
MATHIEU, clerc de procureur, 88.
Maubourguet, b. par les hug., 162 et suiv.
Mauferat (prison de), à Bagnères, 81.
MAUPAS (Bertrand de Toujouse, seigneur de), cap. protestant, s'empare de Tarbes, 165, 174, 179 et suiv.
Maure, b. par les hug., 162, 167 et suiv.
MAURELLY (M⁰ Louis de), juge du Nébouzan, fait un attestatoire du pillage de l'Escale-Dieu, 110.
MAUVEZIN (Michel de Castillon, seigneur de), est congédié avec sa troupe par les consuls de Bagnères, 52.
Mauvezin, b. par les hug., 161 et suiv.
MAYRET (Pey), c. de Gerde, 30.
Médoux (chapelle de N.-D. de). Le curé d'Asté y est fait prisonnier par les consuls de Bagnères, 109.
MEDRANO (Pierre de), seigneur de Maumusson, épouse la fille du seigneur de Labassère, 43.

Melle (Jeanot), h. de B., 11.
Mena, procureur, 91.
Membièle (Guilhaume), notaire de Tournay, 238.
Menbielle (Arnauton), c. de Bordes, 126.
Merilheu. Les habitants d'Asté s'y postent pour délivrer leur curé conduit au supplice, 107.
Milhas, sorte de gâteau fait à Bagnères, 60.
Mirandé, notaire, 94.
Molinier, conseiller au Parlement, 89.
Momères (couvent de), b. par les hug., 161, 170 et suiv.
Mondegorat, cap. de Pouyastruc, garde la tour de Cabanac, 227.
Mongonmery (Gabriel de Lorges, comte de). — Précautions prises pour lui résister, 17, 21. — Passe la Garonne à Saint-Gaudens et pille cette ville, 21, 40, 194, 203. — Traverse et ravage la plaine de Tarbes, 19, 34, 125, 161, 169, 176, 182, 189, 195, 204. — Fait lever le siège de Navarrens et assiège Terride dans Orthez, 162, 170, 182, 195, 200, 204, 205. — Rentre en Bigorre par le Vic-bil, 177, 195. — Assiège et brûle Tarbes, 162, 170, 177, 182, 189, 195, 200, 206. — Établit son camp à Lahitole, 59, 184. — Ravage de nouveau la plaine, 162, 170, 189. — Rançonne Vic-Bigorre, 210. — Rançonne Bagnères et prend des otages en garantie, 34, 35, 44, 45, 47, 71. — Écrit des lettres menaçantes aux consuls de Bagnères, 45, 58, 59. — Se fait envoyer de Bagnères du beurre, des *milhas* et des truites, 47, 60. — Menace de rentrer en Bigorre et d'y mettre tout à feu et à sang, 63, 67, 72, 76. — Fait pendre le cap. Lestrem qui avait rendu le château de Lourdes, 47. — Défait le cap. Arné, 58. — Quitte la Bigorre, 65, 72, 196. — Écrit une lettre menaçante aux consuls de Marciac, 59. — Ravage l'Armagnac, 73. —
Écrit de Condom aux consuls d'Auch, 75. — Se présente devant Auch, 75. — Prend et pille Lombez et Samatan, 75. — Menace d'attaquer Toulouse, 75. — Rejoint l'armée des princes, 77.
Monicases (Bernard), h. de B., 81.
Monlezun (château de), 46.
Monléon-Magnoac occupée par le cap. Chélan, 127, 128.
Monléon-Barousse, 128.
Monluc (Blaise de Maussencome, seigneur de), fait l'éloge du cap. Arné, 58. — Va à Cahors et à Montauban, 115. — Met la Bigorre en état de défense, 120. — Exempte les Quatre-Vallées du logement des gens de guerre, 130. — Assiège Rabastens, 164, 172, 179 et suiv. — Y est blessé d'un coup d'arquebuse, 173 et suiv. — Curieuse anecdote à ce sujet, 173. — Charge le cap. Bonasse de la défense de Tarbes, 196. — Bon mot à ce sujet, 196.
Mont (Mᵉ Jean de), prêtre, 94. — Recteur de Lias, 238.
Montamat (Bernard d'Astarac-Fontrailles, baron de), occupe Pamiers avec le cap. Solan, 64. — Beau-frère de Solan, 65, 195. — Assiège et brûle Tarbes, 163, 164, 171, 172, 177, 178, 185, 190, 191, 196, 201, 207, 212, etc. — Notice, 171. — Tente de s'emparer de Vic-Bigorre, 178.
Montaner (le château de) soutient les protestants de Rabastens, 164, 172. — Est abandonné par le seigneur de Labassère, 228. — A pour gouverneur le cap. Laborde, 174, 228. — Est gardé par Guillaume d'Oussun, 228.
Montaner, b. par les hug., 162 et suiv.
Montastruc (château de) assiégé, pris et brûlé par le baron de Civrac, 247, 248.
Mont-de-Marsan, prise par Monluc, 185.
Montégut-Arros ravagée par le cap. Légier, 141, 150, 154, 164.

MONTESPAN marche au secours de Vic-Bigorre, 178.
Montesquieu-Volvestre. La compagnie du cap. Arné y tient garnison, 215.
Montfaucon, pillée et brûlée par le cap. Légier, 165 et suiv.
Montgaillard. La compagnie du cap. Montserié y tient garnison, 12. — B. par les hug., 161 et suiv.
Montgaston, b. par les hug., 167 et suiv.
Montignac, b. par les hug., 161 et suiv.
MONTIGNAC (Gabriel de Labarthe-Giscaro, seigneur de), gouv. du Bourg-neuf de Tarbes, 227, 230.
Montrejeau, 102, 103, 104. — B. par les hug., 201.
Montsegur, b. par les hug., 162, 167 et suiv.
MONTSERIÉ (Géraud, seigneur de), tient garnison à Montgaillard, 12, 80. — Notice, 12. — Le baron d'Antin lui remet les incendiaires de l'Escale-Dieu, 110.
Montus, b. par les hug., 162 et suiv.
Moumolous, pillée et brûlée par le cap. Légier, 147, 150, 154.
MUN (Barthélemy, seigneur de), surprend et tue le cap. Légier, 187, 198.
MUNENSES (Bernard de), h. de B., 56.

N

NABAU, h. de B., 18.
Navarrens, assiégée par Terride et délivrée par Mongonmery, 161, 169, 176 et suiv. — Les prisonniers d'Orthez y sont massacrés, 206.
NAY occupée par le seigneur de Lons, 55, 63.
Nébouzan, (le comté de) ravagé par Mongonmery, 194.
NÉGREPELISSE (le comté de), 205.
Nogaro, prise et brûlée par Mongonmery, 72.

NOGUÉ (Domenge de), h. d'Ossun, 16.
NOGUÉ (Jean de), h. de Labassère, 22.
NOGUÈS (s. de), syndic des États de Bigorre, 231, 236.
NOUBET (Jean de), h. de B., 108.

O

Odos, b. par les hug., 161 et suiv.
ODOZ (Arnaud d'), h. de B., 34.
OLÉAC (Guillaume d'Armagnac, seigneur d'), garde la ville de Tarbes, 227.
Oléac, b. par les hug., 162 et suiv.
Orbères, b. par les hug., 162, 172 et suiv.
Ordan prise par les troupes de Mongonmery, 75.
Orde (cloche dite de), 239.
Ordisan, b. par les hug., 161 et suiv.
Orleix, b. par les hug., 162 et suiv.
Orignac, b. par les hug., 162 et suiv.
Orincles, b. par les hug., 161 et suiv.
Oroix, b. par les hug., 161 et suiv.
OROUT (Bernard de Majourau, seigneur d'), 110, 114.
OROUT (Germain d'Antin, seigneur d'). Notice, 114. — Contribue à la défaite du cap. Légier, 187. — 182. — Fait prisonnier à Orthez, 219.
Orthez, assiégée et prise par Mongonmery, 169, 176 et suiv. — Héroïquement défendue par les cap. Forgues et Gohas, 204.
OSSUN (Jeanne de Roquefeuil, dame d'), prend les intérêts des h. de B., 45, 46, 47, 54.
Ossun, b. par les hug., 161 et suiv.
Oueilloux, b. par les hug., 161 et suiv.
Ours, b. par les hug., 161 et suiv.
OUSSUN (Guillaume d') garde le château de Montaner pendant le siège de Navarrens, 228.
OZON (Jean de Cardaillac, seigneur d'), tient garnison à Bagnères, 18. — Lettre de lui à M. de Campels au

sujet du siège de Tarbes, 175. — Est témoin de la remise de Tournay aux consuls, 238.

Ozon (Jacques de Cardaillac d'), fils du précédent, 125.

Ozon, b. par les hug., 161 et suiv.

P

Paillac (le cap.) occupe Castelnau-Magnoac avec 200 hommes de pied, 127.

Palats (le seigneur de), 110.

Palats (Jean de), seigneur de Poymirol, nommé gouv. du château de Campan, 231. — Sa querelle avec le Juge-Mage de Tarbes, 231.

Palombe (coloms). Défense aux h. de B. d'en vendre aux étrangers, 45. — Leur chasse réglée par une ordonnance municipale, 45. — Offertes en présent au seigneur de Lons, 67. — Au maréchal de Damville, 71. — Aux juges qui devaient instruire à Tarbes le procès des hérétiques, 94.

Palot, procureur, 99, 101.

Pape (Jacmot Le), peintre de Bagnères (1), 18, 24, 26, 56, 78, 96.

Pardiac (comté de) a pour gouv. M. de Lons, 46.

Paréac, b. par les hug., 161.

Pauçon (Domenge de), h. de B., 33.

Paulin (Bertrand de Rabastens, vicomte de), s'empare d'Ibos et brûle l'église, 196.

Paysan (Jacques), c. de B., 9 et suiv. — Est envoyé vers M. de Baudéan,

---

(1) « Convention entre les jurats d'Asson et « Jacmot Le Pape, peintre, au sujet de l'achè-« vement de la peinture et de la dorure d'un « rétable de l'église d'Asson, commencées par « Imbert Le Pape, peintre de Bagnères, père « de Jacmot, 1557-1560 » (Arch. de Pau, E. 1733). Voir *Les Artistes en Béarn avant le XVIIIe siècle*, par Paul Raymond.

74. — Écrit aux consuls de Bagnères, 75.

Peborde (Guillem de), h. de Pouzac, 16.

Pedecondon (Jean de), h. de Baudéan, 29.

Pedoux (Arnaud de), c. de Campan, 37.

Pena (Jean), c. d'Asté, 22.

Pépieux (Pierre du Garrané, seigneur de), blessé au siège de Tarbes, 175.

Pepoy (Bernard de), h. de B., 34.

Péré (Arnaud), h. de Pouzac, 27.

Péré (Bernard), bayle de Calavanté, 125.

Perès (Domenge et Miqueu de), h. de B., 33.

Pergolane (Me Ramond), marchand de Bagnères, 11 et suiv. — Vend les cordes pour pendre le curé d'Asté, 108.

Peyraube (Lancelot d'Averaede, seigneur de), 125. — Garde la ville de Tarbes, 227.

Peyraube (Hautes-Pyr.), b. par les hug., 161 et suiv.

Peyraube (Basses-Pyr.), b. par les hug., 162, 167 et suiv.

Peyre (Henri de Navailles, seigneur de), gouverneur de Pau, 46, 204.

Peyrol, cap. protestant, s'empare de Rabastens, 213. — Y est assiégé par Damville, 213.

Peyrot (Jean de), h. de B., 34.

Peyrouse (Bastide de), 246.

Peyrun, pillée par le cap. Légier, 134.

Pinac (Domenge), h. de Pouzac, 21.

Pintac, pillée par le cap. Jean-Guillem, 110. — B. par les hug., 161 et suiv.

Plaisance-du-Touch, 88, 105.

Plaisance, b. par les hug., 162 et suiv.

Plantis (Me Raimond), bachelier, dépose dans l'enquête générale de 1575, 210.

Ponson-dessus, b. par les hug., 162, 167 et suiv.

Ponson-debat, b. par les hug., 162, 167 et suiv.

Pontac, b. par les hug., 162 et suiv. — Prise et pillée par le marquis de Villars, 199.

PONTAC, cap. protestant, rançonne la ville d'Ibos. 226.
Pontiacq, b. par les hug., 162, 167 et suiv.
PONTICQ (Bernard de), h. de B., 34.
PORDÉAC (Bernard de Bassabat de Vicmont, baron de), pris à Orthez et massacré à Navarrens, 205, 206, 219.
Poumaroux, b. par les hug., 161 et suiv.
Pouts, b. par les hug., 161 et suiv.
POUTZ (Arnaud du), h. de B., 11.
Pouyastruc, b. par les hug., 162 et suiv.
Poyferré, b. par les hug., 162 et suiv.
POYMIROL, v. Palats.
PRAT (Claude de), h. de Montrejeau, 16.
PRAT (Pey du), h. d'Antist, 27.
PRAT (Pées de), consul de Tarbes, 116.
PRAT (Manaud de), consul de Tarbes, 228.
Préchac, b. par les hug., 162 et suiv.
Pujo, b. par les hug., 162 et suiv.
Puymaurin, 88, 91, 105.
PUYO (Jean), h. de B., 10.
PUYO (Raimond de Puyo, dit le cap.), dépose dans l'enquête de 1575, 214. — Notice, 214. — Poursuit les troupes de Mongonmery, 215. — Va rejoindre le cap. Arné et est défait, 216. — Chasse les huguenots du château de Caixon, 218.
PUYOL, notaire de Tarbes, 94.

Q

Quarteron de Bagnères, v. Bagnères.
Quatre-Vallées exemptées du logement des gens de guerre, 127, 130.

R

Rabastens (ville de) assiégée et prise par Monluc, 164, 172, 178 et suiv. — Assiégée par le maréchal de Damville, 213.
Rabastens (château de) démoli, 208.
Rabastens (consuls de) obtiennent une indemnité en considération des ruines souffertes par la ville, 226.
RAIGMEN (Pey de), h. de B., 94.
RAMONAERIO, lieutenant du sénéchal, 92, 94, 95.
REBIA (Guillaume de), h. de B., 11.
RÉGIS, v. Roy.
RELONGUE (Charles de), juge de Rivière-Verdun, fait procéder à une enquête sur les ruines causées par les hug. à Saint-Sever-de-Rustan, 133, 160.
RESCHAN (Bernard), h. de B., 34.
RÉY, capitaine huguenot, 197. V. Roe.
RIBES (Bernard de), seigneur de Labeyrie, n'est pas reçu à Bagnères, 52.
RIEU (Jean du), huissier de Tarbes, 223.
Rieux. La compagnie du cap. Arné y tient garnison, 40, 215.
Ricau, b. par les hug., 161 et suiv.
ROE, cap. hug., gouverneur du château de Bénac, 197.
Rois (hôtellerie des Trois-) à Toulouse, 90.
ROUBIN (Pierre) fournit des vivres aux troupes retournant du siège de Vic-Bigorre, 229.
ROY (Bertrand du), ou Régis, licencié, dépose dans l'enquête générale de 1575, 212, 224. — Syndic du Tiers-État, est député vers le roi de Navarre, 229.

S

SABATIER (Jean), procureur général, 100.
SABORDA, clerc de procureur, 103.
SADIRAC (Roger de Montesquiou, vicomte de), 55.
SAINT-AUBIN (Dominique de), Juge-Mage, rend une ordonnance de non-lieu en faveur des hérétiques pour-

suivis par les consuls de Bagnères, 92, 93, 97. — Sa procédure est cassée, 98. — Est accusé d'hérésie et ajourné devant le Parlement de Toulouse, 98.

Saint-Bertrand (les habitants de) assiègent le cap. Jean-Guillem dans l'abbaye de l'Escale-Dieu, 110.

Saint-Félix (François, seigneur de), lieutenant du comte de Négrepelisse, fait prisonnier à Orthez, 205, 219.

Saint-Gaudens, prise et pillée par Mongonmery, 21, 164, 215.

Saint-Jean de Tarbes (église de), b. par les hug., 162, 169 et suiv.

Saint-Lane, b. par les hug., 162 et suiv.

Saint-Lezer (prieuré de), b. par les hug., 163 et suiv.

Saint-Lys, 88, 90.

Saint-Martin (Manaud de Larroque, seigneur de), syndic de la noblesse de Bigorre, 226. — Est député vers le roi de Navarre, 229.

Saint-Martin de Tarbes (église de), b. par les hug., 162, 169 et suiv.

Saint-Martin, b. par les hug., 161.

Saint-Pé, cap. hug., s'empare du château de Caixon, 165, 180, 188 et suiv. — En est chassé par le cap. Puyo, 218.

Saint-Pé-de-Générès (abbaye de), prise et brûlée par le cap. Laborde, 163, 170, 184 et suiv., 240. — Par la reine de Navarre, 244.

Saint-Pé (consuls de) obtiennent une indemnité pour les frais de garde de leur ville, 228.

Saint-Pé (armoiries de la ville de), 245, 246.

Saint-Pierre (Pierre de), conseiller au Parlement, est accusé d'hérésie et interdit, 101.

Saint-Sever de Rustan (ville de) occupée par le cap. Arné, 40. — Surprise et entièrement brûlée par le cap. Légier, 133 et suiv.

Saint-Sever de Rustan (abbaye de), brûlée par le cap. Légier, 152, 165, 173, 179, 198 et suiv.

Saint-Sever, v. Saint-Sivier.

Saint-Sivier (Guiche-Arnaud de Montaut, seigneur de), 64.

Saint-Tubezy (Pey de), c. de Mansan, dépose dans l'enquête sur l'incendie de Saint-Sever, 137.

Saint-Ubery (Pey de), c. de Mansan, dépose dans l'enquête sur l'incendie de Saint-Sever, 139.

Sainte-Colome (Antoine de Lomagne-Terride, dit d'Aydie, seigneur de), pris à Orthez et massacré à Navarrens, 205, 206, 219.

Sainte-Colome (Imbert de Montesquiou, seigneur de), 205.

Sainte-Colome (Antoine de Montesquiou, seigneur de), fils du précédent, met à contribution le village de Bordes, 237. — S'empare de Tournay, 238. — Tente inutilement de surprendre Tarbes, 238.

Sajous (Berthomieu de), h. de B., 33.

Salafranque (Bernard), maître apothicaire, consul de Tarbes, dépose dans l'enquête générale de 1575, 200.

Sale (Bernard), écolier de Lafite-aux-Angles, 38.

Salles-Adour, b. par les hug., 161 et suiv.

Sallys, cap. cath., pris à Orthez et massacré à Navarrens, 205, 206.

Samatan, prise par Mongommery, 75. — 88, 91.

Sanous, b. par les hug., 162 et suiv.

Sariac (André de), seigneur de Canet, 58.

Sarlabous (Raimond de Cardaillac de) prononce un discours aux États de Bigorre, 111. — Notice, 111. — Fait nommer des gouverneurs pour défendre la Bigorre, 111, 114, 116. — Reprend Vic-Bigorre et le chât. de Lescurry, 229.

Sarniguet, cap. cath., assemble sa compagnie pour aller rejoindre le camp du Roi à Lezat, 26. — Sa compagnie entretenue par les habitants de Bagnères, 32, 49, 66, 71. — Fait prendre les armes aux villages du Quarteron de Bagnères pour défendre la ville, 39. — Est nommé cap. d'une compagnie de 200 hommes de pied, 41. — Veut recruter sa compagnie dans le quarteron de Bagnères, 68, 71.

Sarniguet (Arnaud-Guillem de Comes, seigneur de), se bat avec le baron de Bazillac, 41.

Sarniguet, b. par les hug., 162 et suiv. — Par le cap. Légier, 175, 180 et suiv.

Sarraméa (François de Darré, seigneur de), 238.

Sarraméa, b. par les hug., 161 et suiv.

Sarrancolin (consuls de) offrent du secours aux habitants de Bagnères, 19, 21.

Sarraziet (le baron de), cap. hug., s'empare de Tarbes avec le cap. Légier, 165, 174, 179 et suiv. — Prend et brûle le bourg de Caixon, 214.

Sarrebeyrouse, b. par les hug., 161 et suiv.

Sarrouilles, b. par les hug., 161 et suiv.

Saubolle, b. par les hug., 162 et suiv.

Sauveterre, b. par les hug., 162 et suiv.

Sède (église cathédrale de la), entièrement b. par les hug. à plusieurs reprises, 169 et suiv.

Sel, taxé par les c. de B., 11.

Séméac, b. par les hug., 161 et suiv.

Sénac, b. par le cap. Légier, 165.

Séré, b. par les hug., 162, 167 et suiv.

Sérignac (Géraud de Lomagne-Terride, seigneur de), cap. hug., s'empare d'Auch, 75.

Séron, b. par les hug., 161.

Seysses, 105.

Siarrouy (consuls de) pourvoient à à l'entretien des soldats qui gardent Andrest, 228.

Siarrouy, b. par les hug., 161 et suiv.

Sinso, b. par les hug., 161 et suiv.

Sobies (Jean), h. de Trébons, 21.

Sobielle (Arnaud), c. d'Asté, 22.

Sobile (Bernard), h. de B., 9, 11 et suiv. — Envoyé vers le seigneur de Lons, 44.

Sobiron (Jean), h. de B., 9 et suiv.

Sobiros (Mʳ), médecin de Tarbes, 228.

Socaze (Pierre de), h. de B., 26.

Solan (François de Mauléon, seigneur de), colonel des troupes de Mongomery, marche sur Bagnères avec le seigneur de Lons, 64. — Notice, 64, 171. — Rançonne la ville d'Ybos, 195.

Solé (Guillet), h. de B., 9, 11 et suiv.

Sombrun (le seigneur de) garde la ville de Tarbes, 227.

Sossens (Estebe), h. de Baudéan, 70.

Soublacause, b. par les hug., 162 et suiv.

Souffron (Pierre), architecte de la ville d'Auch, chargé de démolir le château de Rabastens, 208.

Soulé, cap. cath., chargé par le baron de Larboust d'assembler des troupes pour défendre Vic-Bigorre, 129. — Repousse Montamat, 178.

Sourbets (Pey de), c. de Montégut-Arros, dépose dans l'enquête sur l'incendie de Saint-Sever, 141.

Soues, b. par les hug., 161 et suiv.

Souyeaux, b. par les hug., 162.

Syre (Bernard), h. de Lespouey, 126.

T

Talazac, b. par les hug., 162 et suiv.

Tarasteix, b. par les hug., 162 et suiv.

Tarbes (ville de), défendue par le seigneur de Villembits, 12, 14, 24. — Secourue par les habitants de Bagnères, 23, 24, 30. — Panique dans la ville à l'approche de Mongomery, 31. — Tous les habitants prêtent le serment au Roi, 112 et suiv. — Prise et brûlée par Mongomery, 34, 125, 162 et suiv. — Prise par Montamat et Arros, 163 et suiv. — Prise de nouveau par les mêmes, et massacre général dans la ville, 164 et suiv. — Prise par le cap. Légier, 165 et suiv. — Délivrée par M. de Gramont avec le concours de Jean d'Antras, gouv. de Marciac, 166, 175 et suiv. — Frais de ce siège, 218. — Attaquée par le seigneur de Sainte-Colome, 238.

Tarbes (évêque de) : son temporel est vendu par ordre de Mongonmery, 70. — Fonde l'église de Saint-Sauveur, 70. — Prête le serment au Roi, 113. — Est exhorté à la résidence et à faire le devoir de sa charge, 117. — Son palais épiscopal est brûlé par les huguenots, 162 et suiv.

Tarbes (official de l'évêque de) fait poursuivre les hérétiques, 89, 94.

Tarbes (chanoines de) prêtent le serment au Roi, 113. — Massacrés par les huguenots, 163, 164, 165, 171 et suiv.

Tarbes (consuls de) écrivent à ceux de Vic-Bigorre au sujet du serment à prêter au Roi, 112. — Massacrés par les huguenots, 164 et suiv. — Les États de Bigorre leur accordent une somme d'argent pour réparer les ruines de la ville, 226.

TARDES (Théophile de Gramont, dit M. de), s'empare du village de Bordes, près Tournay, 236.

TARISSAN (Pey de), h. de B., 33.

Tasque (abbaye de), b. par les hug., 163 et suiv.

TERRIDE (Antoine de Lomagne, vicomte de), chargé de mettre le Béarn sous l'autorité du Roi, 13. — Fait porter des vivres au camp de Pau, 13, 14. — Lève le siège de Navarrens et est assiégé et pris dans Orthez, 169 et suiv. — Est conduit à Eauze où il meurt, 204.

Teulé, b. par les hug., 165 et suiv.

TILH (M⁰ André du), h. d'Astugue, 27.

TILHOUSE (Odet de Barèges, dit le cap.), en garnison à Bagnères, 18, 50. — Lieutenant du cap. Mansan, 50. — Contribue à la défaite du cap. Jean-Guillem, à l'Escale-Dieu, 110.

TILHOUSE (Philippe de Baretge, seigneur de), 238.

THILHOUSE. v. Bulan.

TORNIS, greffier, 104.

Tostat, b. par les hug., 162 et suiv.

Tournay, 91, 124. — B. par les hug., 161 et suiv. — Prise par le seigneur de Sainte-Colome, 235, 237. — Remise entre les mains des consuls par le seigneur de Bulan, 237.

Tramesaïgue, 128.

TRANESSAC (Menjolet), h. de B., 11.

Trebons, b. par le cap. Légier, 175, 180 et suiv.

TRILHE (Jean), greffier des consuls de Tournay, 126.

Trouley, b. par les hug., 161, 165 et suiv.

TUSMA (Jean), h. de B., 9, 18 et suiv.

U

Ugnoas, b. par les hug., 162 et suiv.

URAC, v. Lac.

Uz (le seigneur de) assiste à la reprise de Vic-Bigorre et du château de Lescurry, 229.

UZER (Pierre de Mont, seigneur d'), consul de Bagnères, 9 et suiv. — Est choisi pour être envoyé vers le comte de Mongonmery, 68. — Refuse d'y aller et y est contraint, 69. — En revient, 70.

UZER (Guillem-Raimond d'), c. de B., 9, 17, 23 et suiv.

V

Valentine, 102.

VERGÈS (Pierre), h. de Trébons, 83.

VERGNES, capitaine, assiège Montastruc, 247.

VEZIAN, conseiller au Parlement, 89.

VIAU (Roger de), c. d'Escots, 29.

Vic-Bigorre (les consuls de) écrivent à ceux de Bagnères, 59. — Reçoivent une lettre de ceux de Tarbes au sujet du serment à prêter au Roi, 112. — Envoient une députation à Mongonmery pour le prier de préserver la ville du pillage, 210. — Les États de Bigorre leur allouent une somme pour les aider à payer la rançon de la ville due au cap. Larroque-Bénac, 226.

Vic-Bigorre (ville de) mise en état de défense par les gouverneurs de la Bigorre, 120. — Défendue par les cap. Soulé et Mansan, 129, 178. — — Assiégée par Montamat, 129, 178. — B. par les hug., 162 et suiv. — Prise par Larroque-Bénac, 226. — Par Castelnau-Chalosse, 226. — Reprise par les seigneurs du pays, 227.

Vielle, b. par les hug., 161 et suiv.

Villecomtal, occupée par le cap. Arné, 40. — B. par le cap. Légier, 165.

Villefranque, b. par les hug., 167 et suiv.

VILLEMBITS (Arnaud de Soréac de), gouverneur de Tarbes, défend la ville, 14. — Notice, 14. — Demande du secours aux consuls de Bagnères, 23. — Abandonne Tarbes, 200.

Villenave, b. par les hug., 162, 167 et suiv.

Villenave-près-Marsac, b. par les hug., 162 et suiv.

VILLENEUVE (Arnaud d'Angos, seigneur de), lieutenant du sénéchal de Bigorre, 107. — Ses châteaux de Villeneuve et Angos entièrement brûlés par Mongonmery, 124, 125.

Villeneuve (église de), b. par les hug., 161 et suiv.

VILLEPINTE (Jean de), curé de Montignac, 125, v. Montignac.

VIREBEN (Dominique de), h. de Seron, 223.

Visquer, b. par les hug., 161 et suiv.

VIUZAC (Pierre de Majourau, seigneur de), reçoit une gratification pour les services qu'il a rendus au pays, 226. — Va délivrer Vic-Bigorre, 228.

VIVÉ (Bernard), c. de B., 23 et suiv.

VOISINS (Simon de), consul de Tournay, 124.

Y

YSAC (Arnaud et Pé-Bernard), h. de B., 9, 14 et suiv.

YSAC (Marsan d') rend témoignage contre les hérétiques, 94.

YSARD (Domenge d') poursuit les hérétiques, 94 et suiv. — Officier de la ville de Bagnères, dépêché vers le sénéchal, 107.

FIN DE LA TABLE ANALYTIQUE.

www.ingramcontent.com/pod-product-compliance
Lightning Source LLC
Chambersburg PA
CBHW070544160426
43199CB00014B/2364